# 多元文化视域下的日本语言与文化

罗俊超　著

东北师范大学出版社

·长　春·

**图书在版编目（CIP）数据**

多元文化视域下的日本语言与文化 / 罗俊超著. —
长春：东北师范大学出版社，2019. 11
ISBN 978 - 7 - 5681 - 6429 - 0

Ⅰ. ①多…　Ⅱ. ①罗…　Ⅲ. ①日语－文化语言学
Ⅳ. ①H36

中国版本图书馆 CIP 数据核字（2019）第 256962 号

□责任编辑：薛　源　□封面设计：优盛文化
□责任校对：张　洁　□责任印制：张允豪

东北师范大学出版社出版发行
长春净月经济开发区金宝街 118 号（邮政编码：130117）
电话：0431—84568164
传真：0431—85691969
网址：http://www.nenup.com
东北师范大学音像出版社制版
定州启航印刷有限公司印装
河北省定州市西城区大奇连工业园定州启航印刷有限公司
2019 年 11 月第 1 版　2019 年 11 月第 1 次印刷
幅面尺寸：170 mm×240 mm　印张：13.25　字数：228 千

定价：58.00 元

# 前　言

　　21世纪是文化多元发展的时代，在全球化背景下，任何文化都会与其他文化产生交互关系，使得文化与文化之间的冲突、交融趋于常态化。在跨文化交流语境中，切实有效的文化交流是一个系统化的整体，要求文化与文化之间弥合差异、分歧，需要文化交流主体具有自觉性，并对另一种文化有全面、客观的了解。交流主体必须建构起一整套可供自动整合的文化框架，在面对一种全新的文化时，这一文化框架会自动整合，形成与新文化相契合的文化体系，而不是自发地、长期地适应新文化，交流主体还要以更加开放的态度主动了解、欣赏另一种文化。这是一种理想的跨文化交流模式。但在现实中，跨文化交流受到人们知识背景差异、认同程度差异、价值理念差异等因素的影响，会在很大限度上降低跨文化交流的效果。多元文化主体在包容多元、应对冲突等方面有着巨大的"天赋"，对于跨文化交流而言，这是一个极为有意义的尝试。

　　语言是社会生活约定俗成、逐渐沉积下来的产物。不同语言衬托出不同的语言文化，语言的产生和发展变化离不开本民族与自然地理、风土人情以及社会文化的内在联系。掌握一种语言，就要了解这种语言的民族习惯和历史文化背景，才能学以致用。

　　日本语言的基本特征是具有隐含性、暧昧性以及非逻辑性。另外，日本语言的发展离不开其文化因素，要研究日本语言文化，就必须了解日本语言的独特风格和日本语言的文化思想源泉。日语作为我国热门的外语语种之一，其教学和研究都获得了空前发展，并且这个势头方兴未艾，未来发展空间还很大。就语言学习阶段来说，它已经逐渐超越了单纯获得与使用一种交流工具的阶段，开始进入文化理解与文化融合的新时期。日语的文化与语言研究就是学科交叉研究的产物。语言与文化关系密切，无论是为研究而研究，还是为教学而研究，都不可能对语言中所蕴含的丰富文化内容视而不见。而学习者（特别是第二语言学习者）要想准确理解和适当表达，除了要掌握一定的语言知识，对目的语背景文化知识还要有一定的了解。由文化差异而导致的交际偏误常使人陷入尴尬，文化因素是影响人们理解与表达的重要原因。

在多元文化交流和经济全球化的大背景之下，著者在参阅大量相关文献资料的基础上，对日语基础知识，日语的社会文化特征，日语敬语、寒暄语、外来语的文化现象等方面进行探究，旨在推进我国对日语理论与文化研究的进程，同时为翻译工作者、日语学习者和相关工作人员提供一定的学习参考。对于在本书中未列出的引用文献和论著，我们深表歉意，并同样表示感谢。

本书难免存在不足之处，在出版之际，我们真诚地希望读者对本书提出宝贵的意见和建议。

# 目　　录

# 第一章　多元文化概说

## 第一节　多元文化的由来与发展

所谓文化，与文明不同，乃是这个民族固有的，因而也是原生态的。换言之，就是某个民族自古形成的一定的生活方式和观念形态，即便民族的生活发生天大的变化，它依旧具有一种较为恒定的特性。尽管文化的构成具有诸多的复合因素，但只要人们生活在某一片土地上，就不可能不受到那片土地所具备的风土特征的影响。当我们把目光转向创造了文化的人与人所置身的自然之间的关系时，就不难发现，人的历史在某种层面上，乃是人与包括"内在自然"在内的自然、风土进行交往甚至斗争的历史。而追溯人类的历史就会发现，越是古老的人类就越是受到自然和风土的制约。正是基于这一原因，我们可以从一个民族的历史源头去挖掘文化最基层的东西。而且，如果人的历史在其源头受到自然风土左右的迹象越明显，那么，当我们考察某个民族的文化特征，比如日本文化特征的时候，就越是有理由认定，这个民族与日本列岛的自然之间所构成的关系，乃是一种极其基本甚至具有决定性的关系。特别是像日本这种自古居住在日本列岛上，被大海与四周隔绝开来的岛国民族，自然环境对包括民族性格在内的日本文化的决定作用就更加明显。

正如日本宗教学家山折哲雄所指出的那样："流淌在我们最深层意识里的，乃是从三千米的高空中俯瞰到的日本风土，还有那种风土所孕育的感性和文化。或许那可以说是从绳文人那儿继承下来的信仰，是万叶人的宗教世界，抑或并不仅限于宗教的万叶人的思考方式、感受方式。而既然从三千米的高空看下去，那些被森林和山脉所覆盖、被大海所环绕的风土，至今还浓厚地存在于日本列岛上，那么，古代万叶人的感性和文化，也同样应该浓厚地流淌在我们的深层意识里。"我们不妨把古代日本人受到环境风土的影响而形成的感受方式和思维方式看作贯穿日本民族深层意识的精神内核。

## 一、"多元文化人"与多元文化主体

多元文化主体是作为跨文化交流的研究内容而提出来的概念，其理论渊源要追溯至彼得·阿德勒（Peter Adler）所提出的"多元文化人"。多元文化主体是以"多元文化人"为原型建构起来的新型概念。因此，在研究多元文化主体之前，必须对之进行溯源研究，详细考察"多元文化人"。

### （一）"多元文化人"的历史背景

诚如历史学家戴逸所说："一部世界文化史，从某种意义上讲，就是各民族文化相互传播、碰撞、融合和不断创新的历史。"跨文化交流虽然自古就存在，但是到 20 世纪中后期才得到快速发展。网络信息技术的应用成为人类文化交流史上的一次重大变革，它改变了传统意义上的文化交流方式、观念、介质，覆盖全球的"数字网络"将人类带入更高层次的文化交流时代。在这个时代里，文化取得了前所未有的发展，其形式、内容得到了高频度的更新，文化多元化便是对这一时期的文化发展现状的最好阐释。多元的文化在跨文化交流的过程之中，相互碰撞、磨合，使得文化的边界也逐渐淡化。而文化边界的淡化，必然会触发文化的自我防卫机制，使得文化与文化之间产生剧烈的冲突，这不利于文化间的相互交流。这是从全球视角下，探讨"多元文化人"的历史背景。另外需要关注的是，"多元文化人"是阿德勒为了解决美国多元民族文化所引发的社会矛盾而提出的。美国是典型的移民国家，素有"民族大熔炉"之称，在这片广袤的土地上，生活着众多民族，呈现出五彩斑斓的社会风景。多元民族使得文化与文化之间的差异非常显著，文化冲突时有发生。因此，建构一个能够弥合冲突与矛盾的开放包容的文化交流平台就成为当时社会的紧要之务。"多元文化人"的提出便迎合了时代要求。"多元文化人"在诞生之初，就被赋予了包容性的"品格"，辗转于多元文化之间，扮演着"弥合者"的角色，对人类的跨文化交流乃至人类文化史都是一场"长效雨"。

### （二）"多元文化人"的基本概念

20 世纪 80 年代中期，阿德勒在考察美国社会现实情况的基础上，吸收、融

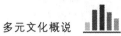

合诸多学者的观点后，提出了"多元文化人"的概念。阿德勒认为，"多元文化人"是一种身份的再整合、再认同，他们游走于文化与文化的边界之上，由于从小就受到本土文化的熏陶，其视野中包含本土文化却不局限于本土文化，信奉人类本质上的同一性。阿德勒认为，"多元文化人"从人类本质出发，暗含不归依于任何一种文化的意味，因而具有高度的灵活性和柔韧性，能够改变原有的、特定的思维框架，锲而不舍地追求人类文化的普遍意义。在这里，阿德勒所说的人类本质上的同一性，也可以理解为马克思所提出的"人的本质是一切社会关系的总和"。"多元文化人"不再局限于单个文化身份，而是将多元文化涵摄进多元文化身份之中，实现"多元文化人"身份的重构。同时，在多元文化激荡的现实社会中，"多元文化人"迫于外在压力而瓦解了"第一身份"（即本土文化身份），进而在文化与人格的更高层次上整合并超越"第一身份"，表现出了开阔的文化视野、包容的生活理念、灵活的交际方式、流动的时空位置等。可是，在现实中，"多元文化人"很少被认可，经常会被认为是简单化的多种文化的集合体。其实不然，阿德勒提出的"多元文化人"，区别于跨文化交流不那么成功的人。不过，"多元文化人"相对于实践应用而言，乃是一种理想型的群体，阿德勒也承认这种类型的人是万中无一的。但不可否认的是，"多元文化人"作为一种理想型的群体，具有积极的引导作用，对跨文化交流有着重要意义。

### （三）"多元文化人"的主要特点

阿德勒的"多元文化人"是一种身份的再整合与再认同，在理论阐释的过程中，"多元文化人"所呈现出来的特征，能够让人们更清晰地认识这一概念的具体内涵。

阿德勒在其著述之中，为人们揭示了"多元文化人"的三个区别性特征：其一，"多元文化人"的心理适应能力强，与他人相互交往的时候，能够凭借多元文化心理的优势，适应多元文化的复杂情况，满足多元文化之间相互交流的需要，其世界观、人生观、价值观乃至具体的理想信念、价值取向等总是处于频繁的变更与重构之中。其二，"多元文化人"的根本特征是过渡性。"多元文化人"深刻地了解本土文化，并以此为根基发展多元文化观，进行着有别于过去的某种性状的过程性活动，换言之，"多元文化人"是从原始身份推进到新的身份的，这是一个更新换代的过程，必然会抛弃部分旧的文化特质。其三，"多元文化人"的另一个显著特征是边界性。"多元文化人"游走于不同文化之间，维持着模糊的自我边界，流动的相对性和风格的变幻性使得他们能够更快地适应不同的文化环境。在文化与文化之间的空隙里，向前，他们能够进入以及适应新的文化氛围；向后，他们能够回到本土文化之中。但边界性要求他们必须保持在文化之间不稳定的状态，因此，他们自身被打上了"文化使者"（即"弥合者"）的烙印。

## 二、多元文化主体的定位

在跨文化交流中，阿德勒所提出的"多元文化人"尽管在某些方面存在着不可回避的局限性而不能普遍适用，但是其与生俱来的"包容"品质对跨文化交流始终有着巨大的借鉴意义，这是不可否认的。笔者基于"多元文化人"的内涵，结合马克思所理解的社会存在意义上的主体概念，提出"多元文化主体"这一概念，希望能为跨文化交流搭建坚实的桥梁。

### （一）"多元文化"和"主体"的概念

明晰"多元文化"和"主体"的内涵，厘清两者关系的脉络，是界定多元文化主体的首要之务。关于"多元文化"，首先需要明确的是，它不仅仅局限于国家、组织内多样性的文化，还包括国家与国家之间、组织与组织之间的多元复杂的文化。从这个意义上讲，"多元文化"的范围变得非常广泛，这也给予多元文化主体以广阔的研究空间，当然情况也变得更为复杂多变。从宏观角度看，文化的多元性不仅存在于国家、民族间，还存在于各社会阶层、地域、年龄、性别、群体和宗教之间等。从微观角度看，文化的多元性不仅存在于人的价值观念、思想体系中，还存在于多样性的文化"物质载体"中。此外，"主体"作为一个哲学意义上的概念，是马克思哲学理论之中的重要一环，具有丰富的内涵。俞吾金认为："主体有时是作为'个人'的主体，有时是作为'集体（如阶级）'的主体，有时是作为'类'的主体，也有时是作为'社会'的主体。"笔者关注俞吾金最后所提到的"社会"的主体，这在他的《重新理解马克思：对马克思哲学的基础理论和当代意义的反思》一书中也有所提及。他认为，广义的"社会存在"包括"人和物所处的一切社会关系"。在这里，跨文化交流中的"主体"不仅仅是指社会中个体乃至群体的存在，更为关键的是，还包括社会中物的存在。因此，笔者所关注的"主体"相对于传统意义上的人而言，更具超越性，除了人（包括国家、组织等），还加入对物的关注，为"主体"打开了跨文化交流的研究之门。"多元文化"与"主体"之间的关系是笔者关注的另一个重点。"主体"为

"多元文化"提供了载体依托，"多元文化"充实了"主体"这一意义构架，两者相互紧密结合，建构了多元文化主体。

**（二）多元文化主体的基本概念**

"多元文化"的层次性与"主体"的社会存在性，大致勾勒出了多元文化主体的轮廓。在此基础上，笔者对多元文化主体下一个定义，即拥有特定文化精神气质、包容多元文化的人和物所处的一切社会关系的有机体所构成的共性文化框架，其本质特性是包容性。多元文化主体不是单纯公共性的，其有着特定文化的精神气质，换言之，就是本土文化的鲜明特色，归根结底，多元文化主体依然以本土文化为依托生发出来。

正如霍勒斯·卡伦所说的，"人们可以在一定程度上改变他们的服装、他们的政治观点、他们的妻子、他们的宗教信仰、他们的哲学理念，但是他们不可能改变自己的祖父"。多元文化主体不管是在人还是在物上，其身份都维持着不稳定的状态，这便是为了能够吸收多元的文化，从而时刻保持多元文化主体的强大适配性。因此，多元文化主体乃是以高度的灵活性和柔韧性著称，能够改变原有的、特定的思维框架，锲而不舍地追求人类文化的普遍意义。多元文化主体所依托的对象便是人和物所处的一切社会关系的有机体，包含国家、民族、社会组织、社会阶层、观念意识、价值观念、思想体系、行为规范、物质载体等，这在最大限度上拓展了多元文化主体的发展空间。

另外，包容性是多元文化主体的本质特征，这是相对于"多元文化人"所具有的强大心理适应能力而提出来的。多元文化主体的包容性不仅仅体现于心理适应能力上，更多的是在更高层面上表征于对不同文化的兼收并蓄，对文化与文化之间诸多差异的涵容，并且能够对之进行合理、有序的整合，形成一种适应性、兼容性强大的共性文化框架。这一框架不是让多元文化主体被动应激地适应，而是让其主动自觉地调整。

**（三）多元文化主体的基本特征**

多元文化主体源于"多元文化人"，自然身上带有"多元文化人"的诸多表征。其一，边界性。每一个国家、民族、组织、人等都有着自己的疆域边界，文化也有其特有的边界，多元文化主体的立足点就在文化与文化之间的狭长且不明朗的边界上。若把文化比作金字塔，文化中心的精神印记是最鲜明的，到了该文化的边界时，其精神印记由于时空距离、他者干扰等因素而被削弱至最小。在这里，个体最容易接触到非本土文化，吸收借鉴其他文化中的优秀因子，壮大自身文化以求得发展，感知其他文化的需求，整合自身文化以扩大交流。其二，过渡性。"正在挣脱"与"正在形成"最能解释过渡性这一特征。"正在摆脱"说明多元文化主体还没有摆脱本土文化的影响，在一定程度上，多元文化主体依然以本土文化为根基去审视全球化浪潮中摇曳的诸多文化。"正在形成"表达的是多元文化主体可以在不同时空维度里朝着多个方向发展，形成对不同对象即文化的认知。但是人的学习能力以及知识的储备能力毕竟有限，在"摆脱"与"形成"的过程之中，必然会遗失或者忘却以得到新的认识，这种新旧更替的过渡方式在某种程度上又可以被描绘成"蜕变"。其三，危机性。多元文化主体身处于文化边界上，频繁接触异于本土的文化，可以以其他文化及其发展历史为镜子观照自身，从中寻找出许多创造性的发展维度。但是，多元文化主体身处于文化边界，行进于从一种文化向另一种文化过渡之途，容纳大量相异文化，必然出现发展危机，即阿德勒所提出的"创造性紧张"。多元文化主体作为一个新事物，其生命力非常旺盛，创新与批判是其所掌握的两大武器，但其经过发展，远离了本土文化又不能够真正在新文化那里生根，成为一个文化上的流浪者，不为本土文化与正在靠近的文化所包容，这其实是其自身发展的危机。其四，超越性。"多元文化人"仅仅关注的是对本土文化的超越，而忽视了对其他文化的超越，多元文化主体完善了这一点，既超越了本土文化又超越了其他文化。超越本土文化是一种"若即若离"的状态，毕竟多元文化主体脱胎于社会文化之中，其精神印记是烙刻于骨子里的，是不可剥离的。更为值得关注的是超越其他文化，多元文化主体并不见得能接触全世界的所有文化，但是在培养多元文化主体时，即使其并未接触该文化，也必须加强其对其他文化的超越意识的培养，这是共性文化框架所要求的特性。

## 第二节　多元文化交流的意义

多元文化主体所搭建的共性文化框架，为跨文化交流提供了平台，为弥合文化冲突提供了机会。多元文化主体不能仅仅停留于理论概念的描述上，更要深入实践，将之应用于具体的跨文化交流情境当中。

## 一、从冲突走向共生：文化

跨文化交流存在着这样一个交流图景，即随着跨文化交流的发展、深化，文化间的差异逐渐显现出来，而差距悬殊的文化甚至会发生冲突，进行跨文化交流的主体必然会寻求弥合冲突的路径，以求文化间的共生。多元文化主体的出现正好勾连、协调了跨文化交流图景的需求。首先，在跨文化交流之中，文化间必然存在着差异。这是从人的情感意义上讲的，正如人类学家乔治·马尔库斯（George Marcus）所说的"文化差异根植于情感之中"。人的情感除了个人的情感差异，还包含了组织、民族、国家等情感差异。从这个意义上看，文化间的差异甚至是矛盾，影响着生活在各个文化之中的人的存在、关系和行为方式以及物的存在方式。与生俱来的文化差异在积累到一定量的时候，必然会衍生冲突，这是不可避免的。从个体来看，在跨文化交流的过程中，来自不同文化的交流者会"在交流的期望、过程和结果上表现出一种不和谐、不相容的状态，这就使得文化差异通过人际冲突的形式表现出来"。从群体上看，相对于人际冲突，群体的文化冲突规模比较大，群体的文化冲突主要是对文化的误读造成的，"不同文化体系的社会规范、观念体系、思维方式等因素的差异和排他性"必然会使得文化之间的交流出现一定的隔阂，那么文化误读也就不可避免了。在布拉德福德·霍尔看来，解决文化冲突的方式是多种多样的，主要包括回避、调节、竞争、妥协、合作。其中，笔者认为最有效的方式为调节与合作，这在多元文化主体里面体现得最为鲜明。在跨文化交流中，弥合文化冲突的目标是实现文化的共生。共生就是指有本土文化的精神基因，同时能够与其他文化和谐共处，形成文化多元并存的局面。多元文化主体的本质就具有包容性，在调节与合作方面有着得天独厚的优势。在跨文化交流的具体情境中，多元文化主体就像一个使者，在不同文化的边界上游走，其心胸开阔，能够包罗万象，对有差异甚至冲突的文化兼收并蓄。另外，多元文化主体通过其边界意识，调和文化间的冲突，建立文化间交流与合作的平台，推动文化间的和谐共生。在跨文化交流中，不同文化从冲突走向共生是时代的趋势，而多元文化主体是有力"推手"。

## 二、从分散走向系统：文化交流

文化交流包括世界观、价值观、语言行为的文化特性、非语言交流等方面的内容。文化交流的具体内容是非常丰富的，涵盖了人类生活的方方面面。考察当今时代的文化交流的具体情况，可以发现文化间的交流是即时性的，无论何时何地都有可能发生。从微观上看，例如，一个大学生去食堂买早点，与食堂工作人员沟通，走在路上遇到一个留学生并与之对话，上课与教师发生思想碰撞，这些都是文化交流。从宏观上看，例如，近年来，我国频繁地组织民间艺术团体或者工艺者到其他国家进行民间文化交流，"中国年"频频现身于世界各地，都是一种国家与国家之间文化的碰撞。不管是从宏观上还是从微观上，跨文化交流所呈现出来的形式都比较零散，即时与应景的意味比较浓重，很多文化交流依然停留于日常交流的层面，远远没有达到真正有意义的跨文化交流的程度。笔者认为跨文化交流应是一种系统意义层面的交流，文化间的交流应该具备有序、系统的性质。在前面，笔者提到，多元文化主体旨在构建共性文化框架，在其本质之一的包容性中也有所体现。共性文化框架本身就凸显了有序性、系统性的特征，对跨文化交流有着极大的促进意义。共性文化框架是一种富有弹性、多变的结构，具有自觉调适性，能够适应不同文化的架构，它容纳文化与文化之间的差异性，追求人类文明的普遍性真理。在共性文化框架的构建过程之中，要求多种相异文化和谐共处，要求框架能够吸收乃至消解文化冲突所释放的能量。跨文化交流要想具备包容性的特质和富有弹性的结构，必须朝着多元文化主体的方向前进，这也是系统整合的前提。在整合的过程中，应强调整合的有序性，循着文化发展的脉络寻找文化间的共性，根据包容性的要求，通过系统的、有序的多元文化主体，推动跨文化交流水平的整体提升。

## 三、从无步骤走向循序渐进：文化适应

文化与文化之间存在着根本差异，要想实现两者的交流，要求交流主体能够主动适应并自觉调整。传统的跨文化交流模式以直接、生硬的方式进行交流，而多元文化主体在推进跨文化交流的过程之中，则采取循序渐进的方式，表征为过程性的调适，也就是笔者提出的跨文化交流的六个阶段。

　　第一，交流主体与新文化的接触。接触并不意味着与新文化是第一次"相遇"，也可能曾经接触过，而此刻接触的程度相对比较深入，已经对新文化形成自己的认知。第二，交流主体对新文化的欣赏。这是在交流主体对新文化有一定了解的基础上进行的新的动作，即新文化中的一点或者几点元素对交流主体具有吸引力或者新文化是对交流主体所处的本土文化有着巨大的借鉴意义。欣赏体现了交流主体的心理倾向，使其有极大的可能继续关注乃至研究新文化。第三，交流主体对新文化的分析。分析促进了欣赏，包括对比与判断。对比最能发现本土文化与新文化之间所存在的共性与差异，通过对比能够得知本土文化存在的缺陷以及新文化所需的元素，这都给判断提供了丰富的背景素材。依据背景素材，交流主体可以判断新文化中哪些元素值得吸收借鉴以及如何更加有效地交流文化。第四，交流主体对新文化的承认。通过对比研判，交流主体已经认同新文化的存在与价值，较之欣赏，承认已经步入更加深刻的层次。第五，交流主体接受新文化。交流主体已经彻底认同了新文化，认为新文化存在着极大的借鉴价值。第六，交流主体对新文化的探索。与这一层次相比，前五个层次都属于对新文化的认知与了解的步步深入，而在对新文化的探索中，交流主体谋求的不再是了解新文化，而是寻求交流、沟通、合作的渠道。需要强调的是，六个阶段中，除了加强交流主体对新文化的认知与认同，更重要的是新文化对交流主体的认可。因为新文化如果不认可交流主体的交流，那么交流主体不管花多大力气都是没有实际效果的。值得注意的是，交流主体作为趋向于多元文化主体的主体，具有双边性，不仅将新文化引入本土文化之中以实现创新，还有义务将本土文化推介到国际文化舞台之上以求得发展。

　　在跨文化交流的语境中，文化存在着多元化的发展趋势，差异和冲突从不间断。多元文化主体作为跨文化交流的理想模型，生发于阿德勒的"多元文化人"，协调差异、弥合冲突、构建共性文化框架，乃是多元文化主体与生俱来的使命。虽然多元文化主体可能由于现实条件的束缚，不能即刻发挥其应有的作用，但是对跨文化交流有着方向性的指导。不论是跨文化交流的现实需要，还是文化发展的内在需求，都要求多元文化主体得到更大的重视，发挥更大的作用。但是，多元文化主体的研究尚处于初步阶段，其丰富的理论内涵还未得到充分展现，亟待学者们进一步探寻。

# 第三节　日本的多元文化

## 一、日本多元文化的由来

### （一）作为岛国的"孤立性"

与其他国家相比，日本自然环境的独特性首先表现在它的地理位置上。日本是一个位于亚洲东部、太平洋西北部，由列岛组成的岛国。所以，除了13世纪曾遭到蒙古远征军两次未遂的袭击，几乎没有受到来自其他民族的任何侵略。相对孤立成了日本地理环境中一个非常重要的特征。作为岛国，日本民族的构成比较单一、固定。因其移动和扩张的空间受到限制，整个岛国形成了一个命运共同体，日本人不可能像大陆国家的人那样自由迁徙，因此，在一个被限定的空间里，不得不彼此发挥协调精神，崇尚勤奋、诚实的品德，从而形成脚踏实地的现实主义精神。与陆地国家因居民的流动性大，较难自然形成强有力的国家意识，从而需要确立凝聚国民精神的国家理念大为不同，在他们身上很容易形成一种共同体意识，比如早期的村民意识，及至后来国家形成后的国民意识，这种命运共同体意识使他们团结一致，形成了避免对抗、强调协调行动的集团主义和以"和"为贵的民族精神。但与此同时，汪洋大海也成了阻隔岛国与大陆的一道屏障，因缺乏与外国的直接交流，他们容易形成视野狭窄、小肚鸡肠、排斥外来者的所谓"岛国根性"。与命运共同体成员的极度协调精神和对共同体之外者的排斥，构成了日本人"内外有别"的强烈反差，以至于即使在现代日语中，"内"与"外"依旧是规定着日本人两种截然不同行为方式的关键词语，即表现为两种迥然不同的态度：对"外"彬彬有礼，但在彬彬有礼的面纱下隐藏着冷漠，甚至敌意；对"内"随意，在随意中渗透着强烈的一体感。

在历史上的大部分时期，日本或许都可以被称作世界上各主要国家中最孤立的国家。远离各种大陆文明，经常担心遭到入侵，使日本人产生了与世隔绝的愿望，从而从某种意义上加强了其民族主义的倾向。同时，宽阔的海峡又成了催生日本人好奇心的发酵剂，使其成了世界上公认的最具好奇心的民族。因此，尽管孤立的地理条件增加了日本人与外界交流和通商的难度，却没有阻止日本人向大陆派遣使者，以获取必要的情报，也使他们比大多数陆地民族更有可能按照自己的意愿和方式来发展国家，并按照自己的喜好来对外来文化进行为我所用的取舍。从朝鲜半岛民族与日本民族在面对中华文明时所采取的姿态中，就可以看到这样一个事实：半岛与大陆的紧相毗连，导致了朝鲜半岛在很长一段时间内对中华文明的臣服。而日本是个四面环海的岛国，正是得益于岛国的地理条件，日本人才赢得了空间和时间，去摸索一条谋求自身文化身份的道路。正如赖肖尔所说的那样："孤立也许使日本人比世界上任何一个类似民族创造出更多自己的文化，并形成别具一格的文化。"从某种意义上说，地理环境的孤立使日本文明源于中国和朝鲜，却又与二者迥然不同。如果这可以称为文化上的"孤立"，那么，也正是这种"孤立"使日本人觉得自己与众不同，催生了日本人强烈的自我认同感，甚至是民族自豪感，形成了他们牢固的民族中心主义。

**（二）得天独厚的自然环境与日本人**

无论是从海外旅行归来的日本人，还是来自其他国家的外国游客，无不对日本的自然美赞叹不已。雨水丰沛，森林茂密，绿草葱茏，阳光充足，风景优美，富有层次，且大都小巧玲珑，纤细精致。昭和初期曾在日本生活过的英国人山索姆夫人曾赞美道："日本是一个得天独厚的国家。国土美丽无比……国民勤劳而善良……拥有大量的瀑布、山脉，盛开着美丽花朵的树木。晴天居多。根据季节的不同，能观赏到温暖的海洋和熠熠闪光的雪景。因此，日本人为他们自己的国家感到自豪，并愿意在妄自尊大的外国人面前进行夸耀，也自在情理之中。"日本画家东山魁夷也写道："日本列岛处于一个较好的纬度上，在南北狭长的地形上，山脉像脊骨贯穿其中。周围被复杂的海岸线所包围，气候温和，空气湿润，树木种类繁多，并且极其茂盛。从南部的亚热带到北部的亚寒带，风土特征、四季变化非常鲜明。还有较多的高山，经常呈现出山顶是积雪，中部是红叶，山脚还是一片绿色的景观，日本的风景就是如此多姿多彩。空气湿润，霞、雾很多，从而呈现出一种具有柔和色调的风景特征。同时体现出一种意味深远的情趣。这种同时具有多彩和淡白、华丽和幽玄等不同特征的品质，其表现不是强烈的，而是纤细的，具有深远意味的情趣，这可以说是日本自然的特色吧。"这种得天独厚的自然景观使日本人比一般的农耕民族对土地怀有更深的眷恋和亲近感，造就了他们对自然之美和季节嬗变更为敏锐的感受性和观察力，并影响着日本人的美学意识和宗教意识，催生了他们与自然为友、与自然共生的自然观。

今天，无论你路过哪个日本人的房屋，都会看到这样的情景：不管那个家庭多么贫穷，都肯定会在房屋的某个角落或是窗边栽种一盆鲜花，在壁龛里悬挂一幅挂轴，上面描绘着与季节相宜的自然景物。即便只有一块不大的土地，也必定会把它开辟成一个小小的花园，要么在庭院里种上几棵松树，竖起一座石质的灯柱，要么用青苔铺满地面，并摆放一些精心挑选的石头碎块，营造出所谓的枯寂之美，甚至会挖掘一个水池，以便将整个自然浓缩在自己的庭院里以体验置身在自然中的怡然乐趣。

### （三）日本人与季节感

日本的春夏秋冬四季分明，景色各异，这造就了日本人对自然变化的敏感性。日本人总是由人生马上联想到自然，或是由自然联想到人生。一听到"风"，就会联想到"寂寞"这个词；一说到"春雨"，就会产生"温暖而静谧"的感觉。日本最古老的长篇小说《源氏物语》中就充满了对自然的描写，而随笔集《枕草子》作为与《源氏物语》齐名的古典文学名著，其开场白也是以自然为中心的感性表述："春天是破晓的时候最好。渐渐发白的山顶，有点亮了起来，紫色的云彩细微地横在那里……"而在兼好法师的《徒然草》中，也随处可见作者对自然带有无常观的感慨："季节的更替让人不禁悲从中来。"

被誉为世界上最短的诗歌的俳句则规定必须以季节为题材，在 17 个假名里纳入表现季节的词语，即所谓的季语。这些词语多半反映的都是年中的节庆、花鸟、动物，并被汇总在一部名叫《岁时记》的词典里。而在花道、茶道中，季节感也成了重要的主题之一。即便是普通日本人之间写书信，也大都不忘在起始部分加上季节变化的描写或问候。这种感性不仅浸润在日本文学作品中，也广泛地体现在日本人的日常生活中。他们总是顺应四季的变化，品尝各种时令的美味佳肴，适时地改变服装和调整家具，让和服上的花纹取自各个季节的植物花卉，比如秋天的枫叶、春天的樱花等，并衍生出赏花、赏月、赏雪等具有全民性质的传统审美活动。记得很多年前，当宇航员驾驶宇宙飞船登上月球，整个世界为人类征服宇宙的进步而欢呼雀跃之时，日本诗人深尾须磨子却对这一壮举发出了不同的声音，她有些奇怪地叹息道："月亮是应该用来观赏和眺望的呀。"这看似诗人不食人间烟火的感慨，却也道出了一般日本人所持有的较之实用性更重视审美性的自然观。

对季节更替的敏感与对美的敏感交织在一起，使日本人变得富有感情，而小巧精致的自然景观赋予了他们善于捕捉自然美的气质和技巧。日本人认为，他们对自然所具有的特殊美感乃是他们民族最显著的优点。尽管所有的民族都是爱美的，但不得不承认日本人对美的钟情，对自然的挚爱，足以构成他们民族性格中最闪光的部分。怪不得日本明治时期的学者芳贺矢一在《国民性十论》中将"爱草木喜自然"列为日本国民的十大美德之一。

### （四）与自然共生的自然观

由于日本不是大陆板块的组成部分，而是位于海洋之中，因而，它比中国同纬度的沿海地区更具备海洋性气候的特征，四周浩瀚的海面就像是巨大的天然空调，调节着日本列岛的气候。虽然面朝日本海的"表日本"地区和面朝太平洋的"表日本"地区不尽相同，甚至相差很大，但与我们中国大陆相比，就整体而言，日本夏季不很炎热，冬天也不太寒冷。而且，除了夏、冬两个较为难熬的季节，其他的几个月都气候宜人，温度变化舒缓，且富有规律性，催生了层次分明又多姿多彩的自然景色。正如大野晋指出的那样："基本上说，我认为日本是一个易于居住的国家。气温适宜，不冷不热，只要与自然友好相处，就能够生存下去。没有必要殚精竭虑地去思索生活的目的或手段什么的。"正是这个原因，使日本文化表现为一种强调顺应自然，与自然共生、共存的文化。和西方社会在严酷的自然环境中把自然看作敌对的力量，从而形成了"与自然斗争""征服自然"的自然观大相径庭，日本人把自然看作本质上友好和善的东西，是与自己无法隔离开来的伙伴。只要看看日本和西方房屋结构的不同，就可以了解这一点。尽管现在，西方式的钢筋混凝土建筑在日本越来越多，但日本人向往的依旧是那种独门独院的传统房屋。从套廊向庭院延展开去的那种开放式结构，让房间内部与庭院融为一体，即使待在房间里，也同样被包围在微风的吟唱和虫鸟的鸣叫里，让人可以尽情地置身在与自然共存的空间里。而西方文化乃是以人为中心的人工文化，"这种主张主要源于基督教，在基督教看来，自然是神为了人类而创造出来的东西，人和自然乃是各个不同的存在，自然没有灵魂，自然乃是供人类利用和支配的东西"。而只要看看日本最古老的神话就知道，与神创造了万物的犹太教和基督教不同，在日本的创世神话里，首先是有了自然的存在，其次才是神由自然中诞生，最后是人类从神当中衍生出来。自然本身就是神，而人一旦死亡，就与自然合为一体。这些神话无疑反映了一个事实：日本人自古就有与自然共生共存的信仰。这种将自然视为神明的自然观表现了日本人在得天独厚的自然环境中所形成的具有泛神论色彩的自然崇拜思想。

（五）季风与日本人

尽管日本属于海洋性气候，但其重要的气候特征之一乃是季风的存在。季风约每半年就变化一次风向，因此夏、冬两季风向相反。这种被季风所左右的气候在南亚、印度一带表现得最为典型，其特征是夏季高温多湿，而冬季低温干燥，夏天的季风呈现出暑热与湿气相结合的特性。这种与暑热相结合的湿润带来了令人窒息的闷热气候，但也给陆地上包括水稻在内的植物带来了足够的水分，促进了它们的生长，使人们即便遭受蒸笼般炎热的折磨，也不得不在心里对这样的自然现象加以接受和认同，而不是采取对抗的态度。与此同时，季风常常化作像豪雨、暴风、洪水等狂暴的力量，且这种力量如此巨大，足以让人们放弃抵抗的意志，形成听天由命、惯于忍受的性格。这种"接受与忍耐"的性格乃是季风气候地区的人们共同的特征。

虽然属于季风气候，但日本因地理位置处于西伯利亚荒漠与浩渺的太平洋之间，所以经常受到大陆寒气团的影响。每年的12月到次年的2月，寒冷的季风从西伯利亚穿越大陆而来，与北上的对马暖流在日本海相遇，吸收了充足的水蒸气后，因遭到崇山峻岭的阻隔，而化作暴风大雪裹挟住日本列岛。而每年的8月到10月，季风又常常化作突发性的台风这种特殊的气候现象，在给日本很多地方带来严重危害的同时，送来庞大的雨量。因此，日本季风的不同之处，就在于这种热带性和寒带性并存的二重性。再加上台风所具有的季节性与突发性并存的二重性，给日本人"接受与忍耐"的性格赋予某种特性，催生了他们那种被称为"安静的激情和富于战斗性的恬淡"的国民性格。

日本伦理学家和辻哲郎在他的《风土》一书中，特别关注季风给日本的风土和民族精神结构所带来的决定性影响。他认为，季风在夏天化作台风、冬天化作大雪的二重性可以被称为"热带性、寒带性并存的二重性格"，这一点在日本的植物中也表现得非常明显。在日本既旺盛地生长着离不开充足阳光和丰沛湿气的热带草木，也随处可见以寒冷和少量的湿气作为生长条件的寒带植物。一些树木甚至本身就具备了这种二重性。比如，日本的竹子在披风戴雪的过程中，已经不同于一般的热带竹子，具有了柔软的弹性和应变性。而日本人在季风面前形成的接受与忍耐的性格就与竹子一样，也具备了热带和寒带两种性质。日本既不像南亚等纯热带地区那样，因一年四季都处在阳光雨林之中，从而使人的性格表现为单纯的感情横溢，也不像北欧等纯寒带地区那样，365 天都寒冷逼人，一成不变，使人感觉迟钝，从而性格表现为单纯的感情持久，而是丰富地流淌着的。就像四季各异的季节变化一样，日本人也寻求一种快节奏的变化，所以，日本人的性格不具备大陆式的沉稳，而显得非常活跃和敏感。正因为活跃、敏感，所以容易出现疲劳，缺乏持久性。而且，这种疲劳不可能依靠休养来治愈，而只能借助新的刺激、情绪的转换等情感变化来治愈。可当治愈的时候，感情并没有因变化而转化为其他的感情，而依旧是原来的感情。因此，在日本人的性格缺乏持久性的背后，又隐藏着另一种持久性，即感情在变化中静静地持久。日本人的性格还具备台风那种季节性和突发性的双重特征。在变化中静静持久的感情，在不断地转化为其他感情的同时，又作为同一种感情延续下来，所以，既不是单纯地按照季节进行规律性的变化，也不是单纯地进行突发性的偶然变化，而是转换为一种在变化的各个瞬间既包含着突发性，又同时被此前的感情所规定了的其他感情。就如同台风带着突发性的狂暴一样，感情也在转化为另一种感情时，爆发出远远超出预期的强度。因为具有突发性，所以不会执拗地一直持续，而是恍如晚秋初冬的狂风般一掠而过。因此，它甚至可以制造出一种特殊的历史现象，即无须执拗地争斗，就能够全面地实现社会的变革，并由此催生了日本那种崇尚感情的亢奋又忌讳执拗的国民特性。或许我们可以从和辻哲郎的这一理论中找到樱花成为日本民族性格之象征的理由。每年春天，漫山遍野的樱花是如此急迫而华丽地盛开，却无意执拗地持久绽放，而是同样匆忙并恬淡地随风凋谢。

在和辻哲郎看来，日本人对季风所抱持的忍耐态度也带有热带和寒带的双重性。它既不同于热带那种在自然的淫威下丧失了斗志，从而轻易放弃的断念，也不同于寒带那种悠闲而怠惰的忍受。暴风和豪雨的威力尽管最终迫使人们不得不忍受和服从，但台风的性质不可能不在人的内心唤起近似于战斗的激情。因此，日本人尽管并不试图征服自然，或是与自然敌对，但仍旧在战斗性的、反抗性的情绪中，达成一种不具持续性的断念。而且，这种忍耐带有季节性和突发性的特征。因为它包含着反抗的特质，所以既不可能按照季节富有规律性地重复忍耐，也不单纯是突发性地、偶然性地去进行忍耐，而是在不断重复忍耐的各个瞬间隐含着某种突发性。包含在忍耐中的反抗会屡屡挟持着台风般的猛烈，突发性地熊熊燃烧，而在这情感的暴风雨之后又会霍然出现寂静的断念。于是，在对季风的接受和认同中所表现出的季节性和突发性，与在对季风的忍耐中所表现出的同一特性相辅相成，使得反抗和战斗进行得越是猛烈，就越是备受赞美。但与此同时，这种反抗和战斗又不能是执拗的。在日本人看来，潇洒的断念可以使猛烈的反抗和战斗成为更加值得赞美的东西。突然由反抗转向忍耐，即适时地达成断念，淡然地忘记，乃是日本人过去和现在都视作美德的品格。樱花所象征的日本人的气质，大都源于上述这种带有突发色彩的忍耐性，而最明显的表现就是淡然地舍弃生命。存在于反抗和战斗之中的意志，原本是出于对生的执着，可当对生的执着以巨大而猛烈的势头尽显无遗时，那种执着中最引人注目的，却恰恰是对执着于生加以全盘否定的态度。或许可以说，日本人的抗争至此达到了极致。

换言之，就是将斗争从对生的执着升华到对生的超越。和辻哲郎把这称为台风式的忍耐性。因此，日本人生存方式的特性就在于：丰富的感情在变化中静静持久，又在持续变化的各个瞬间里隐含着突发性，而这种活跃的感情在反抗的过程中会沉淀为一种断念，在突发性的亢奋背后隐藏着陡然断念的静谧。这就是所谓的安静的激情、富于战斗性的恬淡。而和辻哲郎把这视作日本人最基本的国民性格。

尽管和辻哲郎的风土论遭到了不少人的诟病，认为这种风土决定论太过片面，用单纯的风土来代替历史发展的眼光，缺乏从生产力和生产方式的角度来考察文化的视野，但谁又能否认，自然和风土对文化的重要作用呢？哪怕它不是决定民族性格的唯一因素，但肯定是重要的因素之一。在论述日本人的性格时，和辻哲郎那些看起来似是而非甚至自相矛盾的描述，非常准确而精到地捕捉了日本人国民性格的微妙之处：热烈中蕴藏着沉静，忍耐中蕴藏着反抗，突发中又有持久，执着中又有放弃。正是这些矛盾的性质辩证地统一于日本人身上，让日本人被包裹在一层神秘的面纱里，使人难以捉摸。就像本尼迪克特在《菊与刀》开篇中所写的那样，人们往往用一连串"但是"这种极为离奇的措辞来描写日本人，而对其他任何一个民族从来没有使用过这种手法。但不管怎样使用矛盾修辞法来形容日本人，甚至把"喜怒无常""不可理喻"当作他们性格最突出的标签，我们都不得不承认，或许那只是我们一厢情愿的偏见，因为在他们那种变化无常的喜怒哀乐和不可理喻的矛盾行为中，其实有着自身的规律性。

当美国占领军小心翼翼、高度戒备地踏上日本的国土，以为会遭到日本人的疯狂报复时，日本人却向他们表示了最大的好感和欢迎。日本人以极端的善意接受战败及随之而来的一切后果，用鞠躬和笑容、挥手和欢呼来迎接美国人。正如本尼迪克特所说的那样："日本人这种战败后 180 度的转变，美国人实在捉摸不透，并怀疑它的真实性，因为美国人是难以做到这一点的。"但这种 180 度的突发性转变在日本历史上并不鲜见。1862 年，英国人理查森在萨摩藩被杀害，引来英国军队远征日本，炮轰鹿儿岛。不料对于这次炮轰，以傲慢和好战而著称于日本的萨摩藩武士没有誓死报复英国人，相反抱着不打不相识的想法，希望与英国人建立良好的友谊。因为他们从英国军舰的炮击中看到了敌人的强大，并试图向英国人请教。他们与英国人建立了通商关系，并且于翌年在萨摩藩开设了学校，教授西方学术。"西方人很难相信日本人能够在没有精神痛苦的情况下从一种行为方式转向另一种行为方式，我们的经验中并不包括如此极端的可能性。然而在日本人的生活中，矛盾——我们所认为的矛盾——深深地扎根于他们的人生观中"，本尼迪克特把这叫作"随机应变的现实主义"，认为"当情况有变时，日本人也能改变其态度，转向新方向"，但不得不说，这种"随机应变的现实主义"之所以能够实现，是因为日本人那种一旦发现情况有变，就能够适时放弃忌讳、执拗的国民性。因为"日本人不像西方人那样把改变态度视为道德问题"，所以，"他们并不感到有固守老主义的道德的必要"。正如赖肖尔所指出的那样："……不知道是不是由于天灾的缘故，日本人不得不表明自己的行为具有较高的灵活性，但他们根据自己以情境为中心的伦理，认定情境需要采用新的方法去面对时，即使突然在态度上发生逆转，也大多会得到社会的认可。"也就是说，很可能是由于包括台风、地震在内的天灾的影响，日本人养成了根据各个情境来设定相应的行为基准的习惯，因此，日本人的行为基准具有"情境中心"的取向，且被认为是妥当的，受到社会的认可。而且，同一个人的行为，虽然存在着在旁人看来不无矛盾的地方，但他能巧妙地区别使用各个不同的行为基准，具有针对变化的情境而做出富有弹性的应变措施的能力。

既然日本人能够在执着中根据情境的变化断然选择放弃，那么，另一种完全相反的情形也就变得不无可能：用和辻哲郎的话来说，就是被包含在忍耐中的反抗会屡屡挟持着台风般的猛烈，突发性地熊熊燃烧。就像美国人克里斯托弗所说的那样，日本人"在开始很长一段时期内，可以静悄悄地甚至是谦恭地忍受冤苦，然后有一天突然以迅雷不及掩耳之势爆发出来，不顾任何后果，这就是日本式的反应"。在他们身上存在着一种微妙的机制，可以在持续的忍耐和突发性的反抗之间来回转换，而不影响他们自身的一贯性。怪不得本尼迪克特说："实际上日本人丝毫未变，他们的反应是与其秉性相一致的。"也许正是在这种意义上，和辻哲郎断言，潇洒地断念，突然由反抗转向忍耐，淡然地忘记，这样的国民性格可以制造出某些特殊的历史现象，甚至完成某些在其他国家无法实现的社会变革。同样作为战后的占领政策，美国在伊拉克的占领行动遇到了伊拉克人的顽强抵抗，遭受了重大的挫折。

显然，被和辻哲郎称为台风性格的日本国民性也在他们的审美意识里打上了深深的烙印。比如，古典能乐和文乐中那缓慢沉重的节奏、演员笨重单调的动作、断断续续的太鼓声、涩滞哀怨的三弦琴声，无不营造出一种阴森、静谧又惊心动魄的氛围，总让人觉得在那种单调、沉郁的重复中孕育着某种可怕的激情。而日本电影中那些沉默寡言、面无表情的"酷男"主人公在内心深处藏匿着暴风雨般的激情，只等某个适当的时机，就像火山一样猛然爆发，创造出一连串的奇迹，然后悄无声息地回归平静，回到像是台风吹过之后那种死一般的沉寂。高仓健之类的冷酷硬汉形象无疑是日本国民那种台风性格在影视艺术中的审美反映。

### （六）地震与日本人"天然的无常观"

如果说台风是在一定的季节按照一定的方向袭击而来的自然灾害，因此属于从某种程度上人们可以采取对策的威胁，那么，地震则是从地下向人们垂直地发动突然袭击的威胁，让人们无处逃遁。从某种意义上说，台风可以依靠建立人与人之间的互助网络来加以应对，属于与道德问题有着深刻关联的自然灾害，地震则由于其突发性和绝对的破坏性，在人们心中唤起的是属于存在论范畴的不安和恐惧，属于与宗教式的恐惧感、不安感密切相关的自然灾害。而日本列岛存在着大量的断裂带，经常爆发破坏性的地震。1923 年 9 月 1 日，日本发生了"关东大地震"，由此引发的火灾将东京和横滨夷为平地，14 余万人在地震中不幸丧生或失踪。1995 年 1 月 17 日关西地区发生阪神大地震，死亡 6400 余人，受伤 43000 余人，成为日本第二次世界大战后最大的自然灾害。已经成为经济强国的日本，尽管科学技术在世界上名列前茅，对地震的研究也堪称先进，但在破坏性的地震面前，依旧是无能为力、束手无策。根据历史资料记载，东京一带大约每隔 60 年就会周期性地发生强烈地震，因此，日本人一直忧心忡忡，担心东京在不久的将来又会发生另一次强感地震。可以说日本人总是生活在地震的阴影下，因各种地震而引起的房屋震动已成为日常现象，关于地震的报道经常充斥着电视的屏幕，不时提醒着人们，像地震这样的天灾就藏匿在身边，随时都在伺机爆发。

寺田寅彦（1878—1935）是曾经留学德国和法国的日本物理学家兼文学家，他在《天灾与国防》一文中指出，日本与西欧各发达国家相比，无论是从地理位置上，还是从气象学、物理学的角度上，都受到了特殊环境的制约。寺田把其中

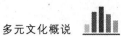

最重要的一点称为"天变地异"，认为由此造成的烦恼反而给日本的国民性带来了正面的影响。他写道："数千年灾难的考验造就了日本国民所特有的、种种优秀的国民性，这也是事实。"

在《日本人与自然》一文中，寺田寅彦对西欧的自然和日本的自然进行了一番比较，指出西欧的地理条件相当稳定，其理由是没有地震。在欧洲，尤其是西欧，地震格外少见。特别是法国和英国，几乎是处在地震的空白地带上。他因此而断言，正因为有稳定的自然条件，欧洲的自然科学才得到了发展，才可能对自然进行客观的观察和定量分析，比如，对于英国人来说，石头建造的房屋就象征着永恒。与此相对，日本列岛的自然条件处于极不稳定的状态中，而最大的原因就是地震。几千年来，日本人就生活在不知道地震会在何时降临的自然条件中，"我们脚下这些常常被用来喻作岿然不动的大地却不时发生震动，具有这种体验的国民和没有这种体验的国民，其自然观出现巨大的差异，也是不足为怪的吧，一旦发生地震，居住在日本列岛上的人们就只能降服于自然的威胁，听天由命，从一开始就打消了与自然抗争的念头，而只能从自然的威胁中去学会如何管理危机"。显然，地震不是一种孤立的地质现象，与气候学、地形学、生物学都有着种种微妙的联系。日本人为了应对地震，必然对相关的各种现象进行精密的观察，结果培养了日本人对环境观察的精密性和敏捷性，还提升了他们对自然的奥妙与神秘所持有的敏锐性。而且，"对自然的神秘与威力了解得越深，人们就对自然越发顺从，不再抗拒自然，而是以自然为师，利用自古以来人们与自然打交道的经验，努力地去适应自然环境"。因此，不同于西方人对自然采取攻击性和征服性手段的性格，日本人在自然面前采取的是对症治疗式的、非攻击性的态度。

对自然的顺从，对风土的适应——这就是寺田寅彦所谓的危机管理思想。在日本人针对不安定的自然所积累的生活智慧中，存在着很多危机管理的生活智慧，以及民族智慧。日本人具有强烈的危机意识，凡事都要从最糟糕的方面去考虑，从不敢掉以轻心，并千方百计防患于未然。或许这也是小松左京那部虚构日本列岛即将沉没在大海里的小说《日本沉没》能够畅销日本的原因吧。而书店里，类似《日本面临挑战》《日本的危机》等书籍比比皆是，就像是一个个报警器，构成了一套超敏感的报警系统，提醒日本人要有杞人忧天的意识。比如人们经常举到的一个典型例子是，敏锐的危机意识和危机管理体制使日本人能够从中国鸦片战争的教训中警觉到危机的迫近，发出"鸦片战争虽为国外之事，但足为我国之戒"的感慨，从而下定决心踏上现代化的进程。

对于日本人而言，自然具备这样一种微妙的特点：自然既是一旦发飙就让人无所适从的狂暴的"严父"，又是把人类拥入怀抱的"慈母"。"尽管如此，无论当自然是人们的慈母之时，也无论当自然是生活的破坏者之时，都没有比日本人更热爱自然的国民了。即便当自然在人们头上施展淫威之时，我们的祖先也没有记恨自然。不管自然的淫威如何宣泄在人们创造的事物上，人们都只是抱着一颗自省之心。他们把这看作神明的规诫，当作自我反省的食粮"。日本的文学、学术、美术等就是在与慈母般的自然所建立的共存关系里，才得以绽放出美丽的花朵。无论是《万叶集》中那些歌颂自然的古老和歌，还是川端康成的小说，也不管是宫泽贤治那些带有神秘色彩的诗歌，还是东山魁夷笔下描摹风景的绘画，无一不是诞生在与慈母般的自然所建立的一体关系中。一旦接触到慈母般的自然，日本人自身就被包容在了那种自然之中；一旦接触到慈母般的自然，日本人甚至可以从寂静的森林中聆听到神的声音，在荒无一人的山野里与风景对话。这是一种相信天地万物均有灵魂栖息、有生命驻留的信仰。只要翻开日本最古老的诗集《万叶集》就会发现，在古代日本人眼里，茂密的树木并非没有生命的物象，其中驻留着超越自然的神灵。山峦也不是单纯土块的堆积，而被看作具有灵异性的神秘存在。这种在自然中获得的神秘体验，并不像现代人经过缜密思索或洞察而得到的理性概念，而是古代人在接触山川草木的那一瞬间所获得的心灵感悟。这种泛神论式的自然观至今还延续在日本人的血液中。

对自然的顺从和对风土的适应，是日本人在不安定的自然面前所积累起来的智慧，并由此造就了日本的科学。与有着"严父"与"慈母"这样一种双重性的、不安定的自然打了一万年的交道，不得不经常笼罩在地震的荫翳下，日本列岛上的人们难以得到稳定的安全感与永恒感，而最终形成的是"天然的无常观"，换言之，是作为"自然之摄理的无常观"。这就是寺田寅彦得出的结论。

"有人说，在单调荒凉的沙漠国家，只可能产生一神教。而在像日本这样拥有多姿多彩的、变幻无穷的自然的国家，诞生八百万神明，并一直受到人们的崇拜，乃是理所当然的吧。山川草木悉数皆神，亦悉数皆人。这是因为唯有崇拜它们、服从它们，人们的生活和生命才能得到保障。另一方面，因为地形决定了居民的定居性和土著性，所以在各个村落都建立了镇守的神社。"这也是日本的特色。佛教从遥远的地方移植过来，在这里生根，发芽，持续生长，必定是因为其教义所包含的各种因素与日本风土相适应。想来，佛教的无常观与日本人自身的自然观有着相调和的地方，"毋庸引用鸭长明的《方丈记》也足以知道，对于居住在地震等灾难频繁又完全不可预测的国土上的人来说，天然的无常观已化作源自遥远祖先的遗传性记忆，而渗透到了五脏六腑之中"。

寺田寅彦在这里所表达的意思是，无常观并不是佛教从遥远的印度带到日本这块土地上来的舶来品。在佛教传入日本之前，日本列岛特有的地质条件就在日本人心里孕育了世事无常的观念。佛教的无常观进入日本以后，因恰好迎合了日本人这种天然的无常观，而一下子在日本蔓延开来。但如上所述，由于日本列岛的自然环境、地理条件的特殊性，日本人这种"天然的无常观"是泛神论式自然观的胞兄，所以，佛教在日本的传播出现了独特的形式，形成了所谓"神佛习合"的特殊形式。

## 二、日本文化特征

### （一）日本文化的开放性与主体性

如果我们将中国文化称为自创文化，那么，日本文化可以说是摄取性文化。摄取性的特点决定了日本文化具有开放性和主体性的基本特征。

众所周知，东亚文明圈或"儒教"文明圈，西洋基督教文明圈，西亚、中东伊斯兰教文明圈，南亚佛教、印度教文明圈被称为四大文明圈。其中，具有悠久历史的东亚文明圈的核心——"儒教"便起源于中国。中国作为东亚传统文明的轴心，对其周边诸国产生了巨大的影响。

中华文明是在漫长的人类历史的发展当中，在东亚大陆这块土地上，在中华民族与大自然的抗争中形成的。中华民族自主地创造了独特的传统文明，在春秋战国时期初步形成了中华文明的基本特征。中华文明自形成以来，便表现出强大的主导性和自主性。几千年来，虽然历经多次民族之间的战乱和与世界大型宗教文明或文化圈的文化要素的碰撞，但中华文明的主体和基本构成很少发生变化，一直得以持续发展。对内，在发生激烈的不同文化的民族冲突时，要么以中华文明去同化它，要么将其摒除在中华文明圈外。对外，当与同水平的世界大型宗教文明或文化圈的文化要素相碰撞时也是一样。例如，佛教文化自西汉末年从印度传入中国，至隋唐达到鼎盛，一时因统治者个人的嗜好，竟与"儒教"平起平坐。纵观佛教文化的发展，虽然其对中华文化产生了很大的影响，但最终还是作为"儒教"的附庸，被融合为中华传统文化的一个重要组成部分。与"儒教"文化差异颇大的基督教文化自唐传入中国以来，虽于元、明、清数次再度传入中国，但在本土同级别文明的强大压力和排斥下无功而返。可以说，中华文化强大的排斥力和同化力，使其保持了自创性的持续性发展。

与中华文化的自创性特征相比，日本文化表现出了周边性与摄取性特征。日本自古以来就作为中国的周边国家，孤悬海外，"同欧洲、中东、印度次大陆和中国比起来，在这个岛国，农业的出现晚了几千年，青铜和铁的使用晚了几个世纪"。在包括中国在内的世界文明古国已经将铁器运用于农业，创造出了灿烂的人类文化时，日本尚处于原始的采集文化和旧石器文化当中，以缓慢的速度发展着自身的文化。"当我们的祖先聚居在日本列岛上，长期停留在石器文化阶段而裹足不前时，大陆的汉族却很早就迎来了金属文化时代，建立了强大的国家。汉族向四周地区的扩展引人瞩目，其部分势力也到达日本列岛，给日本带来了金属文化和农耕技术"。是大陆的中华文化给日本带来了飞跃的发展，日本社会从采集文化转为农耕文化，从旧石器时代进入铁器与青铜器、新石器并用的金石时代，从此，日本社会进入弥生文化时代。

弥生文化的重要作用是不可忽视的，在本土文化——绳文文化缓慢发展过程当中，是外来的先进文化——弥生文化的冲击使日本自身的发展被中断。日本绳文文化与中华文化的巨大落差，使日本人对于汹涌而来的外来先进文化怀着惊喜与渴慕的态度接受。日本民族是在绳文文化与弥生文化"混血"的状态下形成的，而日本民族喜爱与渴慕优秀外来文化的心态、善于摄取外来文化的特点可以说是自日本民族形成时便具备了。可以说，摄取性的特点决定了日本文化具有开放性和主体性的基本特征。

善于摄取文化的日本文化呈现的是其开放性的基本特征。自弥生时代以来，日本是一直不断地吸取各国先进文化以发展其文化的。从古至今，日本文化先后吸收了中华文化、朝鲜文化、印度文化、西欧文化、美国文化等。

但是，善于吸收外来文化的日本文化不仅具有"开放性"，还具有"主体性"。和辻哲郎曾指出，即便从日本文化中拿走外来文化，作为摄取者、加工者的日本人还是保存了自己的独立性。他强调了日本文化的"主体性"。

日本文化的"主体性"首先表现在日本文化的独自性方面。日本从古代就开始对外来文化进行大规模的吸收，引进了外来的思想与文化，在这个基础上创立了自己的思想与文化，并保存至今。例如，日本 6 世纪就引进了佛教，到了江户时代，受到寺请制度的影响，佛教成为与民众生活关系最为密切的宗教，日本几乎成为全民皆佛教徒的国家，但佛教的影响力最终输于神道。根据 2003 年（平成十五年）日本《宗教年鉴》的统计，日本佛教信徒人数为 9555 万人，神道信徒则为 1.777 亿人。日本人最重视的正月参拜、结婚仪式、出生参拜等活动几乎都在神社举行。

儒学的伦理思想自古代传入日本，仁、义、礼、智、信等成为日本人的根本伦理思想，对日本人的精神形成产生了巨大的影响。直到今天，重视集团主义、重视人际关系的日本人的行为方式依旧遵循仁、义、礼、智、信等儒家纲常。但是，日本当代学者相良亨认为，对日本人真正产生作用的不能不说是传统日本的"心情的纯粹性、无私性的追求"伦理观。传统的日本伦理思想不拘泥于客观规范与礼法，对现实存在给予充分的肯定，追求心情的纯粹性，古代追求"清明心"，中世追求"正直之心"，近世则追求不欺不伪的"诚"。

日本文化的"主体性"还表现在日本吸收外来文化的方式与过程中。日本不是单纯、被动地吸收外来文化，而是在进行主动性吸收、消化性吸收、改造性吸收后，使外来文化日本化。日本对外来文化的摄取不是单纯地进行摄取模仿，而是根据本国的需要与现实的可能性，对外来文化进行有选择性的吸收。日本吸收外来文化的主体性特征还表现为以下几点：

第一，日本吸收外来文化的主体性首先表现为主导性。日本在吸收外来文化的过程当中，每次吸收的都是当时世界上最先进的文化，古代中国隋唐的昌盛使其处于当时世界文明的顶峰，日本连绵不绝地以国家的规模进行了全方位的摄取。18—19 世纪，西欧作为近代资本主义的发祥地，处于世界文明中心，日本又源源不断地从西欧吸收近代学术、近代思想、近代产业与经济制度。而第二次世界大战后，美国作为现代文明的理想模式，成为世界各国追赶的目标，日本又积极快速地引进了美国的议会制度等政治方面的先进制度与管理科学等经济方面的先进理念，普及了美国的生活方式。

第二，日本吸收外来文化的主体性表现在日本在引进外来文化的过程中，具有极强的选择性。日本虽然自弥生文化以来，一直积极主动吸收世界上最先进的外来文化，但日本从来都没有全盘照收外来文化。日本吸收外来文化，一直是有选择性的，它只吸收对本国有益、适合本国国情的文化。日本吸收中国隋唐文化时，虽然移植了其先进的生产方式和政治制度，但没有引进不合乎日本固有世袭制和身份制之国情的科举制，更没有引进摧残人性的宦官制。18—19 世纪，日本引进了西欧各国先进的思想、制度等，并实行了"明治维新"，却没有像法国那样，彻底推翻皇朝统治，而是学习了英国的"君主立宪制"。与英国"君主立宪制"不同的是，日本天皇的权力要比英王的权力大多了，因为日本第一部近代宪法是以德国普鲁士式宪法为蓝本制定的，其充分肯定了天皇的绝对统治权，体现了"君权大，民权小"的思想。

第三，日本吸收外来文化的主体性还表现在日本文化具有融合性。日本在吸收外来文化的过程当中，不是单纯机械地吸收，而是呈现出强烈的融合性。日本对外来文化进行改造与融合，使其日本化。日本通过对汉字的改造创造了日本文字，即以汉字的草书为基础，创造了平假名，以楷书为基础，创造了片假名。对从中国传来的佛教进行改造，融入日本固有思想，改造成有日本特色的"现世佛教"。

第四，日本吸收外来文化的主体性还表现在其对固有传统文化的保守性上。日本虽然自弥生文化以来陆续吸收了中国、西欧及美国等外来文化，但日本民族自古以来固有的传统文化积淀在各种表象文化的最深处，固有的宗教意识、固有的道德伦理意识、固有的生活习惯等一直支配着日本人的思想与生活。所以，也有了诸如"绳魂弥才""和魂汉才""和魂洋才"的口号和实践。对固有传统文化的保守性还体现在日本对中国古文化的保存上。起源于中国，并由于战争毁掉的一些隋唐古老文化完整地保存在日本，不能不说是日本文化保守性的最好体现。郭沫若曾经指出："……中国在隋、唐以后经过好些的外族蹂躏，古代的衣冠人物每荡然无存而又另起炉灶。日本则是因岛国的关系，没有受到这种外来的损害。因此隋、唐时代的封建文物乃至良风美俗，差不多原封不动地被保存着。有些乐谱被改成五线谱，并灌入了胶片，日本人竟把这些乐舞视为'国粹'，用以招待外宾。这些文物、典籍有各朝代中日文化交流使者带到日本去的，也有近代以后日本通过侵华战争掠夺的。无论如何，日本对文物、典籍一直采取的是保护的政策。还有一些为中国人所忽略的文化传统，如茶道、花道，在日本被完好地保存，并发展至今。这一切充分体现了日本文化的保守性。"

日本文化的开放性与主体性造成了日本文化的混杂性。在日本文化中，古与今、和与外、外与外等文化诸要素在一个统一体内杂然并存。例如，以明治文化为例，一方面，基于神话传说的"神的子孙"天皇具有政治及宗教的无上权威；另一方面，具有近代意义的议会也在起着某种作用。在日本人的日常生活当中，一方面存在着洋室、洋服、洋食、洋乐等，另一方面又存在着和室、和服、和食、邦乐等。外来文化也是不同国籍的文化"和平共处"，如既有英国的功利主义、实证主义与进化论，又有法国的天赋人权思想，还有德国的国家主义、观念论等。

日本作家、评论家加藤周一对于日本文化的特征给出如下的结论："我在欧洲生活时，常常围绕着传统的日本考虑日本的问题，可是当我回到日本，却不得不承认日本与其他亚洲诸国不同，日本的西洋化进行得比较深入。这绝不是说我的关心点从传统的日本转向了西洋化的日本。我认为，日本文化的特征是两种因素深深地交织在一起，正因为如此，任何一种都不能单独抽取出来。"他认为日本文化是一种"杂种文化"。日本政治思想史研究者丸山真男（1914—1996）在《日本的思想》一书中指出，日本思想处于"神的杂居"状态，"多种思想并未从内部真正相'交'，只是在空间上同时存在着"。

在现代日语中，除汉语外，还包含着大量外来语。有人预言，再过一二百年，日语中就会有一半或 70% 是外来语。从信仰上看，日本人既敬日本的神，又敬中国的、印度的乃至西方的神。如前所述，在衣、食、住等生活方面，日本文化显示出了强烈的"混杂性"。所以，日本文化又被称为双重文化、混合文化、混血文化、合金文化等。

**（二）基本特征形成的原因**

1. 日本文明的周边性

在很长时间里，日本是一个文明周边国，它孤悬海外，独自地发展着自身的文化。与亚洲的文明中心中国和印度的文化相比，日本文化无疑是一种势差很大的低水平状态的文化。这样，当与高水平文化的中华文化相联通时，中华文化便极易汹涌而入。近世以后，日本的封建文化尽管有相当大的发展，但比起资本主义文化还很落后。所以，日本对西欧文化的吸收也是由高向低，形成了日本文化的开放性。

2. 岛国的地理环境

日本是一个岛国，与长期居于文明中心的中国以及与中国相连的朝鲜隔海相望。在近代以前，这一段海上距离给日本提供了与外界交往的主动权。如果形势良好或自认需要，便可以以海为路，从大陆移植文化，但如果形势险恶或对外冷漠，又可以以海为城切断来往。这种有利的地理环境使日本自形成统一国家以来，能够在自主调节的状态下，决定自己的取舍，从而形成了日本的自主性。

3. 单一民族

现在的日本除大和民族外，还有自古以来的阿依努族和朝鲜族等少数民族。但从民族构成状况来看，少数民族占极少比例，日本可以被称为单一民族国家。单一民族文化心理的高度一致成为日本易于吸收外来文化的有利因素。日本人常说的"以心传心"也正是基于这种民族共同心理。这种民族共同心理使日本能够做到上下一致，使政府推行新政策、提倡社会新思潮能够得到上下一致的拥护。例如，信仰佛教的古代日本人没有食肉的习惯，但明治维新以后，作为"文明开化"内容之一，日本倡导全民食肉。于是，东京街头到处飘着牛肉的香味，日本人争先恐后食肉。相同的例子在日本外来文化吸收史上不胜枚举。

4. 在民族性格形成期具有大规模吸收外来文化的深刻体验

在日本岛上缓慢发展的绳文文化自生自长近万年。但是到公元前3世纪时，大陆上的种稻民族携带金属器具登上列岛，使日本一举进入水田农耕阶段。进入弥生文化时期，绳文文化与弥生文化的"混血"使日本民族得以形成，又由于列岛上发生的这次飞跃是由外来文化的传入引起的，给日本民族性格形成期的日本以深刻的体验和重大的影响。每次外来文化的引进都意味着人们可以享受到更好的物质与精神财富。久而久之，对外来文化怀有好奇与喜爱之心成为日本民族性格的一个构成部分。

5. 多元并存的思维方式

根据考古发掘和体质人类学、文化人类学以及民俗学等多种学科的研究，我们可以得知日本人是由南北不同的人种混血的。这意味着日本人种是以多元因素并存为前提的。因而，多元并存的思维方式对于日本人来说几乎是天经地义的。在这种思维方式下，外来文化容易进入日本并获得一席之地。在一般情况下，不同地区和不同时代的文化都可以杂然并存于日本文化的统一体内。这种思维方式使日本文化具有更大的宽容性和包容性。

(三) 大化改新与隋唐文化的吸收

日本在形成统一国家以前就已开始对中国文化进行吸收，我国的汉朝及六朝时代的诸王朝赐予倭的统治者以王号。日本的天皇在最早的时候被称为"大王"，到了7世纪初，自称为"天皇"，国号也从中国称呼的"倭"改为"日本"。日本与中国进行频繁的交流，并大规模、系统地吸收中国文化是在推古天皇（554—628）时期。当时，作为摄政的圣德太子（574—621，当时的称呼为厩户皇子、丰聪耳皇子），向中国隋朝派遣了留学生高向玄理、僧人僧旻，607 年正式派遣遣隋使小野妹子学习中国文化。日本原来一直是通过朝鲜半岛间接、消极地吸收中国文化，而从此以后，便是直接从中国本土积极能动地、大规模地吸收中国文化。

之前日本主要是通过朝鲜百济吸收中国南朝系列文化，通过高句丽吸收北朝系列文化，一直集中在对于中国南北朝文化的吸收上。但自从唐在 618 年取代隋以后，日本陆续不断地派遣遣唐使，开始了对中国文化的大规模吸收。随着中国文化的不断输入，7 世纪后半期，中国文化的影响也开始呈现在日本文化当中。

日本于 645 年开始使用年号（元号），称大化。于大化元年开始的大化改新积极输入了中国的制度与文化。担当改革的中心人物是中大兄皇子（后来的天智天皇，626—671）、中层镰足（后来的藤原镰足，614—669），任命从唐朝归来的南渊请安、高向玄理等为政治顾问与国博士，推行新的政策。大化改新通过吸收中国文化，建立了集权制官僚国家，移植了中国先进的生产方式与政治制度。以下列举几项主要内容：

1. 土地制度：政府废除了氏族社会的土地私有制，将部民制改为公民公地制，实施了班田授受法与租、庸、调制，并制定了户籍、记账制度，建立了律令社会。

2. 法律：政府模仿唐令，先后制定颁布了《近江令》《飞鸟净御原令》《大宝律令》《养老律令》等。

3. 官制与兵制：模仿唐制，建立了中央集权的行政制度，地方行政也模仿唐制建立了国、郡、里制度。

4. 教育：教育制度与教学内容照搬唐制，设立了大学寮。教科书为中国儒家经典《孝经》《论语》《礼记》等。但没有引进中国的科举制，日本一直根据身份制与世袭制选拔官僚。

5. 文学：唐代文学被移植到日本后得到发展，其中影响最大的是唐诗。上至天皇，下至贵族，皆以作汉诗为时尚，汉文学得到发展，从奈良时代到平安初期，陆续编修了汉文诗集《怀风藻》《凌云集》《文华秀丽集》《经国集》等。唐代白居易（772—846）等诗人的诗受到日本人的喜爱与模仿。唐诗对日本和歌的创作也产生了巨大的影响。

6. 舞乐：唐代是中国音乐的繁荣期，对日本产生了很大的影响。日本的雅乐在大和时代以三韩乐为中心，进入奈良时代后转而以唐乐为中心了。大宝二年

（702 年），日本朝廷设立了"雅乐寮"，培养雅乐人才。乐与舞作为合二为一的艺术，唐舞也与唐乐同时传入日本，保留至今。舞乐中有名的曲目有，颂扬李世民打败刘武周的《秦王破阵乐》，即位与贺宴时表演的《万岁乐》，舞乐当中最为豪华壮观、场面盛大的《太平乐》，以及北齐兰陵王长恭为慑敌戴上狰狞面具以遮盖天生美貌而屡建奇功的《兰陵王》等。

7. 书法：中国的书法艺术大放异彩，传到日本后也产生了巨大的影响。王羲之父子、欧阳询等人的作品掀起日本学习书法的热潮。日本平安初期的"能书三笔"空海（774—835）、嵯峨天皇（786—842）、橘逸势（？—842）为日本书法史上的代表人物。

8. 绘画：日本绘画也受到唐代绘画的极大影响。中国人物画、山水画的传入刺激了日本"唐绘"的发展。日本绘画吸收了中国绘画的风格、技法与题材，创作了极具唐代画风的人物画与佛教画。正各院的《麻布菩萨》与后来被视为日本绘画界先驱的《绘因果经》充分体现了唐代绘画对日本的影响。

9. 史学：唐代的修史对日本史学的发展产生了极大的影响。720 年，由舍人亲王（676—735）等人奉诏编撰的日本第一部正史《日本书纪》诞生。此书采用编年体，记录了自神代至持统天皇期间的神话、传说、记录等，用汉文写就，共30 卷。在《日本书纪》之前，于 712 年，由稗田阿礼（生卒年不详）口述、太安万侣（？—723）撰录的《古事记》，收录了自开天辟地以来到推古天皇为止的神话、传说与各种歌谣，叙述了以天皇为中心的日本统一的历史。日本将此二部著作合称为"记纪"。后来，自奈良至平安，根据天皇的诏敕，又先后陆续修撰了《续日本纪》《日本后纪》《续日本后纪》《日本文德天皇实录》《日本三代实录》五部正史，加上最初的《日本书纪》，统称为"六国史"。

10. 历法：日本自古代以来，在天文、数学等方面的知识水平较低，长时间原封不动地采用二十四节气及二十八星宿的中国唐历，未能参照唐历创造出自己的新历。一直到 1685 年，日本人才开始使用自己制作的贞享历。进入明治时代，日本开始采用太阳历。

11. 医学：唐朝的医药典籍传到日本，促进了日本古代医学的发展。当时，有像鉴真和尚（688—763）一样医术高明的渡日中国僧人，也有大批为学习医学来唐朝留学的日本人。唐代的《新修本草》在日本作为药典被奉为权威。

12. 建筑：古代日本，没有固定的首府。受唐的影响，日本于 710 年迁都新建的平城京（奈良）。平城京模仿中国的长安，建造了宫城与城门，修建了道路，其大小为长安的四分之一。794 年再次迁都平安京（京都），而平安京也是以长安为样板建造的。

13. 唐朝的体育娱乐项目传到日本，如围棋、双六、斗鸡、射礼、赌弓、军棋等，有很多至今仍与日本人的日常生活保持着密切的关系。

14. 在衣食风俗方面，唐朝对日本的影响也很大。日本贵族羡慕唐朝人的生活方式，愈是上层社会，愈是好唐。唐服成为流行，天皇的礼服与皇冠也模仿了中国皇帝的礼服、皇冠，大臣与女子的礼服也以唐服为标准。发型也由过去的美豆良式转向唐式的发髻。中国的饮食文化也传到日本，丰富了日本人的生活。唐式的食品与料理法传到日本，用米粉制作而成的油炸点心"唐果子"受到日本人的喜爱，当时流行的唐式点心有梅枝、桂心、桃子等。

茶在奈良时代由留学生、留学僧带回日本，最初作为修道僧的提神药来使用，自嵯峨天皇提倡以后，喝茶的习惯在公卿贵族当中流行起来。

15. 日本的传统节日也深受唐朝的影响。例如，与中国相同，日本正月也有插门松、喝屠苏酒、吃年糕的习惯，农历五月五日过端午节，农历七月七日过七夕节，农历七月十五日过盂兰盆节，农历八月十五日过中秋节，农历九月九日过重阳节（菊花节）等。还有一些源自中国但在中国已消失的节日，如立春前一天的撒豆节等，至今在日本依然存在。

### （四）明治维新与西洋文化的吸收

始于 1868 年的明治维新，从形式上看，是德川幕府将政权交还给朝廷，实质上是完成了日本由封建制国家向统一的资本主义国家的转变，为日本构筑了近代国家制度的基础。此后，日本政府以西洋文明为模本，实施了一系列改革。

#### 1. 移植西方的教育制度

日本原本就是一个重视教育的国家，到江户时期教育已相当发达。明治政府成立后，将教育列为改革的重点之一。1872 年 8 月，明治政府颁布了《学制》，主张教育平等，建立了从大学到小学的教育体制。1890 年《教育敕语》的颁布，意味着日本近代教育体制的基本形成。在教育改革中，日本一方面吸收了西方近代教育的学制和部分科学内容，外在上具备了近代教育的形式，另一方面又保持了"忠君爱国"等非近代教育理念，骨子里具有封建主义教育的精神实质。教育的两面性，给近代日本的发展带来了积极和消极两种结果。一方面，全民教育的急速发展，使日本在 20 世纪初完成了国民教育的普及，成为世界上教育发达的国家之一，造就了日本近代化所必需的劳动大军，使日本"富国强兵"的目的得以实现，从而跃入了资本主义强国的行列。而且，第二次世界大战战败后，日本人以"国破教育在"的心理去面对战后教育的重建，这种教育成果成为其经济高速增长的重要原因之一。另一方面，"忠君爱国"式的封建教育理念后来被军国主义所利用，成为毒害广大人民、挑起侵略战争的工具，日本最终走上了惨痛的失败道路。由此可见，日本教育中的错误也是导致日本在第二次世界大战中惨遭失败的深层原因之一。

2. 西方近代思想的传入

明治初年，明治政府通过实行废藩置县的措施实现了中央集权统治。明治政府的当务之急就是通过实行一系列的文明开化政策，以废除不平等条约，实现富国强兵的目的。与政府的政策相对应，在国民思想的启蒙方面，以明六社成员为中心的民间洋学者发挥了很大作用。明六社是为了研究、介绍西方近代学术、思想而成立的，因成立于明治六年（1873年）而得名。明六社主要成员有西村茂树（1828—1902）、津田真道（1829—1903）、西周（1829—1897）、加藤弘之（1836—1916）、福泽谕吉（1835—1901）、森有礼（1847—1889）等。他们以《明六杂志》为阵地，通过著书立说或演讲活动介绍西方的新知识。明治初年，经由这些启蒙思想家传入日本的近代思想，主要有英法的功利主义、实证主义和天赋人权思想等。西周的"人生三宝说"，津田真道的"情欲论""死刑论"等，都向大众宣传了功利主义思想的精髓。福泽谕吉的《劝学篇》以"天不生人上之人，也不生人下之人"开篇，其基于自由和独立的平等思想，对当时的日本民众起到了重要作用。《文明论之概略》则围绕当时日本所面临的主要课题，即文明开化，进行了系统的论述。启蒙思想家提倡的人权思想的推广，为后来的自由民权运动打下了思想基础。加藤弘之在其著作《真政大意》中，以俗语文体介绍了建立在天赋人权说基础上的立宪政体，从政治学角度解释说明公民的权利和义务等。启蒙思想家们广泛地介绍和宣传了近代西方的新思潮和新学问，对当时日本社会的影响极大。福泽谕吉被称为"日本的伏尔泰"。

在明六社之后，西方达尔文（1809—1882）的进化论和斯宾塞（1820—1903）的进化论哲学被介绍到日本，斯宾塞强调自然权利的理论，被誉为宣扬"自由民权的教科书"。中江兆民（1847—1901）用汉文体翻译的《社会契约论》和经他翻译并加注的《民约译解》被广泛阅读，中江兆民有"东洋的卢梭"之称。明治初年开始，日本先后吸收了英国的功利主义和自由主义，达尔文、斯宾塞的进化论和实证主义，卢梭的法国自由主义人权说，黑格尔（1770—1831）的德国观念论等哲学思想。到了明治 20 年至明治 30 年，执政者把日本的思想基调定在德国国家主义和中国传统的儒学道德的结合上。在社会科学方面，就历史学而言，兰克（1795—1886）的实证主义史学在日本的影响甚大。经济学方面，英国古典自由主义经济学、德国历史学派经济学和马克思主义经济学都相继传入了日本。

3. 近代科学的创立

日本从德川时期开始就不断吸收西方近代科学，进入明治时期后，日本通过聘请外国专家、兴办学校、派遣留学生等手段，更大规模地吸收和利用西方近代科学。明治时期的自然科学研究，除了数学稍有例外，几乎都是在外国专家的指导下起步的，并在物理学、化学、地质学、医学、博物学等领域取得了丰硕成果。到了明治 30 年代，日本的自然科学研究已羽翼丰满，逐步脱离了外国专家的传授和指导，走上了独立发展的道路。

4. 近代产业和经济制度的移植

明治维新之前，日本是一个封建制农业国家。为了实现"富国强兵"的目的，明治政府通过推行"殖产兴业"政策移植西方的产业和经济制度。明治政府很重视军事工业，在横须贺造船厂、东京炮兵工厂等军工建设方面投入甚多。此外，铁路、轮船、电信等近代交通、通信设施的发展，也促进了日本产业的近代化。1869 年，在东京、横滨之间架设起电线，1871 年，邮政制度取代了原来的飞脚，1872 年东京（新桥）—横滨的铁路正式开通。海上交通方面，岩崎的轮船公司在政府巨额资金的资助下，在海运方面取得了骄人业绩。明治政府在移植近代产业制度的同时，还不断地引入资本主义经济制度。近代股份有限公司制度、银行制度、近代货币制度、近代公债制度、近代保险业等的移植，促进了日本的近代化发展。

5. 司法制度改革

从 1872 年开始，日本的所有裁判所（法院）归司法省统一管理，并于 1875 年设立了最高裁判所的大审议院。明治政府对西方近代法律制度的采用，则经历了一个漫长的过程。日本近代法律的编纂是以外国专家为中心进行的。刑法和民法是以法国的法典为基础制定的，商法则参照了德国的法典。此外，民事诉讼法和刑事诉讼法也是委托外国专家起草制定的。

### 6. 自由民权运动

自由民权运动始于 1874 年。板垣退助（1837—1919）等人在《成立民选议院建议书》中，对藩阀政治提出批评，要求开设国会。建议书引起了强烈反响，以开设国会和减租为主要内容的自由民权运动蓬勃发展起来。自由民权运动的参加者十分广泛，最初以士族为中心，后来豪族、农民、工商业者也加入进来。在自由民权运动的开展过程中，活跃着一批思想家，如大井宪太郎（1843—1922）、植木枝盛（1857—1892）、中江兆民等。其中，优秀的自由民权运动理论家和实践家植木枝盛主张主权在民，称保障基本的人权，推翻作恶多端的政府是人民的权利。但是，政府对自由民权运动采取了严厉镇压和分裂政策。由民权派组成的自由党和立宪改进党之间的矛盾加深，改进党首脑退党、部分自由党党员行为过激等内部弱点暴露出来。民权运动以 1881 年为最高峰，之后就急速衰落下去。自由民权运动是在日本近代初期民众意志高扬的时期，同时是在宪法制定的前夜，发生的一次关乎日本发展方向的运动。这次运动在思想领域也产生了很大影响。

### 7. 德国式宪法的制定

在日本近代法制体系的创建过程中，宪法占有重要的位置。明治政府自 1876 年开始讨论制定宪法事宜。1881 年，主张实行英国式议会内阁制的大限重信（1838—1922）被驱逐出政府。后来在主张建立德意志式国家体制的伊藤博文（1841—1909）的领导下，由井上毅（1844—1895）等执笔，开始了宪法起草工作。1889 年，钦定的《大日本帝国宪法》正式颁布，这是亚洲国家颁布的第一部宪法。《大日本帝国宪法》以"大日本帝国由万世一系的天皇统治"开篇，将一切立法、外交、财政、军事大权均集中于天皇手中，此部宪法尽管汲取了民权派开设国会的主张，但在强化君权的同时，对国会的权限也极为限制。《大日本帝国宪法》的颁布，标志着日本天皇制政治体制的确立。

### 8. 生活方式上的"文明开化"

在明治初年的"文明开化"风潮中，日本人的生活方式和风俗习惯也发生了很大变化。在服装方面，首先是陆军、海军、警官等采用了西式军服。1871 年，天皇和皇后分别模仿西方的君主和贵妇，着军装式西服和礼服亮相。后来，政府制定了官吏的西式礼服制式，教员、学生、医生、律师、记者等也大多穿西服。明治初年，日本人的服装呈现出一种东西混合的特色，如身着西服却足蹬木屐，或里穿西服却外罩和服外套，或上着和服却脚踏皮鞋等。1871 年，政府发布

"散发废刀令"，允许剪西式发型。翌年，天皇率先剪发。正如当时的俚俗歌谣中所唱的"敲敲剪发头，发出文明开化声"，剪发被视为文明开化的象征。日本人自古以来受佛教戒杀生思想的影响，吃肉较少。为了学习西方，增强国民体质，从 1872 年开始天皇带头喝牛奶、吃牛肉。后来，政府下令和尚也可以食肉娶妻。历来只吃大米饭的日本人也开始食用西式点心，饮用葡萄酒、啤酒、威士忌等。西式建筑也开始多了起来，1883 年修建的西洋式建筑鹿鸣馆成为达官贵人与洋人交际的场所，在这里经常举行大规模的舞会。明治时期发明的人力车，到 1871 年年底时数量已达到了四万辆，比起江户时代的轿子进步了很多。不过三年后，就出现了更便捷的公共马车。纸糊的座灯被煤油灯取代，煤油灯又被瓦斯灯、电灯取代。从 1872 年开始，日本废阴历，采用阳历，而且开始采用 24 小时制、星期制等。一切都发生了翻天覆地的变化，这就是文明开化，人们争先恐后追赶文明之风。

### （五）战败和美国文化的吸收

1945 年 7 月，美国、英国和中国联合发表了《波茨坦公告》，公告中声明，在日本投降后要铲除其军国主义势力，并实现政治民主化等。1945 年 9 月 2 日，在停泊于东京湾的美国战列舰"密苏里"号的甲板上，举行了日本战败投降的签字仪式。这次签字仪式成为日本的"第二次开国"。

#### 1. 天皇的"凡人宣言"

日本的天皇，在封建社会的很长时期内只是作为最高的宗教权威受到崇敬，几乎没有任何政治地位。但近代以来，随着西方资本主义文化的大规模流入，日本的天皇反倒获得了至高无上的地位。在经济、文化较发达的国家中，像日本那样将天皇当作神来崇拜的国家唯有日本。即使是在日本战败投降后，支持天皇制的人依然很多。根据 1946 年 5 月《每日新闻》的调查，拥护天皇制者占 80%，而反对者仅占 13%。1946 年元旦，昭和天皇发布诏书，宣称天皇与国民之间是一种建立在信赖和敬爱基础上的关系，而不是建立在天皇为"现人神"的虚构观念基础之上的关系。同时废除了对皇室言论的限制。这就是我们通常所说的"人间宣言"。天皇的神人之变，在一定程度上促进了日本国民思想意识的现代化。后来，日本发布了禁止国家神道、要求政教分离的"神道指令"等，并在占领军总司令部的指导下开始了改革。针对皇族也进行了改革，世袭的华族制度被废除。

2. 民主主义宪法的制定

改造日本的根本措施，是制定一部民主主义宪法。明治时期，日本制定了强调皇权的德国式宪法。战后，在占领军总司令部的指导下开始起草新宪法。1946年3月，根据美国专家起草的宪法草案制定的《日本国宪法》公布实施。《日本国宪法》规定，"主权在民"，天皇只是"日本国的象征"和"国民统一的象征"，天皇只能参与一些国事仪式，不具有任何实质性的政治权力。宪法规定法律面前人人平等，在和平主义精神的基础上，宪法第九条规定"日本将永远放弃战争，不保持海陆空军及其他战斗力"。新宪法采用议会中心主义和议会内阁制，规定由参议院和众议院组成的国会是国家的最高权力机关，国会拥有从议员中指定内阁总理大臣、倡议修改宪法等权力。在制定新宪法的同时，日本政府对民法、刑法等也做了修改。例如，修改后的民法，废除了嫡长子的家长继承权，确立了男女平等原则。刑法的修改则以保障人权为重点。此外，还相继开展了行政组织、法院机构、地方自治制度等方面的改革。

3. 政治改革

战争中的军政要员被当作战争罪犯受到逮捕、处罚，在战争中起到指导作用的政治家、发言人、实业家、教育者以及职业军人等被开除公职，军国主义势力得到全面肃清。对于那些虐待俘虏和行为残暴的下级军人也以战犯处理。日本政府废除了治安维持法、治安警察法、报纸法、出版法等限制思想、言论、结社自由的法令，释放了共产党员等政治犯。还下令恢复政党，成立了日本自由党、日本进步党、日本社会党等政党，共产党首次作为合法政党登上政治舞台。日本还修改了众议院议员选举法，规定二十岁以上不论男女均有选举权，女性首次获得了参政权。

4. 教育制度

教育方面，日本解除了军国主义者和极端国家主义者的教职，废止了修身、国史、地理课的教学和教科书，开始着手编撰新的历史教科书，开设了社会课。美国教育使节团提出了改革建议，学校采用"六、三、三、四"学制，对教科书进行民主性改造，对日语进行罗马字化改革，实行男女同校等改革建议。为了将宪法精神落实到教育中，1947年，日本颁布了《教育基本法》。《教育基本法》强调尊重个人尊严，提出教育以完善人格，培养热爱真理和正义、尊重个人价值、勤劳而有责任心、具有自主精神且身心健康的国民及和平国家的建设者为目标，认可男女同校，等等。根据同时期颁布的《学校教育法》，日本采用"六、三、三、四"学制，将义务教育由原来的六年延长至九年。此外，为了实现教育的民主化，日本设立了由公选委员组成的教育委员会，负责管理除大学外的公立学校的教育事务。

### 5. 农地改革

为了推进日本经济结构的民主化，占领军总司令部下令对土地制度进行改革。日本政府最初拟定的改革方案，允许在村地主保留五町步（一町步约为一公顷）的佃耕田，遭到苏联、英国等的反对。1946年公布实施的第二次农地改革方案规定，在村地主可以保有的佃耕田限额，除北海道为四町步外，其他地方为一町步。采取超过限额部分的土地优先让给佃农耕种的措施，使全国260万町步佃耕田中的约200万町步为耕作者所有。此外，佃租改用货币缴纳，并降低了佃租。经过农地改革，在日本农村彻底消灭了寄生地主制，使农村发生了翻天覆地的变化。但是，山林原野和水利方面的问题并没有得到解决，在一段时间内，山林地主通过收取割草、砍柴的费用来剥削农民。

### 6. 解散财阀

占领军总司令部认为，财阀不仅控制着日本的经济命脉，而且通过与官僚和军阀的勾结影响和左右着政府的决策，成为日本对外侵略扩张政策最积极的支持者。因此，1945年，占领军首先冻结了三井、三菱、安田、住友四大财阀的资产，制定了《禁止私人垄断法》《经济力量过度集中排除法》，限制私人垄断的再兴。然而，随着国际形势的变化，美国占领当局放弃了解散财阀政策。

### 7. 制定工会法

在占领军总司令部的指示下，日本政府制定的《工会法》于1946年3月正式实施，使工会合法化，翌年颁布的《劳动基准法》，对劳动者的劳动条件等权利赋予了法律保障。随之，各地的工会如雨后春笋般建立起来。最初，美国占领军总司令部支持工会运动，但在1947年的以官公厅工会为中心的同盟总罢工之后，转而开始禁止。

### 8. 美国文化的广泛影响

日本在明治时期就开始受到美国文化的影响，在第二次世界大战中战败及随之而来的美国占领时期，日本开始对美国文化进行更大规模的吸收。从学问方面讲，"美风"压倒了"德风"。明治时期，德意志观念论学风风靡日本学术界。第二次世界大战后美国的"社会心理学""文化人类学""舆论调查"等学科被引入日本，美国学风的影响渗透日本学术界。战后日本流行社会调查，学术界的研究重点由哲学转向社会学和心理学，学风也由训诂主义和文献主义转向实证性学风。战后随着日本经济复兴和科技革命的进一步发展，分析哲学和逻辑实证主义也从美国流入日本，与实证主义相融合。此外，马克思主义思想在战后日本的思想领域占有重要地位，一些对马克思主义有一定理解的自由主义学者，在自己的领域内做出了非凡业绩，如政治学方面的丸山真男、经济学方面的大塚久雄（1907—1996）、社会学方面的福武直（1917—1989）等。战后美国文化的影响，也通过教科书源源不断地向日本青少年渗透。美国和美国人物大量出现在日本中小学的教科书上，给日本青少年带来很大影响。美国的艺术对战后的日本也有很大影响，好莱坞电影在日本上映，带来的美国生活方式和价值观念对日本人的心理形成较大冲击。战后美国流行歌曲也影响了日本，美国流行歌曲的旋律常被谱入日本的民谣和浪曲里演唱。1947年后，摇滚乐和爵士乐风靡日本，古典音乐的人气也开始上升。

9. 美国的管理科学

美国是现代管理科学的发源地，由泰勒奠定的科学管理理论与实践基础，曾使美国的企业文化在20世纪30、40年代大放异彩。战后，美国的现代经营管理技术和经营管理思想开始不断流入日本。

日本于1949年开办了"经营者讲座"，1950年又引进美国的"管理者训练计划"，1951年引进了美国的"监督者训练讲座"。这一时期，日本聘请美国著名的管理专家来讲学，还在大学里开设质量管理的专业课程。与此同时，企业界广泛组织和派遣赴美考察团，其规模可与历史上的遣唐使相媲美。日本还先后引进美国的企业管理人员训练方式、董事会制度、事业部制度、长期经营计划、统计制度、人事考核制度、工资制度、职工教育制度、全面质量管理等一系列新型管理方式。日本在学习这些经营管理方面的科学制度的同时，保留了日本式的经营管理理念，即重视集团主义和重视人情的价值观。

10. 美国人的生活方式的魅力

战后，日本人通过报纸和电影等了解了美国人的生活方式，在衣食住行等方面都受到很大影响。服装方面，战前日本女性穿和服者居多，战后开始穿西服，和服被当作传统服装只在节日、庆典时偶尔穿。饮食方面，日本人传统的早餐是米饭加酱汤，战后，面包加黄油的西式早餐开始流行。战前日本人主要吃大米，米饭占主食的 86％，战后面包和面类食品的比重加大，1959 年已占主食的 26％。住房方面，战前日本人的房屋被西方人讥讽为"兔子笼"，战后日本人学习美国的建筑风格，修建了不少新式住宅区。新式住宅多为两居室外带餐厅、厨房，日本人改变了传统的吃居一室的生活方式，在榻榻米上进食的人越来越少了。美国人的生活方式成为战后日本人向往的生活方式。

## 第四节　多元文化对日本语言文化的影响

语言是一种文化。而作为文化，与除语言外的文化之间也是有着密切的联系的。这里所说的文化并非人们通常所指的文学艺术等那种经过提炼升华过的文化，而是指那种广义的父传子、子传孙的具有民族性的传承行为及思维模式。这种对文化的认识，已经成为当今语言学或人类社会学领域的共识。

这种意义上的文化差异在我们的日常生活中不胜枚举。就中日饮食文化而言，日语中有关鱼类名称的词汇非常丰富，不用说，这与其所处的四面环海的地理环境有着密不可分的关系。日语中带有鱼字部首的汉字有上百字。当然，其中包括许多由日本人根据"六书"造字原理创造的日本"国字"汉字。与此相比，汉语中有关猪马牛羊等动物的名称及其各个部位、内脏的名称之多可以和英语相抗衡。这些词汇差异无疑是基于中日两国民族的传统饮食、文化结构的不同而形成的。日本的著名语言学家金田一春彦曾经指出，日语的固有词汇中，表示动物内脏的仅有"肝"和"肠"这两个词。究其原因，就是由日本民族的食鱼性而非食肉性这一文化所致。这一观点，追根溯源，《后汉书·倭传》里"无牛马虎豹羊鹊"的记载可能是最早的佐证。

长期以来，日本人由于受佛教的影响，直至明治时代，仍然视"食肉"为野蛮的行为。例如，日本的一种汉字词汇字典《音训新闻字引》对"文明"一词的解释是："所谓文明即云人道礼仪之端正优美也。当世虽称文明，观世人之形态，多以粗暴野蛮食肉为是也。"可见"粗暴野蛮食肉"不是文明的表现。日本的"食肉"文化是进入明治时代之后，在"文明开化"的旗帜下作为西方近代文明之一而被引进的。明治时期的著名作家仮名垣鲁文对食肉一事大加赞誉，"士农工商、男女老少、贤愚贫富必须团结一致，若不吃牛肉火锅，文明开化就无法得以推进"。当时流行的"文化锅"等这些带有"文化"前缀的词就是在这种时代背景下应运而生的。而牛肉的各种食用方法也作为这个时代的产物逐步发展，最终牛肉反而成为深受大众青睐的食物。

语言与文化有其各自的结构。一般来说，人们容易将自己或本民族的文化内容有意无意地扩大化、绝对化，认为自己的文化具有普遍性，这无疑是对构成文化的要素——语言的错误理解的开端。日本人对于外国的文化特别是强势文化，并不视为异端，不抱抵触情绪和偏见，坦率承认它的优越性，竭力引进和移植。大化改新前后对隋唐文化、明治时期对西欧文化、第二次世界大战后对美国文化的吸收，可以说是日本对外来文化吸收的三大高潮，其特点是以整个国家的规模进行全方位的吸收。像这样酣畅的文化吸收在世界历史上是不多见的。但在日本文化开放性的背后，还存在着一个更为深刻的、内在的文化容纳选择机制和交融、同化过程。对于任何一种外来的技艺和文化现象，日本人可以很快地结成有力的组织进行研究和吸收，加上他们自己的理解，加以适当改造，发展成为具有日本特点的东西。日本文化的吸收性和主体性又可以归纳为日本文化的多元性特征。文化的多元性指的是日本固有文化和外来文化的统一。一方面，日本是一个历史悠久的国家，在长期的发展过程中，形成了根植于本民族的、自己独特的本土文化；另一方面，在不同的历史时期，日本不断吸收、借鉴当时世界上其他民族的先进文化，并使之融合成为本民族文化的一部分，政治是新旧制度并存，衣食住是和洋折中，宗教是神佛基督同时接受，这些在日本的语言中都有具体的体现。

日本的多元化还体现在移民问题上。由于对民族单一性的强调，长期以来，日本一直是作为非移民国家出现的。即使到了 20 世纪 80 年代，日本也是经济合作与发展组织（OECD）国家中外国人口比例最少的国家。但根据 2009 年的统计，在日的外国人数量已经达到 215 万之多，成为日本社会中一个不容忽视的文化群体。在日外国人可以简单分为三类，即旧来者、新来者和超期滞留者。所谓旧来者指的是 1947 年之前来到日本的获得永久居住资格的外国人及其后裔，主要是被日本掠来充当劳工的朝鲜人、中国人。他们约占在日外国人数量的十分之一。所谓新来者指的是 20 世纪 80 年代之后因日本劳动力匮乏而来此寻找工作机会的外国人。新来者除朝鲜人和中国人外，还有许多菲律宾人和拉美人，他们占在日外国人数量的一半以上。所谓超期滞留者指的是新来者中部分签证到期仍滞留在日本非法打工的外国人，他们约占在日外国人数量的七分之一。在一些称呼的词汇上就能看出日本人的态度。

　　日本产生多元性文化也是由其岛国的地理特征所致，因为与外界隔绝，加上自身文化处于相对较低水平的状态，所以日本人对不同性质的文化充满了好奇心，开放性地大量吸收先进文化；也正是因为与外界隔绝，所以日本人掌握了吸收的主导权，时势好的时候，或需要的时候，日本通过大海从大陆将文化移植过来；时势恶化的时候，或不需要的时候，日本又利用大海将交流之门暂时关闭，并在关闭期间将所移植的文化消化吸收，成为自己的东西。同时，日本人的价值观不像中国人或多数西方人那样，用善或恶的标准来规范一切行为，而是强调是非的相对性，这种不把事物简单定性的价值观促进了日本多元文化的形成。

# 第二章　多元文化中的日本语言

## 第一节　日本语言中的汉字

### 一、日语对汉字的吸收

早在汉字传入日本之前，日本人已经拥有了自己的语言和语言生活，并由此构筑了与之相应的思维世界。汉字传入日本后，日本人开始用汉字记录自己的语言。使用汉字的第一步，是把在现实生活中切身感受到的世界和由汉字展现出来的另一个世界结合在一起。然而，汉字毕竟是与华夏民族的生活相适应的文字，因此，汉字所表达的对于生活的感觉不可能与日本人的感觉完全一样。

历史上，汉字伴随着先进的华夏文明传播到了亚洲的许多地方。其中，与中国隔海相望的日本，直至公元 4 世纪都不曾有过文字，文明也相对落后。伴随着汉字的传入与广泛使用，日本人开始接触到先进的文化，也终于由此跨进了文明的大门。因此，可以说，日本人与汉字的邂逅，对其文化的形成具有奠基性的、划时代的深远意义。

公元前一世纪前后，日本列岛出现了许多小国。《汉书·地理志》记载："乐浪海中有倭人，分为百余国，以岁时来献见云。"这是中国正史中关于日本的最早记录，同时可以看出，这一时期日本已开始定期向汉朝进贡了。日本由最初的百余国经过兼并联合，逐渐形成了三十几个部落联盟或部落国家。其中倭奴国曾于光武帝中元二年（公元 57 年）遣使通汉。《后汉书·东夷列传》记载："建武中元二年，倭奴国奉贡朝贺，使人自称大夫，倭国之极南界也。光武赐以印绶。"这里光武帝赐予倭奴国的印即是著名的"汉倭奴国王金印"。后来，日本岛出现了一个被称为邪马台国的由女王统治的国家。《三国志·魏书·倭人传》对邪马台国女王卑弥呼派使节朝贺北魏做了详细记载。北魏封卑弥呼为"亲魏倭王"同时赐金印紫绶，"倭王国使上表，答谢诏恩"。

由上述中国的史料记载可以发现，早在中国的汉、魏时期，中国和日本就已经有了频繁的交往，同时可以推测，此时的日本列岛上已经有懂得汉语、会使用汉字的人了。而这一部分人，应该就是被日本人称为"渡来人"的大陆移民。

日本关于汉字传入的最早记载见于《古事记》。应神天皇年间，"百济国王照古王以牡马一匹、牝马一匹，付阿知吉师上贡……王又贡横刀及大镜。又命百济国道：'若有贤人，亦上贡。'于是受命进贡者的人名为和迩吉师，即以《论语》十卷，《千字文》一卷，付是人上贡"。和迩吉师，后世多根据《日本书纪》的记载，称之为"王仁"。王仁来到日本后，太子菟道稚郎子跟随其学习汉文典籍。虽然这一记载并不确定即为史实，但至少我们可以推测出，在公元4世纪末、5世纪初，汉字、汉文已由百济传入日本，同时日本的统治阶级开始了对汉字、汉文的学习。从此日本的上层社会开始系统地学习汉字、汉文，随后这种风气波及日本列岛的各个地区。

值得注意的是公元4、5世纪，汉字传入日本，日本人开始积极地学习并使用汉字，此时日本国家刚刚形成，需要向中国、朝鲜半岛诸国递交外交文书。为了便于与他国交往，在政治与外交的双重要求之下，日本人选择了学习当时东亚的通用语言——汉语（汉字和汉文），换言之，日本人起初并非为了记录日语才学习汉字的。

日本大规模地使用汉字，是在遣唐使时期全面唐化的高潮中。继遣隋使之后，从公元630年到894年的260多年间，日本政府共任命遣唐使达20次之多，其中实际成行的为16次。遣唐使团中的遣唐使、留学生、学问僧等通常都要经过严格挑选，多为饱读诗书、才华横溢的人士。他们来到中国后，学习中国的语言、政治、经济、文学、艺术、佛教等先进的文明，与中国的知识分子广泛交流，结下了深厚的友谊，甚至有人在中国入朝为官。他们中的很多人归国时带走了大量的汉文典籍和佛教经典，对促进日本社会发展、文明进步起到了无法估量的作用。据宇多天皇宽平年间《日本国见在书目录》记载，日本当时共收藏图书1579部17345卷。正是这些用汉字书写的典籍，极大地推动了汉字在日本的广泛传播，由此更多的日本人得以接触、学习汉字和汉文。

## 二、汉字的日本化进程

从文字的形成、传播、使用的情况看，可将世界上的文字大体划分为自源文字和借源文字两种，"独立发展而成的自源文字有着自己特有的规律性，如汉字就是一种典型的自源文字。而借用其他民族文字符号创制的借源文字都不可避免地受到所借用的文字的巨大影响，因为这一借源文字是在原有文字的基础之上形成和发展起来的，在创制新文字时，不论加以何种改造，都会或多或少地带有所借用文字的烙印"。汉字传播的历史证明，经过各种方式的借用和改造，汉字可以广泛用来书写汉语之外的其他语言。这其中不仅包括汉族以外的中国少数民族语言，还包括像日本、朝鲜、越南等与中国毗邻的异国语言。汉字在汉族以外的各民族中经过民族化改造，逐步演化成了各民族自己的文字。

日本直至公元 4 世纪都没有属于自己的文字。随着汉字的传入，日本人开始用汉字记录日语。编纂于公元 8 世纪初的《古事记》中，记录者太安万侣在序中这样写道："已因训述者，词不逮心。全以音连者，事趣更长。"利用汉字的训读法记录日语，有时无法做到忠实地表达日语的内容；而如果采用汉字音读法记录，文章又会变得拖沓冗长。因此，太安万侣只好采取了音训混合的方法，以可用训读表达的日本式汉文为主体，需要明确发音的部分则借用汉字音。这样一来，日本人利用"音""训"两种方法，用汉字记录日语，遂有了记录自己语言的文字，由此跨入一个新的文明发展时期。无论是记录汉语的汉字，还是作为记录成果的汉文，对于日本文化的初步形成无疑都起到了十分巨大的作用，影响深远。

在经历了大约五个世纪之后，日本人终于有了自己的文字。日语中的文字便是在汉字基础上形成的所谓"借源文字"。日本人对汉字的变异和改造方式主要包括两种：一种是增减汉字笔画，字形与汉字很相似，但略有不同，仍保持汉字的表意性特征；另一种则是借用汉字的草体及汉字的省略字，用作表音符号，即对汉字进行了表音化改造，这就是今天日语中的平假名和片假名。日语中所谓假名是相对于汉字而言的。古代的日本人认为，汉字才是真正的文字，称汉字为"真名"，而借用汉字的发音书写的假借文字则被称为"假名"。下文主要针对平假名、片假名这两种假名文字对汉字的改造进行探讨。假名文字的产生有着怎样的背景？它们又是如何在汉字的基础上被逐步改造的？日本人对汉字的这一改造背后又透射出怎样的文化心理？

（一）万叶假名——平假名、片假名诞生的前奏

古代日本人用汉字书写日语，主要采用了"训"和"音"两种方法。所谓"训"，即用日语中固有的和语词来翻译或解释与之意义相对应的汉字。在这种情况下，汉字的读法被称为"训读"。例如，"山"在汉语中的读音为"shān"，表示"高度较大、坡度较陡的高地"。日语以汉字的字义为中介，于是"山"读作「やま」，日语的「やま」用汉字"山"来记录，"山"的训读为「やま」。训并不局限于像"山"这样的单个汉字，有时几个连续的汉字也有与之对应的训，即"熟字训"。例如，"土产"训读作「みやげ」，"五月雨"训读作「さみだれ」。

用汉字书写、表记日语的另一种方法——"音"，是指抛开汉字的字义只借用汉字的字音，以此来记录日语的发音的方法。这种类似音译的方法，在中国古代翻译梵文的佛教经典时已经开始采用，如借用汉字发音书写的佛教专有名词"释迦""阿弥陀"等。《三国志·魏书·倭人传》中，书写日本的专有名词，如人名、地名、官名等也采取了此种方法，如"卑弥呼""伊都""卓奴母离"。这种借用汉字字音的方法伴随着中国典籍，由朝鲜半岛的大陆移民带入日本，最初用于记录日本的固有名词，后来其使用范围逐步扩大，成为记录日语的方法之一。

日本最古老的史书《古事记》的编者太安万侣便采用了汉字的"音""训"并用的方法来书写日语。其后，日本的第一部和歌总集《万叶集》在延续这种方法的同时，由于歌谣不仅要表达意思，而且标明发音颇为重要，因此大量采用了借音的方法。由于假名文字在《万叶集》中大量使用，它们又被称为"万叶假名"。

例如，在《万叶集》中，「富士の高嶺を」的「の」和「を」分别写作汉字"能"和"乎"。像这样完全与汉字的字义无关、单纯借用汉字的字音表示日语的助词「の」「を」等，即为万叶假名中的借音假名。再如，「神さびて」的「て」写作"手"字，这是借用了日语中名词「て（手）」这个汉字的训读，来表示助词「て」，这种用法被称为借训假名。"万叶假名"是日语假名文字的最早雏形。

日语的记录采取汉字的"音""训"并用的方法，汉字被用作音符的"万叶假名"，究其原因，与日语的特点有着密不可分的关系。世界上的语言按其形态，可以分为孤立语、黏着语、屈折语和综合语四种类型。汉语是典型的孤立语，由

— 43 —

一个一个单独的词连缀而成。汉字是为记录汉语而形成的自源文字。与此相对，日语则属于黏着语，句子各成分间靠助词连接，活用词经常发生词尾变化。由于汉语和日语的语言类型有着根本的不同，汉字传入日本，日本人借用汉字记录日语时，必然会遇到障碍。因此，用汉字的字义即训读表达实词，而附加词缀、助词、助动词等则不得不用汉字的音读来表达，此时的汉字已变成了一种表音符号。

日本人早期用汉字记录日语时，时而借用汉字的音，时而借用汉字的训。换言之，一句话中有的汉字作为表音文字，有的则作为表意文字。为避免混乱，将二者区别开来显得尤为重要。将二者区别使用的意识，早在《古事记》中已经存在。同时《古事记》中往往将不太常用的表意汉字用作表音。此外，在"宣命体"中，则通过改变字体大小的方法来区别表意和表音的汉字。宣命是口头传达的天皇诏书，利用汉字的训连缀成文，辅助部分（助词）则用小写的汉字加以区别。宣命体是今天日本汉字假名混合文的雏形。由此可见，日本人在文章中使用汉字作为表意文字的同时，活用助词、助动词的表音部分，以某种形式区别书写，或限定某些汉字，或改变汉字大小，等等。而这一阶段用于表音的万叶假名，自身又有着一定的弱点。万叶假名虽然用于表音，但仍然保持汉字的形态，书写起来费时费力。特别是当大量使用一字一音式的万叶假名时，更是极尽繁杂。万叶假名原本是用于表意的文字，用其表音自然不便。因此，简化万叶假名，使其能够用于表音，以便于书写记录日语，变得十分必要。

就汉字本身而言，它作为一种语言的符号体系，在进入日语之初虽然只是起到简单记录日语的作用，但汉字本身的表意性决定了汉字在日语中必将承担更多更大的历史使命。随着汉字融入日语，日语乃至日本文化迎来了自身宿命般的历史变化时期，由此揭开了与异文化融合交流的崭新一页。

**（二）平假名**

1. 平假名的诞生

平假名源于万叶假名的草书体。当时的日本人为了快速书写万叶假名，于是将其草体化。草体化了的万叶假名，被称为草假名。草假名在这一阶段仍然属于草书体的万叶假名，形式上仍然是汉字。草假名被进一步简化之后形成的便是今天我们所说的平假名。平假名的字源是整个汉字，但它已经不再属于汉字，确切地说是一种字母文字。平安时代，草假名被称为「そう」（草），平假名被称为

「かな」或「かんな」（假名），借此加以区别。当然，万叶假名草体化经历了一个漫长的过程，究竟何时是草假名，何时起可以被称为平假名，确切的时间起止点是很难明确划分的。

此外，作为平假名基础的万叶假名，常常是一个音节对应几个万叶假名，如「あ」同时对应着「安」「恶」「阿」。因此，由万叶假名草书化后形成的平假名也往往是一个音节对应若干个假名。这种情况从古代一直持续到近代，历经了千百年，直到日本经过明治维新步入近代国家的行列后，情况才发生了改变。明治三十三年的"小学校令施行规则"颁布后，终于根据音节和平假名的对应情况统合成了今天的 48 种字体。现在日常使用的字体以外的平假名被称为变体假名。

关于假名的发明，中世以来一直流传着这样的传说，即平假名是空海所创制的，片假名由吉备真备创制。尽管在时间上吻合，但客观地说，从语言文字的发生学视角考察，无论就个人的能力还是个人的生存时间而言，假名都不可能是某一个人所创制的。或者说，假名应该是在使用万叶假名的过程中感到不便而对其进行改善的一群人的智慧结晶。

平假名发明的时期大约为 9 世纪前半期，即日本进入平安时代不久。平假名诞生于两个集团之中。其一是男性贵族官僚集团，他们在平日里经常需要撰写文书，用汉字做记录。虽然正式的文书和记录一般为汉文，但日常备忘的记录以及个人之间的文书则多用万叶假名书写。在平假名发展的早期阶段，文中汉字夹杂假名，整体上属于草假名，但一部分已具有了平假名的雏形，同时包括连绵体草书。

平假名诞生的另一个基础是以奈良的大型寺院为中心的学问僧集团。奈良时代末期，学问僧们开始把训读佛教经典后的结果标记到原文各行之间。这些标记包括句读点、读音顺序符号、万叶假名、训读符号等，统称为"训点"。要在原汉文的行间记入万叶假名并非易事，而且这类训点大多是在听讲义时匆忙记入的。因此，万叶假名保持原来的写法愈发困难，字体的简化迫在眉睫。但与官僚集团中产生的平假名不同，佛教集团里产生的平假名没有连绵体草书，多为每个字的独立体草书，有时会和后面即将论述的片假名同时使用。

2. 平假名和平安女性文学

通过上述内容可以看出，平假名是在男性社会中逐步形成的。尽管男性贵族、僧侣发明了平假名，但正式的文章依然使用汉文。男性通常在写和歌或者给女性的信件中才使用平假名。也就是说，在古代日本的男性社会中，语言和文字始终处于分离的状态。黄遵宪在他的《日本国志·学术志二》中说："余观天下万国，文字、言语之不相合者，莫如日本……其国本无文字，强借言语不通之国之汉文而用之。"文化的形成与发展受到诸多因素影响，其中语言的影响巨大。

假名文字在日本的男性社会中诞生之后，基本上为妇孺所专有。假名文字最大的优点就是实现了语言与文字的统一。因为假名文字消除了长期以来语言和文字不一致的矛盾，所以平安时代的女性们可以使用平假名充分地表达思想，自由自在地抒发感情。自此，以女性作家为创作主体的假名文学得以大放异彩。比如，藤原道纲之母的自传体日记《蜻蛉日记》，以回忆的方式记录自己二十一年来婚姻生活的苦恼和烦闷，直抒胸臆，成为日本女性日记文学的先驱。又如，清少纳言的《枕草子》，作为日本随笔文学的开山之作，以极其自由洒脱的笔致，记录了作者在宫中出仕期间宫廷生活的所见所闻、对自然对人事的敏锐感受。《枕草子》与此后不久问世的《源氏物语》并称为日本古典文学的"双璧"。紫式部的《源氏物语》，以"和文体"连缀而成，成为主要用假名文字书写的"和文体"之代表作，文中充满了日本式的哀愁情调，把平安时代的女性文学推向了顶峰。

当时这些优秀的假名文学作品基本上都是宫廷女官等贵族妇女所创作的。假名文学的中心，就位于摄关政治体制下颇具势力的后宫。说到此，不得不提及所谓的"皇后学"摄关体制，外廷大臣通过使自己的女儿成为皇后并得到天皇的宠爱而挟天子以令四方。因此，各种政治势力都想尽办法博得皇后的欢心，皇后又想尽办法博取天皇的宠幸，其中的种种关节与权术就构成了"皇后学"。当时，争夺帝宠的后妃必须具备"色、才、仪"三个要素。所谓"才"是指要具备一定的文学修养，特别要擅长做和歌与汉诗。一些贵族人家为了培养女儿成为才媛并将其送入宫中，常常请那些富有才艺的侍女加以辅助，有的甚至陪同入宫，活动在天皇、后妃的左右。因此，日本的宫廷也就成了人才云集之地。正是在这一背景下，出现了绚丽多姿的假名文学作品。

关于假名文字对于日本文学的作用，黄遵宪在《日本国志·学术志二》中做了具体深入的阐述："自草书平假名行世，音不过四十七字，点画又简极易习识，而其用遂广。其用之书札者，则自闾里小民、贾竖小工，逮于妇姑慰问、男女赠答，人人优为之。其被之歌曲者，则自朝廷典礼、士官宴会，逮于优人上场、妓女卖艺，一一皆可播之声诗，传之管弦。若稗官小说，如古之《荣华物语》《源语》《势语》之类，已传播众日，而小说家簧鼓其说，更设为神仙佛鬼奇诞之辞，狐犬物异怪异之辞，男女思恋媒亵之辞，以耸人耳目。故日本小说家言，充溢于世，而士大夫间亦用其体，以述往迹，纪异闻。"

从黄遵宪的这段话中我们也可以看出，假名文字对发展日本民族的抒情文学和叙事文学有着特殊的功绩。假名文字是平安女性文学大发展的重要前提。今天的平假名已经成为日语表记系统的重要组成部分，在汉字假名混合文中，与汉字一同使用。

3. 片假名的发明

片假名是人们在快速书写万叶假名时，省略字的笔画形成的文字。所谓"片"，有并非全部、不完全之意。例如，今天的「ア」，只取了「阿」的左半部局部，省去了其他部分；同样「イ」是「伊」的偏旁，「ク」为「字」的字头，等等。片假名通常保留的是万叶假名的初始笔画，或最后笔画。此外，片假名也是在万叶假名的基础上形成的，因此片假名也和平假名一样，有若干个片假名表示同一音节的情况。同时，因为省略方法的差异，一个万叶假名有时可以形成一个以上的片假名。例如，万叶假名「伊」，取初始笔画为「イ」，取最终笔画为「尹」。而且，有时同一形式的片假名，由于简化的汉字不同，甚至可以表示不同的发音。例如，片假名「イ」，如果是从「伊」简化而来则读「イ」，而如果是从「佐」简化而来则读「サ」。但同一形式的片假名在同一资料中，原则上不会表示不同的发音，因此不会产生混乱。

与平假名不同，片假名完全是在佛教的学问僧之中形成的。作为训点的一种，片假名和平假名经常同时使用。训点原本是个人为了备忘而做的临时性标记，并不是用来出示给他人或长期保存的。因此，使用哪个片假名字体来表示哪个音节也因人而异。所以，9世纪的资料中往往出现不同的片假名体系。

片假名自形成之初就和佛教学问有着很深的关系。虽然进入10世纪后，训点也开始用于儒学等佛学以外的学问，但片假名还是发源于佛教的世界。最初，片假名还是汉文的附属物，直到12世纪，全部用片假名连缀的文章才开始普及。此外，由于片假名和佛教关系紧密，因此常用来标记佛教的内容，例如，佛教故事集、僧侣创作的和歌往往多用片假名书写。现代日语中，片假名主要用来书写外来语、拟声词、拟态词等特殊词汇。

## 三、汉字日本化与日本文化的发展

日本人由最初的只有语言没有文字，到用汉字记录日语，在其后的使用过程中通过对汉字逐步进行改造，至平安时代形成了属于自己的平、片假名文字。这一过程经历了漫长的时间。至此，日本人终于能够比较自由流畅地用文字书写、记录日语了。我们将这一过程称为"汉字的日本化"，仔细考察这一过程，可以窥见日本文化的若干特点。

### （一）日本文化的若干特点

第一，日本在大陆移民带来汉字之前，一直没有自己的文字。古老的歌谣、上古的传说等完全依靠祖祖辈辈的口耳相传，这给古老文化的保存和传承带来了很大的限制。然而，中国早在公元前 14 世纪甚至更早就已出现了甲骨文字，其后不断发展，形成了自己独特的表意文字——汉字。华夏先民们用汉字记录生活、书写历史、创作诗歌，创造了辉煌灿烂的古代文明。

在文字方面，日本和中国存在如此强烈的反差，其根源在于日本文化的周边性。相对于欧亚大陆而言，日本列岛可以说是一个孤岛。特殊的地理环境，虽然使日本远离了外族侵略的困扰，但封闭的环境也使日本与世隔绝。没有了交流与沟通，其结果就是日本的旧石器时代持续了长达八千年。当华夏大地文明代代薪火相传之时，日本人还过着采集和渔猎的原始生活。试想倘若秦汉和百济的大陆移民当年没有东渡日本，那么不要说汉字，就连日本以铁器和稻作农耕为代表的弥生时代的到来恐怕也会大大推迟，日本的历史恐怕会是另一个样子。

第二，当日本人了解到汉字、汉文的重要性，意识到汉字与进步的华夏文明息息相关时，立刻开始积极主动地吸收、学习汉字、汉文。这一点在日本的统治阶层中表现得尤为明显。彼时，从天皇到贵族官僚，人人习写汉字，个个争作汉诗，成为一股气势磅礴的时代潮流。公元 751 年，日本人独立编纂了日本历史上第一部汉诗集《怀风藻》。《怀风藻》深受以《文选》为中心的汉魏六朝和初唐文学的影响，其中虽多有模拟仿制的痕迹，但仍不失为一部富贵华丽的殿堂文学的高雅之作。从中我们可以看出不少日本的贵族统治者当时已具备一定的汉文修养，这和他们学习汉字、汉文的极大热情是分不开的。

日本人吸收利用汉字和汉文的积极态度和进取精神，从一个侧面体现了日本文化的主导性。观察日本文明发展历程时，我们不难发现，虽然日本稍有些文化上的"先天不足"，但在后天的成长过程中，始终在努力吸收外来的先进文化，其中大多是当时世界上最先进的文化。这表明日本文化具有强烈的主导意识，即对于外来文化既非完全拒绝也非被动接受，而是能够以积极的姿态主动吸收，为我所用。对以汉字文化为中心的中华文化的吸收，便是这一过程的开端。"日本学习汉字、汉文，进而学习唐的先进生产方式和政治制度，建立起中央集权的律令国家。进入公元 18、19 世纪，当欧洲成为近代资本主义文明的发祥地、近代文明的中心时，日本开始从欧洲输入近代自然科学、近代思想，引进近代产业和经济制度。第二次世界大战后，当美国成为世界现代文明的典范时，日本又全面吸收美国的民主主义制度和管理科学，在日本普及美国的生活方式"。由此可见，在日本，文明的每一次重大飞跃，都伴随着对外来先进文化的主动吸收。简而言之，由吸收汉字而发端的日本文化的主导性，不仅成了日本文化的一大特征，还是成就今日之日本的一个重要因素。因此，从某种意义上说，汉字之于日本，不仅是一套文字书写符号体系的引进，更是一种文化的奠基。

第三，日本人吸收先进的汉字文化，学习汉字，写作汉文，在使用的过程中并不是一味地简单模仿，而是不断消化、改造，使汉字适应日语，不仅根据汉字的"六书"创造出许多"国字"来记录日本特有的事物，更利用汉字创制出表音的假名文字，使日本实现了文字和语言的统一。

汉字日本化的这一过程，显示出日本文化具有极大的融合性。这一特点，同时体现在日本文化的许多方面。例如，平安时代，日本文坛上曾掀起过一股学习白居易诗歌的"白旋风"。最早人们只是对白居易诗歌外部形态进行模仿，这种学习还浮于表面，仅仅是诗形相似。后来在创作的过程中，日本人开始将白居易诗歌中的意象融入日本汉诗中，以此升华自己的诗篇。对白诗的学习发展到最后，人们便不再仅仅从原诗某些诗句中得到启迪来创作汉诗，而是将白诗整体的主题或意境融合于自己的真实感觉之中，并据此创作日本的汉诗。此时，对白居易诗歌的吸收学习已经完成了由形似到神似的转变，白居易诗歌的精髓已经完全融入日本本民族的文学创作中了。

日本人就是这样不断地吸收外来文化，为我所用，最终使外来先进文化融入自己的文化当中，既提高了自身，又保留了本民族文化的特色。

最后，日本文化的上述特征，造成的结果是使日本文化又具有了混杂性的特点。回顾世界文字的历史，我们可以发现世界上的文字总体趋势是由表意文字向表音文字发展，最终抛弃表意文字，完全统一为表音文字。无论是越南还是朝鲜半岛，虽然自古以来一直使用汉字记录本国的语言，但在 20 世纪纷纷积极摆脱汉字，全部或几乎全部统一为表音文字。然而，日本则不同。日本人尽管已发明了表音的假名文字，但仍然继续同时使用作为表意文字的汉字。在世界各国的文字中，表音文字和表意文字混用，可以说是极为罕见的现象。在日本，汉字同假名一样作为日语文字的重要组成部分，保持着强大的生命力，汉字、假名混合文早已成为书写日语的最常用的固定文体。

近代以后，伴随着大量的外来语进入日语，文字书写上体现出的日本文化混杂性的这一特征更是被发挥得淋漓尽致。例如，"「Ｙシャシ見切り品￥2000より」"，在这个短句中，有被称为'汉字'的、古代从中国传来的文字，有叫作「カタカナ」「ひらがな」的日本发明的两种文字，有叫作「ローマ字」的、由罗马帝国向欧美各国传播开来并传入日本的文字，有叫作「アラビア数字」的、从印度经阿拉伯传向欧洲继而传到日本的文字"。在这样一个寥寥数字的简单例句中，我们居然可以看到五种文字。难怪日本政治思想史研究者丸山真男先生将日本文化的特色概括为"杂种文化"，其表述之贴切精准令人叹服。

日本的文字发展历程集中反映了日本文化的周边性、主体性、融合性以及混杂性的特征，上述特征共同构成了独具特色的日本文化。

在日本的历史上，汉字始终备受日本人的推崇，一直将其作为正式的文字。直至今日，日语的正式文件中仍大量使用汉语词，而这些汉语词多数是用汉字书写的，所以汉字在日语中被大量使用。下文仅就历史上日本人如何看待汉字探究一二。

首先，汉字从传入之初即被作为先进文明的载体为日本人所重视。文字本身具有积蓄文化、搬运文化的功能。人们经常说，文化像河流一样，总是从文化的高地流向低地。古代中国是代表世界上先进文明的文化高地之一，而中国周边的日本等国则处于文化上相对落后的低地。像中国这样，在用自己创制的语言文字创造文化的国家，人们的价值标准直接根植于自己的日常生活之中，文字不过是人与人之间交流的工具之一。而古代的日本必须通过不断向中国学习吸收先进的文化来提高自己，汉字正是在这一过程中中国文化的重要载体。对古代日本人来说，汉字是一种权威性的文字，换言之，离开汉字就意味着与先进的文化绝缘。

其次，汉字始终和政治紧密相连。自古以来，汉字对于日本人来说有着非同寻常的意义。日本人在最初吸收汉字之时，使用汉字并非为了记录日语。当时日语的发音为不到九十个音节的组合，如果仅以记录日语为目的，那么完全可以请给日本带来汉字的大陆移民选出与日语音节发音近似的汉字，将其简化成假名，即可完成表音的工作，这绝非没有可能。然而，当时的统治阶层既没有实行那样的政策，也没有研究创制书写日语的新文字。汉字、汉文的引进，完全是为了适应外交的需要，为了能更好地吸收中国的先进文化。汉字、汉文的引进，无疑意味着先进文化的引进和吸收。

最初，汉文只用来书写官方文书。当今世界上保存的较早的一篇日本古代文献，"在中国《宋书》中保存的公元五世纪时代的《倭国王武致宋顺帝表》"（严绍璗《中日古代文学交流史稿》），全文用汉文写成，行云流水，极具魏晋骈俪文的文风，疑是大陆渡来人所创作。文献中透露了日本当时的统治者对东亚总体局势的战略观念，强调了中日两国睦邻友好的重要意义。《倭国王武致宋顺帝表》这一政府间的公文，代表了早期日本汉文学的发端，也是中日关系史的重要文献。

公元 7 世纪到 9 世纪中期，汉文一直是古代日本律令制的文化支柱，汉字、汉文往往被用来表达国家的统治思想和君臣的等级关系。像《古事记》《日本书纪》这些通篇以汉字写成的日本早期史书，便是这一背景下的产物。日本最早的汉诗集《怀风藻》中的汉诗也多为朝仪、典礼等场合的吟诵之作，内容多歌功颂德，具有明显的政治功能。

最后，汉字的实用性及便利性始终为日本人所青睐。汉字是一种精练的表意文字，所要表达的意思可以让人一目了然。同时，汉语词拥有强大的造词功能，通过汉字的组合，可以创造大量的新词。从江户末年到明治时期，面对大量来自西欧的学术用语和新鲜事物，日本人通过将汉字重新组合，创制出不少新的汉语词。因为每一个汉字都有一定的字义，所以通过重新组合，可以以较短的词形表示各种综合的词义。例如，「デンキをおこすところ」（发电的地方）的说法很冗长，「発電所」则是通过三个汉字的组合十分简洁地传达出应有的含义。再比如，像「相対性原理」「原子核」这类词义复杂的新概念、新事物，很难译为和语词，只能以汉字意译或者用片假名书写。幕末明初，日本人通过汉字创造了大批的汉语词，这些词可通过字面揣摩出词义，极大地推动了当时日本对西欧文化的吸收引进。此外，利用汉字更便于制造缩略词，例如，「くにじゅうの、がくせいの、あつまり」，我们不能将其缩略为「くがあ」。但如果写作「全学連」，则从其字面可推测出大概意思，十分简便。「国連」「都電」等也是同样道理。

而且，运用汉字可以表达很细微的词义差别，使语言的表现形式更为丰富。例如，日语中的「ミル」，如写成汉字则可以用「見・看・観・診・視」这样五个字来区分其中的微妙差别。

由此可见，因为日语本身的需要，更因为汉字代表的是先进的文化、发达的文明，同时汉字极其便利，所以即便日本人改造发明了自己的文字，仍然对汉字不离不弃。一直以来，汉字不仅是支撑日本政治权威的利器，也是日本文化的基石，更是日本人教养的体现。汉字具有强大的造词能力，汉字的功能绝非其他文字可比。然而，近代以来，日本人尤其是知识分子阶层，在对待汉字的态度上出现了与以往截然不同的倾向。

### （二）汉字限制政策与"当用汉字表"

1868 年，日本结束了幕府统治，实行明治维新，建立了明治政权，推行全盘西化的国策。"此时的日本人，一方面学习西方，建立了一半是西方、一半是自己的文化，并且在不到半个世纪的时间里，便完成了西方主要资本主义国家大概要 200 年左右才能完成的资本主义近代化过程；另一方面，日本人在始终以张扬自我文化的'绝对优越性'与西方文化相抗衡的同时，对于养育过日本传统文化的中国古代文明开始进行重新认识、评价与处置。日本明治时期废除汉字的风潮，正是这样的文化整合模式的必然产物。其消长的漫长过程，相当深刻地透射出日本近代文化转型的诸多特点。"

江户时代，在西洋学者森岛中良等人中间，出现了对汉字展开批判的呼声。日本邮政制度的创始人前岛密，是历史上明确提出废除汉字的第一人。前岛于庆应二年（1866 年）向将军德川庆喜提交了用大量汉字书写的《废止汉字意见书》，倡导要向国民普及教育，推动学术进步，就应该废除汉字，使用假名。"这一理论的核心有两个：其一，汉字是日本国家语言中'原始'与'野蛮'的'化石'；其二，使用汉字书写导致日本文明颓废不兴，衰败落后……从文化视角来认识，则前岛密及其追随者不但首开近代以来日本回报中国文化恩典的先河，而且是日本近代语言民族主义真正意义上的先驱者。"

相对于前岛的"汉字废止论"，日本启蒙思想家和教育家福泽谕吉提出"限制汉字论"。他的这一想法见于其 1873 年发表的题为《文字之教》的文章中。他在该文中指出："日本有假名文字，还在使用汉字确有不便之处。但是，古往今来举国的日常书写都是靠汉字完成的，所以废除汉字也有不便之处。时下马上废除汉字很难，要做也得找寻时机。不可消极等待，可以从现在起渐渐迈出废除汉字的脚步，方法是写文章时尽量少用难字，只要不用难字，汉字的数量就能控制在 2000—3000 字之内。"

可见，以此二人为代表，对汉字的批判基本分为两种立场，即全面废除汉字和对汉字使用加以限制。无论是废除汉字，还是限制使用汉字，都是站在同一文化立场上。较之前岛密，福泽谕吉的观点更加务实，也更具可操作性。

主张全面废除汉字的人又分为主张以假名代替汉字和主张以罗马字代替汉字的两大阵营。假名文字论者在明治十六年结成了「かなのくわい」，罗马字论者于明治十八年结成了"罗马字会"，分别开展活动。另一方主张限制使用汉字的一批人中，福泽谕吉提出汉字有两千字或三千字便已够用，矢野文雄在《日本文体文字新论》（明治十九年）中提出保留三千个汉字的主张。与此同时，也可以听到反对废除汉字的微弱声音，其中，最具代表性的是井上圆了，他指出："国字的改变不仅对人的心灵产生影响，甚至给道德伦理方面也会带来很大的变化，这是不争的事实。因为日本国民的道德基础是'忠'与'孝'，这种忠孝不仅存在于字音上，它也和字形一样深深地印在人们的脑海中。"简而言之，"忠""孝"具有形、音、义三要素，离开字形，日语的音和义也会受到影响。

如此这般，日本的专家、学者、社会名流们就汉字的废除、增减、改进等问题一直争论不休。

日本在本国的国语教育问题上，在明治三十三年的小学校令中，将汉字限制为 1200 字。这一限制随着此后义务教育由四年延长为六年，在第二次国定读本中变为 1360 字。昭和十七年国语审议会提出 2528 字的汉字标准，基于此文部省规定义务教育阶段应学习的汉字为 2669 字。

第二次世界大战后，盟军总司令部所聘请的教育使节团也建议日本政府限制汉字的使用，以提升教育效果。日本政府接受此建议，于 1946 年进行了一次大的文字改革。这次改革的宗旨主要是限制汉字数量以缩短国民学习和掌握日语的时间。1946 年 11 月 5 日，日本国语审议会制定"当用汉字表"，上报文部省。11 月 16 日，该汉字表获政府批准通过，并以内阁总理大臣吉田茂的名义公布于众。该表规定了 1850 个汉字作为国民使用汉字的范围，称为"当用汉字"。"当用"即"当前使用"之意。此后，以"当用汉字表"为核心，日本政府相继出台了一系列的相关政策，包括"当用汉字字体表""当用汉字音训表""当用汉字别表""人名用汉字别表"。这些改革措施对汉字的字数、字体、读法，人名使用汉字的范围等都做了明确、具体的规定。在此之前，日本的文字书写体系虽然已经有一千五百余年的历史，但国家对其始终采取放任自流的态度，并没有颁布过语言文字政策，对其加以限制或规定，所以"当用汉字表"可以说是日本近代国家在推动实施文字改革、实现文字书写体系合理化过程中迈出的重要一步，对于教育的普及起到了一定的积极作用。

"当用汉字表"以限制汉字为目的，规定日本人日常使用汉字的范围，这1850个汉字以外的汉字不再使用。对于表内汉字无法书写的词语，或者改换为其他词语，或者用假名书写。代词、副词、接续词、感叹词、助动词尽量用假名书写。此外，"当用汉字表"规定，原则上不使用假名为汉字注音。"当用汉字表"及相关的一系列政策在法令、公用文书、教育中实施的同时，也被报纸、杂志、广播等所采纳，为实现日语的平民化、普及化发挥了积极作用。而且，"当用汉字表"通过规定汉字的使用范围，使日语书写中汉字和假名的使用比例趋于平衡，推进了汉字假名混合文体的普及。

诚然，汉字难写、难读、难认，对其加以一定程度的限制，就书写的便利性和文字的普及性而言具有一定的合理性。但是，过度的限制会给人们的生活带来不便。"当用汉字表"在实施过程中，出现了不少反对的声音，其中有代表性的意见包括："当用汉字表""当用汉字音训表"等限制性的方针束缚了语言表达，使书写变得不自然。另外，部分汉字和音训没有收入该表中，无法满足日本社会对汉字使用的需求。

### (三) 汉字政策调整与"常用汉字表"

1981年（昭和五十六年）日本政府以内阁总理大臣铃木善幸的名义颁布了"常用汉字表"，同时宣布此前的"当用汉字表""当用汉字字体表""当用汉字音训表"等相关的六个内阁告示全部废止。这是日本以"当用汉字表"为中心的国语政策在35年之后的首次重大调整。随着"常用汉字表"的颁布实施，日本在第二次世界大战后围绕汉字展开的争论终于告一段落。

回溯历史，日本国语审议会于1972年（昭和四十七年）正式将"当用汉字表"及"当用汉字字体表"的修订问题提上日程，根据多方意见和广泛的资料开始进行综合审议。此项工作历经四期共八年时间。在反复慎重审议之后，于1981年3月23日由国语审议会向文部大臣提交了关于"常用汉字表"的报告。

这份报告显示，"常用汉字表"作为日本人书写通俗易懂的文章时所使用的汉字的规范，是一个涉及字种、字体、音训、词例等的综合性汉字表。收入该表的汉字共计1945字，比"当用汉字表"增加了95字。"常用汉字表"的主旨是，此表仅作为汉字使用的标准，并非写文章时只能使用表中所列汉字，在具体使用过程中可根据具体问题酌情加以考虑。与严格限制汉字使用范围的"当用汉字表"不同，"常用汉字表"显然在汉字使用问题上采取了相对宽松的政策。

"常用汉字表"有如下特点：

1. 本表是在法令、公用文书、报纸、杂志、广播等领域书写现代日语时使用汉字的标准。

2. 本表不涉及科学、技术、艺术等其他各个专业领域和个人的汉字书写范围。

3. 本表不以专有名词为对象。

4. 本表承认在过去的著作及文书中所使用的汉字。

5. 在本表的运用过程中，根据实际情况，可适当增加一些汉字。

此外，"常用汉字表"中对笔画超过 20 画的汉字繁体字皆进行了简化，如「廳—厅」「戀—恋」等。"常用汉字表"的出台，一定程度上解决了手写汉字费时费力的难题。同时，"常用汉字表"可以说是日本政府顺应民意对限制汉字所进行的一次松绑。"常用汉字表"突破了"当用汉字表"的限制，收入 1945 个汉字，此举在某种意义上是对自明治维新以来长时间引起广泛争论的"汉字废止论"和"汉字限制论"的否定，在日本的语言文字历史上有着非同寻常的意义。

**（四）"新常用汉字表"**

当人类社会进入 20 世纪 90 年代，特别是 21 世纪以后，IT 产业迅猛发展，掀起了一场信息化革命。电脑、手机等数字化电子产品已悄然进入千家万户，并迅速更新换代。根植于信息化时代的大量新事物、新概念的涌现使语言更新的速度明显加快。信息化时代对汉字的规范化、标准化提出了新的要求：一方面需要提高汉字的标准化程度，方便信息储存、信息管理和信息交换；另一方面，某些领域（如医学、化学等）的用字进入了一般大众的阅读层面，社会用字范围有所扩大。正是这样的时代趋势，催生了日本最近的一次汉字改革。

日本文部科学省从 2005 年起开始修改汉字表，着手制订"新常用汉字表"（以下简称"新表"）。2009 年 1 月 29 日，历经四年反复审议后，日本文化审议会国语分科会审议通过了"新表"试行方案，并在全国征求意见。2010 年，"新表"终于正式颁布实施，字数为 2136 个汉字。这是继 1981 年之后，对日语汉字表的再次修订。

"新表"具有如下特点：

1."新表"的科学性、客观性有所增强。

在"新表"中，日本 47 个都道府县名称所使用的汉字全部收入常用汉字之列。而在此前的"常用汉字表"里，它们中的 11 个汉字根本找不到，如「大阪」的「阪」、「奈良」的「奈」、「鹿儿岛」的「鹿」、「福冈」的「冈」、「熊本」的「熊」、「山梨」的「梨」、「爱媛」的「媛」、「埼玉」的「埼」等。这些行政区划的名称与人们的生活密切相关，此次将其全部列入"新表"，使各个都道府县在使用汉字书写行政自治体名称这一点上第一次取得了同等的地位。

"新表"的另一个亮点是增加了许多动物名称，如「虎」「龟」「鹤」等。不过，同为动物，境遇有别，一度列入候选名单的「鹰」「狼」等最终未能入选。审议小组认为，「虎」「龟」「鹤」等在日常生活中使用频率较高，而「熊」「鹿」等显然是沾了熊本县、鹿儿岛县的光。不过，这一决定让日本一些带有「鹰」字名称的市镇颇感不满，如东京都三鹰市就是其中之一。

这些常用汉字的加入，大大增强了"常用汉字表"的科学性、客观性、权威性。

2."新表"带有浓重的信息化社会气息。

"新表"新增 196 个汉字，删减 5 个汉字，其中有一部分 20 多画甚至超过 30 画的繁体汉字并未被简化，如「麺」「籠」「鬱」等。因为无论简单或是复杂的汉字，在使用电脑或手机输入时，所花费的时间是一样的，它们已经处在同等的水平之上。汉字微机输入法为汉字注入了新的活力，为其开创了无法估量的发展空间。汉字书写障碍的消除为汉字数量的增加创造了良好的先决条件。"新表"中汉字的大量增加充分证明了这一点。换言之，21 世纪的信息化为汉字在日本的广泛应用开启了一个崭新的时代。

从汉字传入日本到今天，历经一千八百多年。日本当初并没有属于自己的文字，然而，通过借用汉字书写日语，日本人不仅有了文字，而且借此创制出了属于自己的假名文字。同时，汉字的引进，给日本带来了大量当时最先进的文化与最高度的文明，对于日本文化的形成与发展起到了不可估量的作用。这种文化传承是任何人都无法否定、割裂的。明治维新以来，为使汉字适应人们生产、生活的需要，日本政府进行了多次改革，其中"当用汉字表""常用汉字表""新常用汉字表"这三次改革对日本的国民社会生活产生了重大影响。从中我们也可以看出，汉字的数量呈现稳步增加的趋势，但始终维持在两千字左右。在未来的一二百年中，日本的汉字既不可能完全为假名文字所取代，也不可能大规模增加。汉字以两千字左右的规模稳定于汉字、假名混合的文体之中，已经成为日语中使用汉字的基本走向。

# 第二节　日本语言交际

　　跨越文化障碍进行交际总是困难的，文化包括交际，交际包括语言，当我们把语言作为一种交际工具考虑的时候，交际便需要我们具有语言能力，没有语言能力的语言交际是不可想象的。然而要交际，光懂语言还不行，还必须充分了解与我们进行交际的人，如果对对象一无所知，就不能成功地进行交际，这类知识可称为文化能力。语言能力与文化能力结合在一起，构成语言的交际能力。语言的交际能力是介于语言和文化之间的能力，它包含"语言"（发音、文字、词汇、语法）研究中通常不加以说明的规则，也包含一般交际规则，违反这些规则都将使交际受阻。

## 一、启动规则

　　与具有不同文化和使用不同语言的人交际，最困难的是如何开始交谈、怎样交谈。这里面既有文化规则，也有语言规则，在这里都称为启动规则。

　　用日语与日本人交际，首先遇到的问题是问候。中国人之间常说"吃饭了吗""上班去啊"，这些语言的功能都是表示友好的问候、打招呼。日本人则不同，他们问候的注意力不是放在对对方私事的关心上，而是对对方行为的赞誉和群体的融合上。例如，早上见面时用"おはようございます"问候，表示赞誉对方起得早，而在农耕社会的日本，"起早"即是勤劳的同义语。白天见面时较之"你好"，更多的是用有关天气情况的问候，如"今日は暑いですね"（今天好热啊）"また、降ってきましたね"（又下起雨来啦）等，以此增强群体的一体感。在这种时候，不管你的实际感受如何，都要随声附和，不能否定回答，不然就阻碍了交际的进行。

　　初次见面，大致从自我介绍开始。在这方面，日本人的规则是先自报家门，而绝不能先问对方的姓名。自我介绍时日本人关心的不是你的姓名，而是你所属的单位和职务，因此必须在自己的姓名前冠以"某某公司的""某某大学的"，不然日本人便无法把握与你交际的尺度。

在一般情况下，日本人在商谈正事之前，都要花费一些时间谈论对方感兴趣的话题或天气情况等，以便相互沟通，奠定感情基础。因为日本人不善于与群体外的人交际，所以这个环节是十分必要的。出于这种原因和目的，交谈时切忌只谈论自己关心的事而不顾及对方，也不要口若悬河、夸夸其谈，否则日本人将对你持不信任态度，没有好感，尤其是长者在场的时候，除非长者开始说话，否则保持沉默是上策。连珠炮般向长者提出问题或把他硬拉进来谈话，是十分不礼貌的。

## 二、参与者规则

一个人构不成交际，交际需要有参与者。参与者在交际体系中构成网络，形成参与者规则。

在与日本人交际时，主要应该注意的是上下关系和内外关系，当然有时也交织着利益关系。关系不同，则举止不同，采用的语言变体也不同，一般来说，与长者、外者或利益上的施予者说话要表示敬意，使用敬语变体，称呼要客气，态度要谦恭，选择话题要谨慎，还要尽可能地考虑到对方的需要和期望。做到这些的前提是善于观察和分析，尤其是有两个以上的日本人参与交谈时，要厘清他们之间的相互关系，判断应该将最大的交际注意力放在谁身上，切忌只照顾下者而置上者于不顾，这实质上破坏了日本人严格的序列制度，是他们不能容忍的。

上下、内外的利益关系相互交织，在实际交际中处理起来并不容易。例如，一个公司的经理和同一个公司的职员，在公司内部他们是上下级关系，交谈有上下之分，但当另外一个公司的经理参与谈话时，下者必须把注意力转向"外"人，尊敬的对象不再是自己的经理。又如，A 老师在与其同为教师的弟子 B 交谈时，B 只是被作为学生对待，被称为"B 君"，然而当 B 的学生 C 加入交谈后，B 的地位发生变化，A 对 C 谈及 B 时，一般就称"B 先生"了。至于在有求于人时，则不论自然关系是上下还是内外，有求于人者都要向对方表示敬意。参与者关系的流动性源于文化。

## 三、内容规则

任何语言交际都伴随着一定的目的，而目的常常是通过内容来体现的。从与日本人交际的角度来说，谈论相互熟悉的地方和事物或者共同的经历和兴趣爱好都是很好的话题。日本人对谈论本国的社会、政治、宗教等一般都不忌讳，都乐于发表自己的见解，并且乐于倾听别人的看法。

但是关于天皇的问题，一般都避而不谈，因为天皇在日本人的心目中是微妙的存在，是个敏感的问题。一般而言，日本人不太喜欢别人问及自己的收入情况、财产和年龄等，视此为私事。

日本人不喜欢谈自己，也不习惯直截了当地阐述自己的主张，提出自己的愿望和要求。涉及这些问题时，语言表达则委婉、含蓄，如果对方能意识到这一点，交际则会顺利进行。日本人喜欢当面称赞对方，但期待的是对方对此的感谢和自我否定，而不是欣然认可。实际上，日本人的称赞常常是表示友好的话题之一，而并不一定是基于事实。对日本长者的肯定评价，不适合用夸奖和赞许。例如，在听完日本教授的演讲之后，不能说"您讲得太好啦"之类的话，这实际上等于把自己置于优越者的地位上了，应该说"谢谢您"或"我学到了很多东西"，等等。

日本人在交谈中时常不停地说"はい""そうですね""なるほど"等，进行随声附和或点头，这是一种礼貌的表达方式，意思是"我在认真听您说呢"，不一定是表示同意你的意见和看法。日本人不直接用"不"来对对方的意见表示否定，而常常是先予以肯定，然后转移话题或以沉默作答，这种语言行为的目的是避免使对方难堪，而影响人际关系。

语言行为与其他行为一样受到许多规则的制约，但是要从交际的角度把复杂多变的语言行为按规则整理出来，无疑是十分困难的。这里对日本文化交际与语言行为的探讨只是一种尝试，旨在解决跨文化交际时出现的障碍，不可能全面系统地进行研究。

# 第三节　日本语言行为

## 一、作为文化要素的语言行为

人有个性，人的群体（社会）也有个性，群体的个性被称为"文化"。笼统而论，文化是人类在群体中后天创造、保持，并作为传统由群体成员因袭的意识形态和生活方式。具体地说，文化是知识、信仰、艺术、道德、法律、习惯，以及人们作为社会成员获得的能力、习性等的复合体。

然而，作为保持文化的单位，群体有大小、上下之分，在谈论文化时，最基本的群体单位多指民族。事实上，人类在地球上占据不同的领域，在创造各自领域的历史的过程中，便产生了民族这样的单位群体，并产生了各自的文化。因此，民族与其文化是同时存在的，民族是最根本的群体个性的承担者，是有代表性的文化共同体。以民族以下的诸群体，如家族、职能集团、地域社会等为单位的文化，被称为"下位文化"。

在文化这个巨大的复合体中，包含着制度、技术及其所产生的文化财产和种种要素，但位于复合体中枢的是民族思想倾向和表现其思想倾向的行为模式。在群体成员的行为中，自然包括语言行为，而语言行为正是人们在社会生活中以其他成员为对象进行交际（社会行为）的最普遍的行为，堪称社会中枢或本体的部分。人类的行为都与特定的环境相联系，语言行为也是如此。环境有自己的系统和规范，这是由民族和社会文化所决定的，它约束着人类的一切行为。

文化是民族的文化，语言是民族的语言，"当人类在语言、居住地域、经济生活、心理状态等方面作为一个稳定的共同体出现时，语言就已被深深地刻上了民族的烙印，成为这个民族和这个民族文化具有代表性的象征"。如果说文化要素是行为的形态，而行为的主要项目是语言行为的话，那么，语言行为的模式也正是重要的文化因素。语言行为有其行为模式，这种模式体现在一个民族的人际交往中并成为一种习惯，本民族的人对此习焉不察，但在与外民族的人交际时一旦对方违反了这些习惯，本民族的人就会无法接受，从而使交际产生障碍。"因为每个民族都以自己的文化为中心，都把自己文化对世界的看法看作人类的常识，因此难以接受其他文化。"

人们只有语言体系的知识，不一定能采取适当的语言行为，而不适当的语言行为将对社会生活产生某种不利的影响。有一位中国留学生，口语讲得很好，一个冬日，他回到公寓时，在电梯中有一位同楼的老妇人热情地对他说："寒いですね。"他不知道这只是一种礼貌的问候，便实事求是地回答道："いいえ、寒くありません。"结果使那位老妇人感到尴尬和不快，交流无法进行下去。社会语言学认为，交际中犯文化的错误比犯语法的错误更令人难以容忍。

因此，你要说一种语言，就必须理解创造那种语言的人的思想方法和价值观念，单凭语言能力并不足以弥补文化隔阂。语言与文化是统一体，文化是语言的基本内容，语言是文化的表现形式，在学习日语时，研究日本社会和文化就不是附加的任务，而是必须做的事情，非此无法"到达彼岸"。

## 二、日本人与语言交际

语言是民族的语言、社会的语言，使用语言的人也具有民族的属性和社会的属性，这就使语言和人有机地结合在一起。人们在研究民族性时，常常做出西方社会是个体文化、日本社会是群体文化的判定。处于个体文化社会中的人独立意识强，善于交际；处于群体文化社会中的人相互依存，独立意识差，不善于交际。人的社会性必然也表现在语言行为上。行为上的差异一般取决于不同民族人格结构上的差异，人格结构的差异又与各自的文化社会结构密切相关，这就呈现出一种人格结构、社会结构和语言行为的网络关系。

一般而论，人的性格由先天性性格部分和在家庭、学校、社会中形成的习惯性性格部分构成，后者是由文化支配的部分。从语言行为的角度来说，习惯性性格具有社交性特点。西方社会的社交层厚，而日本社会的社交层薄。社交层也可称为"对人的黏着层"，即人们与外部接触时容许对方涉入的范围。社交层厚的人善于社交，社交层薄的人容易受伤害。出于避免受伤害的心理，日本人的语言行为也表现出很多特点，例如力避激烈的言辞，不与人争论，语言间接，表达委婉、含蓄，等等。日语中骂人的词语特别贫乏也与此有直接关系。社交层的厚薄也是人们独立性强弱的表现，日本人缺乏自信，对别人的评价十分关心，进而形成所谓的"耻辱文化"。

作为一个民族，社交层薄则促成了自我保护的民族心理和文化特征的形成。这就是日本文化的"群体心理"或"群体主义"特征。这种特征不可避免地在日本人的社会生活中投射出各方面的特点，规范着这个民族的行为模式，其中对日本人的语言和语言行为及交际方式产生了规定性作用。

日本人的群体意识强，因此其行为方式的基准是个人所属的群体。自己所属的群体称为"うち"，故有"うちの県""うちの会社""うちの学校""うちの課"等习惯性说法，"うち"者，"家"也，把自己的群体视为家，把同一群体的成员视为"身内""内輪""仲間"，进而产生了"内談""内定"之类的语言行为。有内必有外，日本人把同一群体以外的人称为"外者""赤の他人"（陌生

人），态度截然不同，视之为应保持距离和排斥在外的存在。在与"外者""赤の他人"交往时，日本人的习惯是鞠躬勤而深，使用敬语。这种行为的文化根源在于与对方保持距离，以保护自己。

在日本，"社会"一词是舶来品。文明开化以前，日本人的习惯说法是"世间""世の中"。在日本人的意识中，"世间"与社会不同，是"外者"散居的空间。为此，"世间"是敌对的、监视自己的存在，因此日本人认为"敷居をまたげば七人の敵"（出门都是敌）、"世間の口がうるさい"（人言可畏），也就格外"世間の目を気にする"（介意外界的评价）。

日本人把人生称为"世渡り"（处世），视为十分艰辛的过程，在以"群体主义"文化为本位的社会中，个人具有"他律性性格"，即以他人为中心，而非自己。在日语中，"我"这个词代表的是负价值。"我を張る"（坚持己见）、"我を通す"（固执己见）、"我を立てる"（突出自己）、"我が強い"（个性强）等是最不被欣赏的性格，强调自我便"角が立つ"（生是非），便会"荒立てる"（把事情闹大），就会破坏日本人最为崇尚的群体的"和"，这是大逆不道的，在过去的农村要受到"村八分"的制裁。为了"和"，人们相互之间要"気くばり"（照料）、"心づかい"（关心）、"思いやり"（体谅），要努力做到"我を折る"（放弃己见）、"折り合いよい"（处好关系），要善于"円くおさめる"（圆滑处世）。因此，日本大小群体的领导人往往都是有处世智慧的人，而不一定是某一专业领域的佼佼者。

在群体主义社会，日本人遵循的另一个行为准则是"序列"。序列有年龄的长幼、地位的高低、身份的贵贱、资历的深浅、经历的先后之分，人们严格按序列行事，不允许"出すぎる"（冒尖）、"出しゃばる"（突出自己）。在语言行为上，后加入者要对先加入者使用敬语，不能直呼姓名，否则被认为是"分を知らぬ"（不知分寸）、"生意気"（狂妄），而遭到排斥。

以群体为中心、以和为贵等道德规范严重地束缚着日本人的思维方式和言行，使日本人形成了很多独特的性格特点。例如，首先，日本人很注意社会评价，常常为人言所左右，对外界有恐惧感。因此他们善于体察对方的心境和意向，不善于积极地交际，与"外者"交往时总有一种"間が悪い"（不好意思、害羞）的感觉。其次，日本人认为群体是因利益关系而结合在一起的，因此十分注重"义理人情"，视"恩返し"（报恩）为美德。大到父母的养育之恩，小到吃一顿饭、喝一杯茶，都是恩，因此日本人挂在嘴边的"ありがとうございました"（谢谢）绝非虚伪之谈。再次，日本文化的他律性养成了日本人不善交际的内向性格，这也是由"克己"的自我压抑造成的。在人际交往中，日本人视"沉默"为美德，崇尚"以心传心"，善辩的人被人看不起，因此，日本人很少与人争辩或理论，与人谈话时总是听多言少、随声附和，很少夸夸其谈发表自己的见解。最后，日本人即使有明确的主张，也不用"我认为是这样的""我的意见是这样的"等直接的表达方式，这样做的目的是表示自己不能将观点强加于人，给对方留下思考、判断的余地，这种语言行为往往不能为外国人所理解，也容易被误解。

我们了解日本人及其语言行为的社会文化特征，目的在于解决如何跨过文化障碍与日本人进行有效的日语交际这一问题。

# 第四节　日语中的敬语

## 一、日语敬语的起源与变迁

日语敬语在悠悠历史长河中产生、发展，与日本社会的发展变化有着密不可分的关系。最早对敬语进行研究的是 16 世纪下半叶到日本进行传教的西班牙教士们，他们从传教活动的需要出发，为了学习日语，对敬语这种特殊的语言表达形式进行了实用性的研究，还为后人留下了一部《日本大文典》。从那以后，敬语就成了日本语言学家研究的一大课题。尤其是在 20 世纪 70、80 年代，北原保雄、西田直敏、菊地康人、杉户清树等语言学家们在探讨敬语史、敬语体系、敬语的多种分类法等方面迈出了新的一步。

最早提出敬语起源说的是穗积重远。他指出，敬语是因古代人们忌讳对神和权力的象征——天皇直呼其名而开始出现的。这一说法与金田一京助所提出的敬语发展三阶段（即语言的禁忌阶段、绝对敬语阶段、相对敬语阶段）中的第一个阶段是一致的。

语言的禁忌阶段是金田敬语发展三阶段中的第一个阶段。从语言活动的神灵观来看，人们应相信说出的话具有神力，只要话一出口便会在现实中得以实现。正因为如此，才会产生祝贺、诅咒等行为。受到赞誉的人会得到幸福，受到诅咒的人会遭遇不测。因而，为维护良好的人际关系或者表达自己对对方的崇敬之情，人们便自然而然地使用一些表示好意、赞美的语言，这已被作为敬语中的"待遇表现"而固定下来。总之，敬语并不是原本就存在的，而是从日积月累的日常用语中转化而来的。虽然它还存在一些令人疑惑不解的地方，但无论是赞誉的表现手法，还是回避的、委婉的表现手法，都是敬语的开端。

一般而言，奈良时代的敬语，根据其待遇程度，可划分为极高和高两种。前者的使用对象为神灵、天皇、大臣等，后者的使用对象则是一些比前者地位稍低的人。

平安时期，上古时期那种不因说话对象及场合的不同而改变的绝对敬语意识有了变化。说话者根据对象的不同，对话题里出现的人物所采用的绝对敬语有改变的意识。这个阶段是绝对敬语向相对敬语转变的过渡期，主要表现为，根据人与人之间的利害关系使用敬语。这一点在《愚管抄》中就有所体现。白河帝在对为自己朝廷立下汗马功劳的能信表示感谢时说：「故東宮大夫殿即能信オハセズハ、我身ハカカル運モブラマシャハ」（没有东宫大夫能信的话，哪有我的今天）。这句话中使用的「殿」是表示最高敬意的称呼。由此可见，虽然说话者贵为皇帝，但考虑到与听话者间的利害关系，也对比自己身份、地位低微的下属使用级别较高的敬语。另外，根据说话者、听话者、说话场合的不同，使用不同的敬语。例如在《源氏物语》中，纪伊守在对与自己关系密切的光源氏谈及其父亲时说：「（父は後妻ヲ）わたくしの主とこそは思ひてはべるめるを……」（我妻子好像也是这么想的）。这句话中对当时的一家之主、地位最高的父亲，没有使用敬语，这正是基于对听话者的顾虑。

现代敬语，由古代的绝对敬语形式向根据听话的对象、场合等的不同而使用不同的敬语这种相对敬语形式转化。由身份、职业、年龄、性别等来决定所使用的语言已成为历史，留下的是人们因性别的差异、年龄的差异等导致的语言方面的差异。现代敬语除了和古代敬语一样，向对方表示敬意，还在表现一个人的修养、维护良好的人际关系方面，发挥了极大的作用。所以，金田一京助先生将其称为"社交敬语"。第二次世界大战结束前，上司、长辈用「だ」体，而下属、晚辈用「です」「ます」体。现在，无论在正式场合还是非正式场合，也不管与陌生人还是与同事、邻里、家人，很多地方都使用「です」「ます」体。因利害关系等使用敬语的现象在增加，如学生对老师使用敬语，下属对上司使用敬语，等等。最典型的当属商业敬语，即商家对顾客使用的敬语。

日本明治维新在法律上废除了士、农、工、商的身份差别，主张"四民平等"，这使近代敬语超越阶级的地位趋势得到进一步发展。第二次世界大战日本战败，天皇发表"人间宣言"，否定了自己的"神格"，制定"一切国民在法律面前平等"的宪法。再加上西方资产阶级民主主义思潮如潮水般涌入日本，使得日本人的敬语意识发生了巨大变化。其结果是以阶级身份、社会地位为基础的身份敬语日趋衰落，向简化的方向转化，当今这种不受阶级地位制约，只根据主观判断和临时的利益关系来决定敬语的取舍及表敬程度的高低的社交敬语得到广泛应用。因此，在当今社会，敬语表现上下尊卑意识的阶级色彩已经大大弱化，表现主体主观的人格和教养、尊重彼此人格、维护彼此利益的社交敬语日渐兴盛。例如，那些地位显赫的政治家或政府高官，其身份地位在第二次世界大战前与普通的国民可谓天壤之别。但现在为适应民主潮流，也往往以"普通国民"的身份与民众对话，甚至在某些场合对普通民众使用表敬程度极高的敬语。这在日本的竞选活动中表现得尤为突出。

　　今后的日语敬语将又会朝着什么方向发展呢？这是一个令人深思的问题。只要社会在前进，社交敬语仍是主流。然而，前面我们也提到，敬语朝着简单化转化，何谓简单化呢？从敬语的使用现状来看，主要指的是繁杂的尊敬语、谦让语向恭敬语转化。当然，如果从严格的语法角度而言，这种转化或者说替代可能被称为语病或误用。这种社会现象在语言生活中大量涌现又说明了什么呢？除了人们经常批评的语言教养不足，还不得不承认这是日本人敬语意识变化的结果和敬语开始演变的一种趋势。语言是约定俗成的，也许若干千年之后，这些今日被批评为误用或语病的表达方式可能会在人们的语言生活中流行并被广泛承认和应用。从这种意义上讲，尊敬语、谦让语在意义表达和形式应用上逐渐走向衰退，谦恭语代替尊敬语、谦让语，这可能就是今后日语敬语的发展趋势。

　　从明治至昭和时期，敬语表达形式在不断发生着变化。敬语表达形式的变化有很多原因，主要是与等级制度、社会意识的变化有着密切的关系。在最初的等级社会制度中，表达的是人与人之间的上下级关系，第二次世界大战后，则由于人人平等，上下级关系为施恩与受恩意识所取代。敬语作为日语的主要特征之一，也许在一段时间内不会发生大的变化，目前也不能预测今后的变化趋势。但有一点是可以肯定的，日语敬语作为架设于日本人心灵之间的桥梁还将继续存在，继续起着社交润滑剂的作用，继续随着时代的发展而发生变化。

## 二、日本文化中的敬语

日语是世界语言中敬语最多的一种语言。日本人言谈举止非常客气，特别注意避免使用他人忌讳的语言。在日本有一种说法，不会讲敬语就等于不会讲话，由此可见敬语在语言交际当中的影响。在现实生活中，日本人使用敬语和称谓来表达"上下""长幼""贵贱"等一系列人际关系，因此敬语是日本语言文化中的一个重要组成部分。

在日语中，叙述同样一件事情有几种表达方法。根据说话人、听话人、话题人物之间的年龄、社会地位、亲疏关系等，采用不同的语言表达方法，以不同的语言表达形式来表示说话人对别人（听话人或话题人物）的敬意，这种语言手段叫敬语策略。敬语就是说话人怀着对别人的尊敬之情，根据具体情境确定所使用的语言。日本敬语是复杂的，就是以日语为母语的日本人要准确地运用敬语也并不简单，所以说敬语是日语中最重要的语言现象绝非言过其实。那么，如何准确掌握敬语的语言规则呢？我们要从日本文化这一深层背景出发，从日本人待人接物的传统规范、内心活动等深层文化方面去体会日本敬语在运用时的奥妙。

在封建社会，日本的敬语主要是反映一种森严的社会等级制度。到了第二次世界大战后，随着日本民主化进程的加快、人与人之间关系的变化，现代敬语越来越成为一种社交性、教养性的语言。比如在公共社交场合，在接待客人、与素不相识的人交往等场合，人们都很注意自己的谈吐，适当地使用敬语，这样能给人一种有礼貌、有教养的感觉。尤其随着世界经济的全球化和社会民主化发展，世界诸多语种表达敬意的说法，大都显现出弱化的倾向，导致日本人不再依据上下关系的地位差，而是依据人人平等的相互作用以及亲疏关系来使用敬语的倾向日益明显。当然，基于某种恩惠关系、上下等级关系而使用敬语仍然是敬语的一个重要方面。

任何一种语言，在长期应用过程中，都有它的基本规则，日语的敬语也不例外，日语敬语有敬语法。敬语是根据说话人、听话人、话题人物之间的关系，以不同的语言表达形式来体现的。过去，二人初次见面时，是把彼此的身份、年龄大小等上下关系作为依托，来决定使用何种敬语，也可以把敬语称作身份敬语。例如，江户时代"町人"对"武家"、老百姓对政府官员，因为存在严格的身份等级差别，所以敬语使用也就等级化。对年龄大的长辈、社会地位高的上级使用敬语，形成一种习惯，甚至可以说形成一种社训。敬语分为尊敬语、谦让语、郑重语三种。

第二次世界大战后，日本经济的高速发展和社会民主化进程的加快，对敬语产生了巨大影响。战后日本经济得到了前所未有的发展，伴随着经济的发展，社会文化、意识形态领域的巨大变革，日语敬语在使用上也出现了很大的变化。首先是出现"敬语平等"现象。一方面，从前根据上下关系的地位差别决定敬语的使用，如今转化为依据平等的相互作用以及亲疏关系来使用敬语。例如，按照传统说法，慰问下属时常说「ごくろうさま」；慰问上司时，则要改口说成「ありがとうございます」。但是，NHK 在 1987 年的调查显示，认为慰问上司时说「ごくろうさま」是对上司"失礼不尊"者仅有四分之一。人们不像过去一样主张只对上级单向使用敬语，相当多的人主张彼此尊重。可以说日本人尊重"长上"的意识日趋淡化，更加重视相互平等，除了年龄和地位绝对悬殊等情况，双方大都以同等的敬语交流。

另一方面，传统敬语中，男女用语有别的现象严重。例如「～君」以前是男人称呼同辈或晚辈的一种称谓，而现在，不仅高年级的女生以「～君」称呼低年级男生，而且女生也以此来称呼同班的男同学。公司企业中，女职员称呼同辈或晚辈的男职员「～君」。最近甚至还出现了把长辈的朋友称为「～君」的事例。只有男性才有资格称呼别人「～君」的时代，已经一去不复返了，把别人称作「～君」不再是男人的"专利"。

其次，源于年轻人的新敬语不断强化。日本年轻的一代，在敬语观念上产生了新的变化。一种崭新的观念和处世态度开始萌芽：不再固守老传统，见到"长上"就使用敬语，不再过多地考虑身份、地位的差距以及"恩惠关系"，而是按照说话人与听话人的人际关系，灵活地运用敬语。"使役形＋いただく"等敬语表现形式不断涌现，传统的敬语规则开始动摇。

敬语的运用随着经济的发展、社会的进步，变得越来越"平等""新潮"，使得传统的敬语规则越来越受到各种新观念下的敬语运用策略的挑战。

同一内容由于语言表达所采用的方法不同，会使人有不同的感受。因此在语言交流中，不仅要考虑说话内容，更要重视如何使用语言。总之，敬语在日语语言交际中是不容忽视的，它是我们在学习中必须时刻注意的问题。可以说，敬语的正确使用是人们自身修养的一种表现，也是搞好人际关系的基础，它在日语中具有举足轻重的地位。

# 第五节　日语中的特殊语言

## 一、日语中的禁忌语与委婉表达

### （一）语言禁忌与委婉词语的产生

语言是一种社会现象，是人们用来进行社会交往、思想交流的重要交际工具。然而，语言并不仅仅是一个工具，它产生和发展的先决条件是人类社会性的生产和其他活动，人类的文化对语言具有极其重要的塑造作用，因而语言也是社会和精神文化的一部分。

语言作为人类文化的一部分具有特殊的社会功能，是一种特殊的社会现象。在人类对自然现象和自然力量尚不能完全理解的环境里，"人们通常相信语言具有某种魔力，相信语言这种符号与它所代表的真实内容之间确实存在着某种完全相同的效应关系"。语言一旦与某些自然现象联系起来，或与某些自然力量给人类带来的祸福联系起来，它就被赋予一种自身所没有的超自然的感觉和力量，社会成员会认为语言本身能够给人带来幸福或灾难，甚至认为语言是祸福的根源。谁亵渎这个根源，谁就会受到惩罚；谁讨好这个根源，谁就会得到庇护和保佑。这就自然导致了语言崇拜和语言禁忌的产生。

语言的禁忌即"语言塔怖"。塔怖（Taboo）是禁忌的国际学术界通用语，原为波利尼西亚汤加岛居民的土语。在民俗学界，人们大都认为禁忌和塔怖是完全一致的。塔怖代表了两个不同方面的意义，一方面是"崇高的""神圣的"，另一方面则是"神秘的""危险的""禁止的""不洁的"。受尊敬的神圣之物不许随便使用，受鄙视的卑贱物不能随便接触。当人们对许多事物认识不清，使它们带上很多神秘色彩而引起禁忌的产生时，就必然出现语言塔怖，"所谓语言塔怖，实质上也包括两个方面，是语言的灵物崇拜，是语言的禁用或代用"。

由于塔怖，在某种事物需要避讳时，首先在语言上不提及。"不说"是语言塔怖的一种形式，就是"噤"，"口闭也，从口禁声"。当人们噤言时，可能会用手指、用目视，以摇头、摆手等无声的语言来表达自己的想法。但是，如果这样仍不能准确地表达自己的意思，就不得不改换一种说法来暗示、隐喻、提示双方都知道又不愿点破的事物。这种因语言塔怖而产生的代用的避讳性词语就是委婉词语。

语言塔怖和委婉词语是各种社会都存在的普遍现象，是很富有方言（包括地域方言和社会方言）特色的语言风俗。塔怖的对象、内容和委婉词语的表达方式都因文化背景的不同而存在很大的差异，相同之处是反映了人类发展的共同经历和对自然界的共同认识；不同之处源于各自社会不同的自然环境、历史文化传统及由此产生的观念差异。但其产生的原则，大体上不外乎是出于礼教、吉凶、功利、荣辱或保密等诸多考虑。

灵物化了的语言虽然依然是社会的产物和社会现象，但它"已不再是交际工具，不再是思想的直接显示，而是思想本身"。在这方面，语言的信息载体的功能被减弱了，但其文化载体的功能得到了加强。在现今人类社会，对不同社会语言塔怖和委婉词语的生成进行研究和探讨，也是通过语言对其语言环境的文化特点进行揭示。

古代日本人把出于禁忌而代用的委婉词语称为"忌词"。早在平安时代，在伊势皇大神宫专门从事神事活动的妇女们认为直接说出与神佛有关的名称和一些所谓"不洁净"的话会带来灾难和不吉利等，便创造了"斋宫忌词"作为代用。"斋宫忌词"分为内七言和外七言，前者为与佛教有关的七个词，即：中子、染纸、阿良良歧、瓦葺、发长、女发长、片膳，分别替代佛、经、塔、寺院、僧侣、尼姑、斋饭；后者为佛教以外的七个词，即：奈保留、夜须美、盐垂、阿世、扶、菌、壤，分别替代死、病、哭、血、打、肉、墓。

"斋宫忌词"是日本历史上有文字记载的最早的"忌词"，源于古代的语言信仰，具有委婉、含蓄的特点。自此以后，在室町时代出现的"女房词"、江户时代出现的"游里语"等，都具有回避直说某种事物而产生的委婉词语的特点。

**（二）日语中的委婉表达**

委婉表达是日语明显的特征之一，特别是在面对面的对话中，可以说如果不使用这种委婉表达谈话就不能顺利进行。毋庸置疑，这是由日本社会文化、人们的思维方式及行为习惯所引起的。语言是一种社会的存在，它与某一地域社会（民族、国家）紧密相连。这些地域社会的文化（该地域社会人们的生活、行为方式）成为语言的背景。而语言的意思基于这些背景被人们所理解，起到传情达意的作用。日语委婉表达的最大决定因素是日本人的内外意识或者说是人际关系

意识。与欧洲人相比，日本人的自我意识较为淡薄。他们很在意自己人即「う
ち」（亲戚朋友等）和自己人以外的人即「そと」之间的区别。大多数的委婉表
达都是对「そと」一方面说的。因此，委婉表达也可以被认为是与对方之间距离
的体现。这与日语中的敬语从根本上是一样的。语言表达包含着一种文化心态，
不同的心态对诸如此类的语言行为会有不同的结论。倘若用本民族的心理深层结
构作为理解异民族的文化载体，往往是无法理解的。因此，了解一种语言特征，
必须了解该语言产生的大文化背景，这种了解将大大有助于扩大接受、兼容外来
文化的视野，有机地处理好不同文化之间的碰撞。

每个民族都有因民族历史的沉淀和心理深层的构筑不同所造成的不同的语言
表达方式。在语言研究中，如何把握我们自身对该语言的理解心态，将会在很大
程度上影响我们对该语言的理解。不同的理解心态会有不同的理解结果。在日语
的学习和研究中，较为明显的就是对委婉语（暧昧语或模糊语）的理解。

这些委婉的语言都来源于委婉的语言思维，日本人的委婉思维又与日本文化
的柔性紧密相关。古代日本的经济政治文化中心在关西及日本九州地区，那里多
丘陵、湖泊、河流，气候温暖，称得上是日本的水乡。在气候温暖的水乡靠种水
稻为生的农户，受到了整日伴水劳作的影响，懂得以柔克刚的道理，这使他们的
心理活动充满了柔性。

而之后传入日本的大陆文明，尤其是中国长江下游的水稻文化，让大陆江南
水乡的温柔精明随着水稻的传播被日本人吸收融合。这种外来的柔与原有的柔相
结合，使日本人产生了适合日本新纪元的心理结构。这样，由于气候条件、地理
环境、水稻栽培、外来文化等诸多要素的影响，日本民族的柔性逐渐形成。一定
的语言总是和一定的文化相关联，日本民族中的柔性也极大地影响了其建筑、艺
术和语言。人们生活在当时的历史背景下，处处都受到这种文化背景的制约。许
多语言都是在自觉或非自觉中产生的，委婉语就是这种特定文化体系的产物，它
正是柔的外在表现。

委婉语用以表达含蓄、委婉、退让等复杂的心情，这也是日语的一大特点，
应视语境来确定它所略去的部分或蕴含的意思，否则就会觉得难以理解。

日语中还常会出现省略主语的情况。中国人的自我介绍往往是以"我
叫……""我是……"来进行，而日本人在自我介绍时很难听到主语的出现。中
国人可能觉得很难理解。其实这正体现了日语中常说的「以心伝心」，也就是说，
日本人之间常常不用语言交流就可以心灵相通，这种心灵相通之所以可以成立，

就是因为日本人之间的语言表达形式，这种形式常常有一种不用语言就可以相通的默契关系，这种默契建立在双方共有的日本文化基础上。如前面所说的省略现象，只要双方能够相互理解，那么在很多场合中就可以省略一部分语言表达形式，越简单越好。

日本自古就是一个农业国家，早在弥生时代起人们就开始了水稻耕作，今天在部分农村仍然保留着大家互相帮助、共同作业的习惯。这种共同体文化让每个人都拥有极强的集团意识，绝对不能做出违背村约的事情，否则就会受到"村八分"的制裁（全体村民对违背村约的人和人家实行的断绝往来的制裁）。在日本进入近代化社会以前，人们的生活空间就是自己所属的那个村落。这种农耕文化更需要集体作业，更需要每个村民都必须遵守共同的秩序。

小到一个家庭、一家企业，大到一个地区，甚至整个国家，都可谓内外有别、界限分明。而且，内部的圈子根据客观情况随时增大或缩小。比如，在家里，家庭成员是"内"，将其他人视为"外"；到了公司，公司的同事是"内"，将公司以外的人视为"外"。不过，在与外公司、外单位发生业务关系时也可将其看成"内"，这时其他公司的人或单位自然而然地变成了"外"。

在这种背景下，日本逐渐成为一个尊崇集体主义的国家，并以此作为整个国家和整个民族的精神核心。日本人的集体主义对日本的社会文化和经济发展都产生了重大影响。它表现为个人与集体始终要和谐共存，融为一体。离开集体的话，个人就无法生存。在日本社会里，为了集体的利益这一明确的目标，人们都会自觉地勤奋工作，无论任何时候都要优先考虑集体利益。

日本人的这种集团意识从幼儿时期就开始萌芽，进入社会后这种意识逐渐趋于成熟。例如，同事们下班后凑在一起喝酒。到了年末，还有一年一度的年会。此外，还有名目繁多的聚会，如恳谈会、反省会、茶话会、聚餐会、壮行会、欢迎会、欢送会、联欢会等。所有这些都体现了日本人浓厚的集团意识。

## 二、日语中隐语的发展

### （一）隐语的性质

"隐语"是产生、通行于各种特定行业和特殊社会集团的特殊语言，是语言的社会变体，也称为社会方言。作为社会方言，隐语反映的是特定社会生活的特点，是民族语言的重要组成部分。

一般来说，隐语有广义和狭义之分，广义的隐语即所谓的"行话"，多指在一个特定职业集团中产生、通用的，不同于其他职业集团的语言，例如，在戏剧界把胡须叫作"掩口"，煤矿工人把井壁或顶板的坍塌叫作"冒顶"，等等。还包括在某一社会群体中为避人耳目采用的一些说法，如商店的售货员、饭店的服务员以及学生之间，常常用一些特殊的词语传递某些不愿让顾客或老师知道的信息。此外，经常从事某种共同活动的乞丐集团、盗窃集团等内部使用的语言也包括在内。狭义的隐语是行话的极端形态，也就是所谓的"黑话"，专指黑社会的行话。在那里，日常用语往往成了代码，表面上听起来是在说"动物园"，实际上却是指学校；表面上说的是"钓鱼"，实际却暗指搞女人。因为黑社会的排他性特别强，这个圈子格外封闭，所以这一行的隐语特点突出，数量也多。

　　广义的也好，狭义的也好，隐语都必备两个条件：一是产生于特定的社会集团，并在这一社会集团中通用；二是与社会上一般通用的语言在某一方面具有不同特点。说起来，隐语就像一种代金券，比如学校食堂里卖的饭票，说它是钱，又不通用，不能在全社会范围内流通；说它不是钱，却比钱还管用，拿着钱在学校食堂里不一定能吃上饭。隐语作为一种社会集团的标志，一旦广为人们所知或在一般社会通用起来，就失去了它存在的意义，因而它具有内聚力或排他性。

　　日语中的"隐语"一词来自汉语，但语义有些不同。在汉语中，"隐语"首先指谜语。《说文解字》说："谜，隐语也。"其次，汉语中的"隐语"也叫"瘦辞"，指故意讲的一种隐晦的话。有的采取比喻性的假托，有的以替代的方法构成。日语"隐语"的含义与后一种较接近，但多指行话或黑话。因此，绝大部分隐语词在普通辞典里是查找不到的。

　　与一般词语相比较，日语隐语不拘一格，直观简洁，易给人留下较深刻的印象。在表现手法上，隐语首先注重物体的象征性，表现的事物具体而形象。例如，盗贼语称官吏为"なまず"（鲶鱼），因明治时期官吏都留有鲶鱼须一样的胡子；称香烟为"くも"（云彩），取意于吸烟时飘散的烟雾；把用绳索从天窗入侵的贼称为"くも"（蜘蛛），其原因是不言而喻的。其次是寓意深刻，有幽默感或讽刺性。例如，在禁食酒肉的僧人之间，把豆腐称作"てらざかな"（寺肴），称鸡肉为"はだし"（赤脚）、马肉为"かなぐつ"（铁鞋）、牛肉为"わらじ"（草鞋）等，这些隐语一方面反映了僧侣们对寺院清规戒律的不满和反抗，另一方面也反映了他们想从寂寞中解脱出来的心情。再次是语言简练、表现力强，有一语道破天机之感，例如，"たけのこ"（竹笋）所表示的是一种靠变卖度日的生活，由于没有收入，便像剥竹笋一样把家里的东西一件件地卖掉度日。

### （二）隐语产生的原因

隐语是人们出于某种特殊需要或特殊心理创造出来的，由于各个社会集团的性质和需要不同，其原因也是多种多样的。就日语隐语来分析，其产生的原因大致可分为以下几个：

1. 出于保守秘密的需要

保守集团内部的秘密，以防被局外人知道实情，是隐语的基本性质所在。犯罪集团中的隐语大多是基于这种性质产生的，学生隐语、僧侣隐语也具有此种性质。

2. 出于加强群体观念的心理

通过语言确认彼此是同伙，以增加友情或亲密感。例如，在孩子们中间，本来不存在产生隐语的客观条件，但在他们中间产生了不少隐语，这是因为他们有一种潜在意识，即想通过语言显示自己属于特定的集团，并想得到相互的承认。至于在犯罪集团里，隐语则是确认彼此是其集团成员的暗号。使用隐语是其值得信赖的切实证据，是集团成员的特权。这种意识的存在往往使一个集团的隐语不断增加并且更具有特点。

3. 出于忌讳的心理

各个行业或社会集团大致都有自己忌讳的事物，为了回避这些事物，以防报应或讨吉利，便发明了很多不同于一般语言的说法。这类隐语的产生大多与宗教信仰有关。现今在日本的各行各业中仍存在这种隐语，例如打鱼人把"帰る"说成"戻る"，猎人把"米"说成"草の実"，花柳界把"梨"说成"有りの実"，等等。

4. 产生于特殊生活

不同的社会集团有不同的生活方式，而不同的生活方式造成人们不同的行为、体验和不同的思维方法，由此产生各自不同的特殊词语也是很自然的。例如，在美术界把以假乱真的杰作称为"騙（絵）"，僧侣们把鸡蛋叫作"白茄子"，相扑界称取胜为"星を取る"，因犯称牢房为"豚箱"，等等，这些与他们的特殊生活都是不无关系的。

5. 出于统一集团语言的需要

一种行业或一个社会集团，往往由来自各地的人构成，这些人使用不同的方言，这种现象的存在对本行业内部的语言交流和对外行动都很不利。因此便以隐语的形式创造很多本行业内通用的语言，即集团通用语。在日本封建社会，花柳界存在的所谓"廓言葉""里言葉"，以及很多犯罪集团的隐语可以在全国同集团内通用，就是很好的证明。

6. 出于追求变化和猎奇的心理

人们都有一种厌恶平庸、追求新奇的心理，这种心理可以通过多种方法得到满足，而在诸多方法中，语言是最方便的。在一个社会集团内，一旦出现可以满足这种心理要求的词语，便能立即传开，这也就成了这个集团的隐语。

7. 寻求心理上的解脱

从事一些违反道德常规、对社会有害的活动的人，一般都有一种精神上的压力。为了减少这种精神负担，在心理上有所解脱，便采用一些与一般语言不同的婉转说法。例如在犯罪集团中，把偷盗说成"買う"，把杀人说成"眠らす"，把打人说成"撫でる"，等等。

以上是隐语产生的主要原因，当然还有很多细小的或偶发的原因，在这里不一一列举了，值得注意的是，一个隐语词语的产生并不一定是一种原因促成的，其中往往包含着两三种原因。总之，隐语有其存在的必要，也有其产生的原因，人们的生活既然可以分为不同的社会集团，那么隐语也就必然存在。

### （三）日语隐语的历史背景

语言是随着社会的发展而发展，随着社会的变化而变化的。最能够体现语言这一特点的是隐语。因为隐语是社会方言，它产生于由不同身份和职业所分化的社会集团，而社会集团的产生是以社会发展为时代背景的。因此，我们要在社会发展中考察隐语的历史。

根据目前有限的文字资料进行分析，日语隐语的历史最早可以追溯到奈良时代，在当时的日语中，隐约可以见到一些有关性方面的隐讳说法，这可算作隐语的雏形。但这些隐讳说法没有职业或集团性，与现在的隐语有本质上的区别。具有现代概念的隐语最早要算是斋宫的"忌み言葉"，即主持神道祭典的人为了避免使用外来宗教用语而发明的语言。据《皇太神宫仪式帖》等资料记载，这种语言共有 14 个词，忌讳佛教用语和忌讳不洁净的词各占一半。

奈良、平安时代为日本的古代社会，生产力不发达，尚未出现基于身份、职业的集团性分化，并且社会处于稳定平安的状态，因此不具备隐语产生的客观条件。至于性方面的隐讳说法和"忌み言葉"的出现，主要是因为对性及神灵的敬畏，具有浓重的古代迷信色彩。

进入镰仓时代以后，代表新兴封建阶级的武士势力兴起，连年战乱，灾祸四起，城镇荒废，贫民剧增，盗贼、土匪等非法集团开始大量出现。这种社会状况给盗贼、土匪提供了拉帮结伙的条件，并产生了行商卖艺的街头侠商团体。有了特殊的社会集团，自然会产生特殊的语言，构成日语隐语三大主流的盗贼隐语、山匪隐语和侠商艺人隐语就是从这时出现并发展起来的。

镰仓时代以后，各种隐语不断涌现。在室町时代出现的代表性隐语是"女房言葉"，是在服务于朝廷的女官们中间产生的。这种语言的特点是文雅，力求表现女性美，主要集中在食物或与食物有关的器皿名称上。

"女房言葉"最初产生于宫廷，后来走出宫廷为当时的将军府和各地诸侯府中的小姐、太太们所使用，有些传播至民间妇女之中。

镰仓时代前后，佛教在日本得到迅速发展，僧侣数量骤增，因此在僧侣之间便出现了一种特殊用语，即僧侣隐语。僧侣隐语绝大部分来自于汉语和梵语词汇的佛教用语。

江户时代是日本商品经济飞速发展、商人地位急剧上升、士农工商封建等级制度确立的时期，因此也是等级分化、职业分化剧烈的时期。由于这种社会情况的出现，以商业为中心的隐语得到了很大的发展。

这一时期产生的隐语中最具有特色的是在花街柳巷的艺伎、娼妓们中间流行的"廓言葉"或"里言葉"。这种隐语是由于生活所迫从乡下进城谋生的女性们为了掩饰乡土口音而发明的。与其他隐语不同，其特点表现在语法上，例如把"あります"说成"ありんす"，"なさいます"说成"なんす"等，有统一语言的实际作用。

商人、工匠和手艺人与同行接触密切，在商品经济兴起的社会条件下，其内部很容易产生隐语。在商界隐语中，更多的是用来表示价格暗码的数字，例如有的行业用"子丑寅卯辰巳午未申酉"表示"一二三四五六七八九十"等。

随着明治维新这一重大社会变革，日本急速地跨进资本主义社会。随着资本主义经济的发展，出现了各种大规模产业，这一方面增强了日本整体社会的组织化、系统化，另一方面促进了社会分工的细分化。可以说，明治时代是作为隐语母体的以身份和职业为基础划分的社会集团发生重大变化的时代。

在明治时代，由于教育制度和兵役制度的确立，学生和士兵形成了庞大的社会集团，因此便出现了学生隐语和士兵隐语。另外，由于监狱制度的实施，盗贼、流氓等犯罪集团的隐语在监狱中得到交流，并出现了全国性统一的倾向。

在现代社会，除各种行业、社会集团的隐语仍然程度不同地存在外，所谓的流行语十分盛行，有的流行语寿命很短，不是昙花一现就是变成了一般语，有的则被一些社会集团作为隐语保留了下来。总之，社会在不断地发展变化，随着某一类社会集团的扩大或缩小，语言也会发生量变，但是隐语作为一种语言形态将不会消失。

## 三、日语中的熟语与日本文化

跟汉语一样，日语里也有许多"熟语"。所谓"熟语"是指经过加工提炼的语言形式，它们是固定的说法。汉语里的熟语，具体地说，包括成语（如：孤掌难鸣、惩前毖后、鞭长莫及、同床异梦）、惯用语（如：愣头青、兜圈子、顶牛儿、帮倒忙）、谚语（如：你走你的阳关道，我走我的独木桥；儿行千里母担忧，母行千里儿不愁）、歇后语（如：小葱拌豆腐——一清二白；玻璃缸里的金鱼——有光明没前途；泥菩萨过河——自身难保）等。日语里的"熟语"，主要指"ことわざ"和"成语"。"ことわざ"是日本人在日常生活中所创造出的智慧的结晶（如：苦は楽の種——今日之苦，他日之福；安物買いの錢失い——图便宜白扔钱；旅は道連れ、世は情け——行要好伴，住要好邻）。而"成语"多出自古代历史故事、文化典籍，其中有许多是直接从中国传去的（如：壁に耳有り——隔墙有耳；光陰矢のごとし——光阴似箭；備えあれば憂い無し——有备无患；古きをたずねて新しさを知る——温故知新）。

在这里，我们通过分析日本人的一些独特的思维方式，比如日本人对数字的喜好，日本人对樱花和武士精神的信仰，来阐释一些有趣的熟语，在加强学习趣味性的同时，收到更好的学习效果。这也是一些关于日本文化的知识。下面分成数字文化和樱花、武士文化两类进行介绍。

### （一）日本人的数字喜好

日本人喜爱奇数，他们有把奇数作为吉祥数字的习惯。日本人认为奇数是可以给人带来幸福和财富的数字。他们在婚礼等一些喜庆场合送红包，送的是三、五、七等奇数数额，一般不送二，日本人认为二这个数字容易导致新婚夫妇感情破裂。

日本人非常喜欢七，在日语里七是「ラッキーナンバー」（lucky number），有「ラッキーセブン」的说法。日语中有关七的宗教熟语也很多。但是日本人不喜欢九，九在日语里的发音为「く」，和苦相同。日本人在说小孩子年龄的时候，避免说「九歳」，「九歳」和「臭い」的发音相同，给人不雅的感觉。日本人不喜欢四和六，在日语里四和六的发音分别为「し」和「ろく」，与死、碌同音，死有死亡之意，碌有忙碌而无所为之感。「ろくに」的后面加否定词，意思是不正经、不像样。日本人喜欢偶数八，八有着"吉利"之意。日本人对于数字的喜恶使日语里有许多奇数熟语，也有许多带有八的熟语。比如：

1. 一言居士：比喻做什么事都要发表自己的意见。
2. 三枝之礼：比喻对待自己的双亲十分注重礼节。
3. 五里雾中：比喻束手无策，找不到解决的办法。
4. 七転八起：比喻人生起伏多。
5. 七堂伽藍：标准寺院，各种堂塔完备的寺院。
6. 八面玲瓏：比喻人心清澈，没有任何阴影。
7. 亭主三杯客一杯：指主人为了使客人多喝酒，自己在招待客人劝酒的过程中不知不觉喝了很多。也比喻主人以招待客人为借口，喝了比平时多几倍的酒。也作「亭主八杯客三杯」。

**（二）日本民族独特的审美视角**

樱花在日本人的心目中有很高的地位，很多日本人视樱花为日本的国花。其实日本的国花是菊花，不是樱花。在日本，单株的樱花不受欢迎，人们喜欢观赏樱花林，这和日本人的集体思维有关。日本人崇尚集体活动，在日本，单枪匹马的英雄并不受欢迎。到了春天，樱花林中上百乃至上千株樱花齐开齐落、缤纷灿烂的景象正好体现了日本人追求的集体精神美。

樱花盛开时十分美丽动人，但是开放的时间也很短。樱花短暂的花期、美丽的生命给人以生命的短暂与凄美之感，人们都希望自己像樱花一样在短暂的一生中做出伟大的事业。

日本民族自古崇尚武士道精神。樱花给人生命的短暂与凄美之感；而武士是大和魂的化身，是忠、孝的象征。古代日本的武士比武，分出胜负两方，战败的一方会剖腹自杀。武士临死前表现出超乎寻常的平静与坦然，视死如归，这种风范正是日本人梦寐以求的品质。这里要纠正大家的一个认识误区。许多人认为武士自杀是因为战败之后没有颜面活在世上，其实武士自杀并非因为输不起，也不是因为失败而感到羞愧，武士自杀是因为他们在比武中尽到了自己的最大努力，认为自己的人生已经到达了顶峰，即使活下去，以后也不可能有更大的成就了。因此他们选择在这个时候告别人世，就像樱花的盛开一样，在片刻耀眼的美丽中达到人生的顶峰，然后毫无留恋地离去。

日本民族对樱花的喜爱以及对武士道精神的推崇使日语里出现了许多以樱花和武士为题材来赞美或阐述某个道理的熟语。

## 第六节　日语称谓词

称谓即称呼，它是以人际关系为基础进行的人与人之间的语言行为。因此，称谓既是语言问题，也是社会文化问题，它与一个民族的社会心理密切相关，并表现出不同的特色。我们拟从语言社会学的角度探讨日语称谓词、日本人称谓选择的特点与民族心理的关系，进而揭示日本人语言行为的基本模式。

### 一、日语称谓词的种类及特点

称谓词是社会人际关系在语言中的反映，不同民族的语言中，都有作为人类社会共同现象的称谓词，因不同历史阶段社会结构及社会关系的变化而出现局部的变体，呈现出五彩缤纷的样态。日语称谓词在漫长的历史发展过程中形成了自己的体系和特点，从现代日语的角度可做出以下类型的归纳。

#### （一）人称代词类

人称代词是代替人的名称的词，具有明显的指代性质，而不表示实质性的概念。人称代词如"我、你、他"之类，通常有第一人称、第二人称、第三人称之分，日语亦如此。然而，较之其他语言，日语的人称代词较为复杂，其特点体现在以下几个方面：

首先，日语用于同一指向的人称代词存在多种变体。例如，第一人称代词有：わたし、わたくし、あたし、あたくし、ぼく、おれ、わし、小生等；第二人称代词有：あなた、あんた、おまえ、きみ、てめえ、貴様、貴殿、貴下、貴兄等；第三人称代词有：彼、彼女、あの人、あの方等。其中第一人称、第二人称代词尤为丰富。

其次，种类繁多的人称代词因谈话双方以及双方与第三者之间的关系有严格的区分，这种关系基本上以上下关系和亲疏关系为轴心运转，对上者和疏者使用一类称呼，对下者和亲者使用另一类称呼，泾渭分明。另外，性别不同、场合不同，使用的人称代词也不同。通常男性不能使用女性用词，反之亦然。口语中也不能使用书面语的称谓。

最后，日语人称代词多由实质性名词转化而来，例如，私、僕、君等，体现了日语人称代词的间接性和暗示性特征。同时，日语人称代词的价值取向还一直处于急剧变化的状态之中，例如，"僕"一词开始作为人称代词使用时具有谦卑的含义，但随着使用的普及变得"自尊自大"起来，因此不能再当着上者的面使用了。与此相反，第二人称"てまえ""きさま"开始时是出于尊敬用来称呼对方的，但是随着时间的推移变成了瞧不起对方甚至斥责对方的称谓。其他如"あなた"等词现在仍处于微妙的变化之中。

**（二）姓名类**

姓名也是用来作为人际称谓的重要手段。日本人的姓名或姓和名都可以直接用来称谓，例如"田中正夫"和"田中""正夫"，但一般情况下需要在其后加上接尾辞"さん""くん""様""ちゃん""氏"和"殿"等一起使用。称姓庄重，称姓名全称最为庄重，而称名较为亲近、随便。

姓名类称谓也有上下、性别及场合之分，但不是由姓名自身而是通过接尾辞表现的。例如，"様""氏"和"殿"较具敬意和礼貌性，多用于称呼上者、疏者，同时多用于书面语；"さん"和"くん"用于有一定社会联系的同龄人或年龄相仿的人之间，也用于上者对下者的称呼中，但是"くん"既不能用来称呼女性，也不能由女性用来称呼男性；"ちゃん"是昵称，多接在名字后，用于青年夫妻之间或年长者称呼下者，尤其是称呼少年儿童。

**（三）亲属关系类**

亲属称谓是以本人为中心确定亲族成员和本人关系的名称，用此来做人际称谓是各民族的普遍现象，日本人也不例外。

日本民族的亲属称谓袭用的是分类法，即不标明亲族是父系的或母系的，不标明亲族是直系的或旁系的，不标明亲族的排行顺序，只标明尊卑辈分。因此，日语的"おじ"等于汉语称谓的伯父、叔父、舅父、姨父、姑父；日语的"お

ば"等于汉语称谓的伯母、婶母、舅母、姨母、姑母。日语亲属称谓的另一个特点是，同一种称谓存在多种变体，以"父亲"为例，有パパ、父、お父さん、お父ちゃん、とうさん、おやじ、父親、ご尊父、厳父、お父さま等多种变体，这些变体的使用依据是称自己的父亲还是称他人的父亲、直接称呼还是间接称呼、在口语中称呼还是在书面语中称呼等，这表现出日语亲属称谓的多样性。

### （四）身份地位类

一般来说，一个有身份地位的人是令人尊敬的，因而用身份地位、名称称谓来称呼显得礼貌、恭敬。身份地位、名称称谓一般用在对有"权势"的人的称呼中，在社会关系中，此类称谓是下者对上者称呼的最佳选择，古今中外莫不如是。社会上的身份地位名称多如牛毛，社长、部长、次长、课长、主任、店长等是之，先生、教授等是之，旦那さん、奥さん、お客さん亦是之。诸如此类，都可以成为下者对身居高位的上者的称呼，它既可以单独使用，也可以加在姓氏之后（如田中社长）或加上接尾辞"さん"（如社长さん）使用。

### （五）职业类

与身份地位类相近的是职业类称谓，即以其从事的职业的名称做称呼。在日语中，用职业名称做称呼时，需要在其后加接尾辞"さん"或同时在其前加接头辞"お"使用，例如，運転手さん、八百屋さん、看護婦さん、お巡りさん、お医者さん等，其种类之多数不胜数。

作为一种特殊现象，日本人还将组织名称拟人化，加上接尾辞"さん"来称呼属于该组织的人，例如，"小島工業さん"等，这是对没有社会交往的疏者的敬称，当然是以不知对方职务、姓名等为前提的。

## 二、日本人际称谓的选择

称谓词属于语言体系，人际称谓的选择则属于社会文化体系。在人际交往中，称谓词如同人们相互交换的名片、礼物一样仅仅是工具或手段，但是正如是否递名片、交换多大价值的礼物取决于对象一样，称谓也因对象不同存在选择的差异。称谓词在人际交往中因社会结构、文化传统、价值观念乃至思维方式的不同而体现出各自社会及民族的特点，构成各自的规则。

关于现代日本社会人际称谓的特点，为叙述方便起见，这里分别从家庭和社会两个角度做如下阐述：

家庭内部的人际关系指亲属关系，均由血缘或姻缘构成，除夫妻关系外，总体上因不同辈分、不同年龄构成上下关系，因此日本家庭内部人际称谓的选择因上下关系的不同而截然不同。日本著名语言社会学者铃木孝夫教授设计了一个家庭总体关系表，点线上端为辈分上、年龄上的上者，下端为下者，上下关系一目了然。

然后，是日语亲属关系称谓的泛化即社会化的问题。把亲属关系称谓用在社会上，如称呼社会上的人为"老爷爷""大妈""阿姨""叔叔"等就是其泛化，这种现象在中国和日本都是常见的。将亲属关系称谓用于称呼非血缘关系的社会成员，意味着给对方以家庭成员的待遇，是重视亲属关系的民族心理的表现。

然而，具有日本特色的是，在社会生活中，日本人对青少年不是称呼"小弟弟""小妹妹"，也不是"小朋友"，而是称呼为"お兄ちゃん"（哥哥）、"お姉ちゃん"（姐姐）。另外，日本人还将母亲概念的称谓用于社会生活中，例如，在餐饮业、娱乐界，行业内的职员及客人都习惯用"ママ""ママさん"（妈妈）称呼女老板，寄宿的青年学生也习惯称女房东为"お母さん"（妈妈）。这种现象的存在也反映了日本传统家族的特殊结构。在近代以前，日本家族并不完全是血缘性群体，因为它"能够把不同类属的成员包括进来，同时能够把同类属的成员排除出去……这种家族里，不仅毫无血缘关系的外来人可以被请来做后嗣或继承人，甚至仆从、管家也可被吸收为家庭成员，并以家庭成员相待"。这种家族结构传统，对于我们理解日语亲属关系称谓的泛化是有帮助的。

# 第七节　日语寒暄语

## 一、寒暄语的定义

顾名思义，寒暄语是表示寒暄应酬的语言。人生活在社会之中，是"社会人"，自然少不了应酬。应酬活动是人们建立社会关系的重要渠道。笔者查阅了一些资料，发现对寒暄语有如下几种解释。光明日报出版社出版的《辞海》这样解释"寒暄"：见面问候起居、冷暖等的应酬话。《辞源》中说："寒暄"的本意是"指冬季和夏季"，相见时互道天气冷暖，作为应酬之词。上海辞书出版社出版的《古汉语大词典》也有着相似的解释，寒暄：问候起居冷暖等的客套话。陆游在《南唐书·孙忌传论》中写道："忌口吃，初与人接，不能道寒暄；坐定，辞辩锋起。"寒暄亦作"暄寒"，《南史·蔡撙传》中写道："及其引进，但暄寒而已，此外无复余言。"

综上所述，不难发现这些资料对寒暄的解释基本上大同小异，即寒暄指的就是针对无关紧要的、非严肃性的话题进行的非正式的、轻松的交谈，旨在营造轻松自在的交流气氛或掩饰因无话可说而带来的尴尬。

## 二、寒暄语的使用规则及交际模式

寒暄语通常包括问候、告别、有关天气的应酬话。寒暄的基本社会功能是在社会接触中调整人际关系。寒暄语的基本形式都大同小异，基本上可分为问候式、询问式、漫谈式（或称评论式）和回顾式。例如，寒暄语"你吃了吗"应介于问候式和询问式之间。

寒暄语的使用遵循相互性原则。甲向乙寒暄，乙必须也向甲寒暄。"寒暄"是开始谈话的常用方式之一。各个言语社团都有寒暄语，但其语言形式和使用规则不尽相同。不过，各种语言的寒暄语有一个共同点，即都使用相当简练的一些语言形式。或者说，寒暄的言语行为大多是高度规约化的，甚至是仪式性的，使用的是程式化的套话。这些程式化的语言是会话人在某些既定的、由来已久的社会网络中通过互动学来的。寒暄语的字面意义已经淡化，即不能从词汇角度来理解其意义。它们是会话人程式化的互动过程中的一部分。当说话人说出类似的固定性话语时，回答者将采取何种形式回答以及怎样回答才算圆满，说话人已有预设。

## 三、寒暄语的历史变化

林纪诚在其《语言与文化综论》一书中指出，语言是一种文化现象。语言的这种社会性说明，语言系统不可能是一种存在于真空中独立发展的自生自灭的系统，人们的语言形式必将不时地受存在于语言之外的社会要素的制约。寒暄语是社会生活的真实反映。还是以"吃了吗"为例，上古时代，我们的祖先穴居野外，常常受到猛兽和毒蛇的袭击，见面就问"无它乎"。随着穴居生活的结束，野兽和毒蛇的威胁不那么严重了，然而又不断受自然灾害和疾病的困扰，于是见面改问"无恙乎"。再后来,由于生产力水平相当低下,人口却越来越多,吃饭成了大问题。据史书记载,我们的祖先每天只吃两顿饭。即使这样,穷人也是吃了上顿没下顿,即所谓的"饔飧不继"。汉代以后虽然有的地方改为一日三餐,但大多数地方仍是一日两餐,节衣缩食。所以老百姓见面爱问"吃了吗",这有两个含义:一是关心对方有没有饭吃,二是问对方确实吃饭了没有。富人之间见面也用"吃了吗"打招呼,那仅仅是问候,没有第一个含义。"吃了吗"如今还挂在我国大多数地区老百姓嘴边,这说明寒暄语有一定的稳固性。"吃了吗"是中国文化里特有的一个寒暄语。

# 第八节 日语外来语

## 一、外来词汇传入日本的社会文化因素

语言的进化直接起因于历史情况,语言变化的很大原因在于社会的需要。社会的发展将语言引向一定的方向,在这方面外来词汇体现得尤为明显。鹤见和子在《好奇心与日本人》一书中指出,外来词汇的多寡是判断其民族活力强弱的一个指标。她说外来词汇与其民族所持有的好奇心相对应,其多寡是显示其民族对外来文化吸收力强弱的气压表。这说明日本吸收大量的外来词汇与日本的社会、文化乃至日本人的心理特征密切相关。

### (一)文化因素

一种语言中外来词汇多的现象是其所依存的文化处于发展中的状态的反映,而欢迎外来词汇也是进步向上的意向反映。一般而论,文化是由高向低传播的,自古以来,日本一直处于高文化圈的边缘地带,这种"外高内低"的文化地理条件,使日本民族形成了一种善于发现自己不足,敢于承认落后又不甘心落后,虚心向先进文化学习并立志赶上先进文化的心理,正是因为日本民族具有这种文化心理传统,一旦有了条件才能如饥似渴地吸收外来文化以补充自己,这正是日本在各个不同历史时期不断引入外来词汇的重要因素。

### (二)社会因素

"文化史教导我们,在人的社会活动最紧张的时代,随着新的劳动方式的多

多元文化视域下的日本语言与文化

样化和阶级矛盾的尖锐化,语言会特别迅速地丰富起来。"纵观日本历史,外来词汇大量引入的时期均为日本社会发生重大变革、劳动方式发生巨大变化的时期,大化改新前后、奈良时期、16世纪西方文化传入时期以及明治维新时期自无须赘言,第二次世界大战后日本经济高速发展时期,由于科学技术的大量引入,以及职业分工迅速地向多样化、专业化发展,使得大量的科技用语、专业用语涌入日本。战后日语外来词汇的急剧增加与日本经济的迅速发展是一致的,与日本社会生活的现代化进程息息相关。

另外,明治时代以来,外国语教育尤其是英语教育的普及和大众传播媒介的发展也对日语外来词汇的引入起到了推波助澜的作用。在现代日本各行各业活跃的中坚人物中,几乎没有人是不具有英语或其他西学素养的,这也是日本历史上从未有过的特异现象。第二次世界大战后日本经济的高速发展引发了商业主义的兴起,商业界也利用发达的大众传播媒介推广了大量的外来词汇。

### (三) 心理因素

外来词汇的数量"是表明日本人对外来事物具有旺盛好奇心的一个重要标志"。由于历史原因,日本人对"舶来品"具有特殊的情感。对于一般的日本人来说,外来词汇是欧美化、近代化、新鲜感的象征,即便是同样的东西,如果用外来词汇称呼,便产生了"新鲜感""高级感"和"时髦感"。因此,开始流行把"男朋友"称为"ボーイフレンド",把"女朋友"称为"ガールフレンド",把男女约会称为"デート",而把"婦人服売場"改称为"レディーズフロア"会给商店带来意想不到的商业利益。出于好奇心,追求时髦感,使日本人不断地放弃本民族语言中的既存词汇,而改用外来词汇,似乎外来词汇用得越多知识层次越高、越现代,于是学者的论文中充满了外来词汇,外来词汇也成了商品及广告的装饰物。

外来词汇还被日本人作为委婉语使用,"当人们不愿意说出禁忌的物名或动作,又不得不指明这一物名或动作时,人们就不得不用好听的词语来暗示他人不愿听的话,不得不用隐喻来暗示他人不愿说出的东西,用曲折的表达来提示双方都知道但不愿点破的事物"。委婉表达并不都是使用外来词汇,但外来词汇因为是外语,意思不透明,所以适用于委婉表达,例如,"便所"有一种肮脏感,于是称为"トイレット";"妊婦服"一词不文雅,于是商品的标签上便写为"マタニティドレス";金融资本家为了赚钱,想方设法向人们放债,便出现了"住宅

— 84 —

ローン""教育ローン"等，以"ローン"代替"借金"，可以使借款人安心负债。用音节文字——假名书写的外来词汇比用表意文字——汉字书写的词语更能起到含蓄、文雅的作用，因此作为委婉语使用是十分合适的，这也外来词汇增多的原因之一。

## 二、从外来语看日本吸收外来文化的特征

### （一）外来语与外国文化的关系

在语言学中，外来词汇也称为借词，是一种语言由于某种原因借用于另一种语言的词汇。而外来语是一种语言现象，是语言学研究中的重要内容，同时，作为一种语言现象，它属于社会文化的范畴。

众所周知，语言是文化的产物，也是文化的载体、社会发展的工具。语言的发展变化在很大程度上依赖着社会的需要，而社会的需要往往将语言引向一定的方向。在这方面，外来语体现得尤为明显。因为当一种语言缺少某一方面的词汇需要借用于另一种语言的时候，恰恰是作为这种语言的母体的社会需要向外界学习吸收语言所代表的那一部分文化的时候。换言之，词汇的借入是为满足社会——包括政治、经济、科学、文化、技术等发展的需要。外来语作为吸收外来文化的媒介，它的借入与文化的吸收是并行的。通过对语言借用现象的研究，划分不同时代的外来语，区分外来语的不同语源及其种类，可以帮助我们研究民族之间、国家之间的关系史，探讨不同民族文化的相互交流、影响及其渊源。

自古以来，日本是一个吸收外来文化极其积极的民族，它在吸收了大量的外来文化的同时，也吸收了大量的外来词汇。日语中的外来语主要来自中国和西方的语言，其数量之多、范围之广是惊人的。这些语言材料为我们研究日本的对外关系史、文化交流史以及社会发展史提供了方便的条件和有力的证据。通过对这些材料的研究，不仅可以使我们了解日本吸收外来文化的概貌，而且可以看到日本吸收外来文化的特点。

### （二）汉语词汇与中国文化的传入

日语外来语的历史始于古代日本与中国的接触。据史料记载，中国文化最初是通过朝鲜半岛间接地传入日本的。日本最早的两部史书《古事记》和《日本书纪》均有记载，应神天皇15年和16年，百济学者阿直岐和王仁到日本，带来汉文《论语》10卷和《千字文》1卷。因王仁精于经典，应神天皇派太子菟道稚郎

子拜其为师。另外还记载，中国人弓月君于应神天皇 14 年率其部民 120 县人由百济归化日本，传播农业、养蚕和机织技术。史学家认为，这是中国大陆文化系统地传入日本之始，也是日本人全面学习中国文化之始。

上古时代，日本民族只有语言，没有文字，日本人在学习大陆文化的时候必须学习中国的语言文字。这样，作为文化载体的语言文字便随着中国文化的传入而开始被日本人所吸收。在中国的南北朝时期，日语中已出现了较多的汉语词汇，其中主要是"五经"等儒学方面的词语和钱、笔、纸、绘、绢、匙、马、梅、竹、蝉、君等日常生产生活用语。这些汉语词汇采用的均是中国长江下游的发音，日语中称之为"吴音"。从中可以看到当时朝鲜、日本与中国的往来是密切的，由于传到日本的时间很早，有些词在读音上已经难以辨别是否出自汉语。

钦明天皇 13 年，百济圣明王献给日本天皇佛像和汉文经论。此时佛教传入日本，并迅速地博得了圣德太子、圣武天皇以及光明皇后等统治者的青睐。从这时开始，佛教方面的梵语词汇通过汉语进入日语，例如早期的有：佛、僧、菩萨、袈裟、南无、阿弥陀、刹那、罗汉、阎魔、夜叉等，这些词汇在日语中的读音也都是"吴音"。随着佛教传入的梵语词汇还有：旦那、鼓、琵琶、瓦、机、旗、钵、皿、漆等。后来还出现了借用梵语的人名：后醍醐天皇、物部袈婆卖、栗田沙弥，地名：俱利迦罗峠、萨埵峠、摩耶山、祇园、那智泷、琵琶湖等，可见佛教及佛教文化对日本的深远影响。

公元 600 年，遣隋使第一次访隋，成为日本与中国直接正式交往的里程碑。从公元 630 年开始的历时二百余年的十余次遣唐使，把中日交往推向高潮。在这期间，有大量的日本学生、僧侣留学于中国，学习中国的语言、文化。也有中国高僧（如鉴真）前往日本，传播大陆佛教和文化艺术。文化交往的高潮给日本带来了吸收汉语词汇的高潮。在中国的唐朝时期，日语中的汉语词汇骤然增多，而且在范围上日益扩大。其中明显增多的是儒教和佛教艺术方面的词汇，新出现的有政治、经济、社会、文化、科学、技术、思想、教育、历史、地理、医学、美术、风俗礼仪以及日常生活等各个方面的词汇。这些词汇的吸收，充分地证明了盛唐时期日本吸收中国文化的深度和广度。

由于种种原因，公元 894 年日本终止派遣遣唐使，进入了中国文化的日本化改造阶段。然而，民间的交往并没有中断。由于中国古老文化的魅力，日本一直没有停止从汉语中吸收外来语，这种状态一直持续到日本明治维新的前夜。但是与中国的唐朝时期相比，日语的外来语无论是在数量上还是在范围上，都相差悬殊。特别是在中国的元、明、清时期，日语从汉语中新吸收的词汇仅限于和尚、看经、提灯、椅子、蒲团、瓶、铃、麻将、馒头等禅宗和日常器物、食物名称方面的词汇。从这一时期日本吸收的词汇不难看出近代以来中国国力的衰竭，和日本对中国文化需求的下降趋势。

在漫长的历史长河中，日语从汉语中吸收了大量的外来词汇。据调查，在明治时期出版的《言海》中，汉语词汇已有 2.2 万余个，在现代日语中，汉语词汇占日语词汇总数的 44.3％（其中包括明治时期用汉字翻译的部分西方语言词汇）。这些词汇广泛地分布于政治、经济、社会、文化、宗教、科学技术、思想、教育、历史、地理、医学、美术、风俗礼仪及日常生活等各个领域。现代日语中，关于人体部位的名称、动物名、植物名、矿物名等绝大部分用汉语词汇来表示，汉语词汇极大地丰富了日语词汇。

### （三）西方语言词汇与文化的传入及影响

日本同西方文化的接触始于 16 世纪中叶。公元 1549 年，葡萄牙的天主教徒来到日本鹿儿岛，到了 1582 年，共有传教士 59 人进入日本，建教堂二百余所，发展教徒人数达 15 万之多。这一时期，葡萄牙语词汇也随之涌入日语，其中以天主教用语和与贸易有关的衣物、食物、器皿等日用品名称为主，例如：アンジョ（天使）、イルマン（传教士）、ワルス（十字架）、バテレン（神父）、ビロード（天鹅绒）、ラシャ（呢绒）、ボタン（纽扣）、カステラ（蛋糕）、マーマレード（橘子果酱）、ブランコ（秋千）、カルタ（骨牌）等。据统计，仅天主教用语就多达 500 个。

继葡萄牙之后，西班牙、荷兰、英国等西方国家接踵而来，并与日本建立了贸易往来，为日本吸收外来词汇提供了方便条件，日语中的西方语言词汇不断增加。

与西方的接触给日本带来了贸易利益，但是当发现西方国家传教的目的在于将日本变为其殖民地时，日本于 1639 年断绝了与除荷兰以外的西方任何国家的交往，并禁止西方书籍进入和传播，实行了"闭关锁国"政策。在此期间，荷兰是日本唯一的西方贸易伙伴，也是日本接触西方文化的唯一窗口。所以当 1720 年日本解除了对西方书籍的禁令后，荷兰语成了日本研究和吸收西方近代文明的重要工具，在日本出现了"兰学热"。

日本当时通过荷兰语吸收的西方文化是多方面的，在来自荷兰语的外来语中，以近代科学用语为主，包括医学、药学、天文历法学、地理学、物理学、化学、数学、哲学、经济学、法律学等多个方面。还有海运、衣物、食品及日用品等与贸易有关的用语。从中可以窥视到"兰学"在日本留下的痕迹和对日本近代科学的影响。

19 世纪 60 年代，美国首先用武力强迫处于封建社会后期的日本打开自己紧闭的门户。随后，英、法、俄、德等国相继涉足日本，并分别与日本缔结了通商条约。始于 1868 年的明治维新，推翻了幕府，建立了以天皇为首的全国统一政权。明治维新一举改变了日本的局面，在"求知于世界""破除旧之陋习"的主导思想下，日本积极开展与西方先进国家的交往。1871 年日本派出"岩仓使节团"，用近两年的时间访问了欧美 12 国，进行实地考察和学习，之后便大批地聘请外国教师前来讲授和派遣人员出国学习西方的近代思想学说、先进科技成果，组织专人广译群书，介绍、传播西方近代科学和文化。西方文化开始如潮水般涌入日本，同时西方各国的语言词汇不可避免地被植入日语。

日语中来自英语的词汇在西方语言的外来词汇中不仅数量最多，而且在分布范围上最广，这说明日本近代以来吸收的西方文化主要是英美的。英美是近代西方文明的代表，而日本在第二次世界大战前后与英国、美国的接触最多、关系最密切。可以说日本向西方的全面学习，主要是向英美学习，这在其语言上留有清晰的印迹。

# 第三章 多元文化结构中的
# 日语语言研究

## 第一节 日语词汇与语法研究

### 一、日语词汇

词是语言中可以独立使用的最小单位，词汇就是词的总和。下面对日语词汇进行研究。

#### （一）词汇的分类

日语词汇数量众多，可以分为基本词汇与基础词汇，也可以分为理解词汇与表达词汇。下面对这两大类予以分析。

1. 基本词汇与基础词汇

基本词汇是某一领域中使用率最高的一些词汇。例如，报纸中的基本词汇有「政府」「首相」「総理」「予算」等；教育领域中的基本词汇有「技能」「教授法」「タスク」「習得」等。

基础词汇是日常使用频率最高的词。这类词汇不分领域，是语言的核心部分，通常比较稳定，如「母」「人」「花」「鼻」「家」「涙」「たたみ」「交通」等。

2. 理解词汇与表达词汇

理解词汇是指一个人能够识别并理解但不一定会用的词汇。表达词汇则是指能够用于自己语言表达的词汇。显然，一个人的理解词汇量总是大于表达词汇量。

（二）词汇的系统

相对于语音、语法，词汇体系较为松散、开放。不过，日语中的亲属称谓、象声词相对封闭，而近义词与反义词、同形词与同音词的特点显著，因此，下面就对日语词汇系统中的这几个部分分别进行介绍。

1. 亲属称谓词与象声词

第一类是亲属称谓词。这类词往往是以"自己"为中心来称呼各种有亲缘关系的人的词，如「姉」「妹」等。不过日语对家庭内部关系的称呼并不丰富。例如，日语中的「わじ」在汉语中可以细化为叔叔、舅舅、姑父、姨父等。

第二类是象声词。日语象声词很丰富，通常包括以下两类：一是拟声词，即模仿人、动物、自然界声音的词语，如「ワンワン」「ははは」等；二是拟态词，即模仿人、动物的动作、心理及自然界状态的词语，如「ひらひら」「くよくよ」等。

2. 近义词与反义词

语义相近的词即为近义词，其中语义相差极小的词称作"同义词"。事实上，语义完全相同的词很少，有些词虽然概念含义一样，但文体色彩、褒贬内涵等不完全相同。概括来说，近义词之间的语义关系主要有以下几类：

（1）包含关系，即语义宽的一方包含另一方，如「なわす—修理する」。

（2）部分重合，即语义中既有重合也有不同，如「のぼる—あがる」。

（3）相邻关系，即语义虽不重合，但同属一个大范畴，如「機—テーブル」。

反义词是指存在词义对立关系的词，具体可分为以下四类：

（1）绝对反义词：非此即彼，绝对相反，如「生—死」。

（2）相对反义词：词义中间有过渡，反义具有相对性，如「上—下」。

（3）对立反义词：表示互为前提的两个概念，如「医者—患者」。

（4）逆向反义词：表示动作、行为逆向的概念，如「行く—来る」。

3. 同音异义词与同形异音词

（1）同音异义词，即发音相同而词义不同的词，如「橋—嘴—梯」「意義—異議」等。

（2）同形异音词，即词形相同而发音不同的词，如「上手（じようず・かみろ）」「明日（あした・あす・みようにち）」等。

## 二、日语语义

在语言中，语义是用语音这种语言形式所表现的语言符号的内容，是人脑对客观事物的概括和反映。随着社会的进步和发展，语言体系中变化较大的就是语义，下面就对语义的相关内容及其变化进行分析。

### （一）语义单位

义位、义素、义丛、义句是表示意义的四种基本单位。下面对这四个概念分别进行讨论。

#### 1. 义位

义位是最基本的意义单位，与传统词汇学中的义项基本对应。单义词只有一个义位，如「アルミニウム」就指铝；多义词有多个义位，如「うまい」有 4 个义位：「味がよい、優わている、上手だ、自分にとつて都合がいい」。

#### 2. 义素

义素是对义位进行分解以后得到的最小单位，无法用具体的语言形式表现出来，但这不代表它不存在。事实上，义素是语义的区别性特征，若干个义素综合在一起决定了义位。例如，"男孩"这个义位包含四个义素：〈生物〉〈人〉〈男性〉〈未成年〉。义位和义素的关系表示如下：

义位＝义素 1＋义素 2＋义素 3＋……义素 n

#### 3. 义丛

义丛是由义位与义位结合而成的，在语言形式上的表现是词组，即义丛就是词组。义丛可分为以下两类。

（1）自由义丛：构成成分相对自由，如「綺麗人/花」。

（2）固定义丛：构成成分相对固定，如「傘をちす」「足を洗う」。

#### 4. 义句

义句是表达较完整意义的语义单位，即句子。受语法、语境等因素的影响，同样的义位和语法结构可以形成不同的义句。例如，义位「バナナ」「果物」和语法结构「～は～だ」可以形成两个义句：

（1）バナナは果物だ。

（2）果物はバナナだ。

通过上述内容可知，义句并非义位的简单叠加，若要正确理解语义，就必须对其构成要素进行认真细致的分析。

### （二）语义关系

语义聚合是指既相同又不同的语言单位之间的相互关系。概括来说，语义聚合关系主要有以下几种：

1. 多义关系

多义词的多个义位之间总是相互联系又有所区别的，这些义项共同构成了词的语义体系。例如，「まずい」与「わ菓子」「顔」「結果」搭配分别意为"难吃的""难看的""不妙的"。从这些语义中仍可以看出其中的密切联系。

2. 同义关系

语义相同或相近的词语之间的关系就是同义关系，如「値段—価格」「しゃべる—話す」等。之前提到，语义完全相同的词极少，大部分同义词之间总是存在语体、侧重点、搭配等方面的不同，此处不再赘述。

3. 反义关系

反义关系是指具有相同义素前提而语义相反的关系。所谓相同的义素前提，即反义双方必须处于同一范畴之中。例如，「広い」和「狭い」都表示空间。反义关系的三种类型前面已有涉及，此处不再赘述。

4. 上下义关系

上下义关系是指一个词的意义包含在另一个词的意义中的关系。范畴大的词就是上义词，范畴小被包含的词就是下义词。例如，「果物」包含「りんご、バナナ、西瓜、レモン」。

5. 整体与部分关系

整体与部分的关系是指一个词表示的事物是另一个词所表示的事物的组成部分，如「顔」包含「額、目、鼻、口、耳」。

## 三、日语语法

根据不同的语言理论，语法有着不同的界定，因此其涉及的范畴也非常广泛。从狭义上说，语法指的是组成语言的句子的规则；从广义上说，语法还包含词汇、句子、语篇等系统。这里所讲的日语语法是狭义角度上的语法。日语语言既包含词类划分、句子成分，又包含格、态、体、时、语。这里就对这些层面进行详细的分析。

（一）词类划分

出于语法分析的需要，人们根据形态、语义、语法功能的不同，将词类划分为名词、动词、副词、助词、形容词、接续词以及其他词类。下面逐一进行说明。

1. 名词

名词是用来指称事物的词，没有词尾变化，语法功能是借助后续助词在句中做主语或宾语等。根据词汇意义的不同，可以将日语名词分为以下几类：

（1）一般名词，可用于指称和陈述，如「先生、会社」等。

（2）专有名词，主要用于指称，如「東京、アメリカ」等。

（3）形式名词，如「こよ、もの、ところ」等没有实质意义的词。

（4）代词，包括人称代词和指示代词，如「わたし、こちら」等。

（5）数量词，如「一本、一册」等。

2. 动词

动词是表示存在、变化、动作等的词。日语动词根据不同的标准有不同的分类。下面是几种常见的分类方法：

（1）根据词尾变化类型可分为四类：五段活用动词（如「売る、打つ」）、一段活用动词（如「帰る、起きる」）、「か」变动词（只有一个，即「くる」）、「サ」变动词（也只有一个，即「する」）。

（2）根据语法功能特点可分为两类：自动词（如「受かる、流れる」）和他动词（如「受ける、流す」）。

（3）从语义角度可以分为两类：意志动词（如「书く、入る」）和非意志动词（如「咲く、降る」）。

3. 副词

日语副词主要用于修饰动词、形容词以及其他副词，表示动作等的情况或说话人的语气。日语副词分为以下几类：

（1）情态副词，表示动作的状况，如「思わず、わぎと」等。

（2）程度副词，表示动作、状态的程度，如「すべて、とても」等。

（3）陈述副词，表示发话人的语气和态度，如「必ず、決して」等。

另外，还有少数几个副词可以修饰名词，如「やがて、まもなく、かつて」等。

4. 助词

助词不能单独使用，而需要接在名词、动词、形容词后面表示一些语法关系。日语的助词主要有以下几种：

（1）格助词，表示名词在句中的语法关系，包括「が、を、の、に、と、で、へ、から、まで、より」。此外，在语法功能上，由于「について、にとって」等与格助词比较接近，因此也可以作为格助词处理。

（2）并列助词，如「や、よ、とか、か、やら、だの」等。

（3）接续助词，指「ば、ても、のに、けれども」等接在动词及形容词后面表示假定、并列、因果、转折等各种关系的助词。

（4）语气助词，如「か、よ、ぞ」等。

（5）提示助词，与格助词连用或替代格助词表示句子成分间的语法关系的词，如「は、も、でも、はかり、だけ、か」等。

5. 形容词

形容词是用来表示性质、状态、感觉的词，其语法功能是做谓语或做修饰语修饰名词等。根据词尾形态，日语形容词可分为以下两类：

（1）形容词，以「い」结尾，如「辛い、広い、おいしい」等。

（2）形容动词，如「にぎたか、暇」等。

6. 接续词

接续词通常用于连接词、句子、段落，表示并列、条件、转折等关系，如「だから、ただし」等。除此以外，还有一些与接续词功能接近的词也被当作接续词，如「よはいつても、にもかかわらず」等。

7. 其他词类

（1）连体词，用于修饰名词，如「いわゆる、たいした」等。

（2）助动词，依附在动词后面表示一定的语法关系的词，如「られる、させる、ない、だろう」等。

（3）感叹词，表示发话人的心情的词，如「あら、おや」等。

**（二）句子成分**

句子成分是组成句子的重要语法单位。日语的句子成分与汉语、英语有着相似的地方，主要包含主、谓、宾、定、状、补、独立成分、其他成分。

1. 主语

主语是句子的基本成分，常由名词或名词性成分担任，后续格助词「が」。例如：

雨が降り出した。

有些语法书将带有「は」的成分也认为是主语。例如：

雪は白い。

但是，有些语法书将「は」看成主题。此外，对「が」也要做不同的区分，如下面的例子中并不是一般的主语，而是一种对象语。

私は、数学が好きだ。

2. 谓语

谓语是句子最核心的部分，由动词、形容词、"名词＋だ"的形式担任。例如：

私は家でテレビを見ている。

うれしい。

3. 宾语

宾语是一种目的语，是谓语动词动作、行为的对象，常由他动词带领，采用「～を」的形式，如「手を洗う」。

但在「学生に英語を教える」中，「英語を」被视为直接宾语，「学生に」被视为间接宾语。

4. 定语

定语常用来修饰名词成分，使用率较高，因而结构较复杂。在句子中，定语的地位与其他句子成分不同，一般不直接与谓语发生联系。这就可以体现出定语是句子中的间接成分。在日语中，定语使用率很高是其突出的特色。例如：

幼い子供が泣いている。

その本を見せて下さい。

5. 状语

状语是对谓语的方式、时间、状态等进行说明的成分，常由形容词、副词、时间及数量名词等担任。有时某些由动词构成的短语也可以充当状语。例如：水のように冷たい。

但是，有些语法书上将表示场所、时间、方式、手段、原因等的名词性成分也作为状语处理。这些成分主要表达的是主、谓、宾等的外在状况。例如：

公園では、子供たちが遊んでいる。

ささいなことからけんかが始まつた。

6. 补语

补语是起补充说明作用的成分。不同的学者对其理解各有不同，这里将修饰谓语的名词性成分中除宾语、连用修饰语以外的成分视为补语。例如：

桃ちやんは大学生になつた。

7. 独立成分

独立成分是除主谓宾和修饰语等以外的相对独立的成分。

例如：

皆さん、おはようございます。

ああ、今日は疲れた。

8. 其地成分

（1）陈述语，即连用修饰语中与谓语呼应的陈述副词等，表示发话人的语气。例如：

寒くて、まるで冬のようだ。

（2）侧面语，即高桥太郎等人所谓的"小主语"。例如：

この子は頭がいい。

**（三）格、态、体、时、语**

格、态、体、时、语是语法的重要范畴。一般认为，日语中不存在性与数。下面就从这五个层面予以详细的分析。

1. 格

日语中的格（「格」）通常是由名词与其他词（尤其是动词）结合而成的各种语义、语法关系类型，并以"名词＋格助词"的形式呈现。日语中的格主要有以下 10 种。

（1）主格：～が。

（2）宾格：～を。

（3）与格：～に。

（4）工具格：～で。

（5）位格、场所格：～で、～に。

（6）向格、方向格：～へ、～に。

（7）夺格：～から。

（8）共格：～と。

（9）领格：～の。

（10）比较格：～より。

2. 态

所谓态（「態」），是指与动作相关的施事、受事在句中的语法地位发生了改变，以及发话人对事物进行表述时视角发生变化等。态的表达方式主要有：主动态与被动态、使役态、授受关系。下面逐一论述说明。

（1）主动态与被动态

动作、行为的施事处于主格位置时是主动态，受事、其他非施事成分做主格时则是被动态。被动态会引起动词词尾的变化，即变成「れる（られる）」。例如：

裕太が周助の足を踏んだ。（主动态）

周助が裕太に足を踏まれた。（被动态）

（2）使役态

第三者参与某种行为并位于主格位置时就构成了使役态，此时动词需要变成「せる（ちせる）」形。

从语义的关系上说，使役句主要分为直接使役和心理使役两种。其中前者表示该句子的主语是直接造成使役行为的人或者原因；后者主要是指对一些未能避免的事件或者行为产生心理上的内疚感。例如：

太郎が息子にピアノを習わせた。（直接使役态）

太郎が交通事故で娘を死なせた。（心理使役态）

另外，根据施事者的意愿，可以将直接使役态分为两种：放任使役态与强制使役态。

太郎が娘に映画を見に行かせた。（放任使役态）

太郎が息子に（命じて）ピアノを習わせた。（强制使役态）

（3）授受关系

日语中的授受关系「あげる」「もらう」「くれる」使用十分频繁，体现着不同的立场和较强的语义色彩。例如：

私は小野さんにお土産をあげます。（站在“我”的立场）

花子が太郎に辞書査をもらつた。（站在花子的立场）

太郎が花子に地図をくれた。（站在花子的立场）

3. 体

体（「相」）主要是表示某一变化、某一动作在发话人所设置的时间轴上开始、持续、完成的某一阶段，从时间的层面来描写和把握该变化或者该动作。日语中的"体"主要涉及完成体与持续体两部分。

（1）完成体

「する」和「した」是完成体的基本形态，通常不涉及动作、变化的中间过程。一般情况下，完成体以发话人设定的时间为基准，只表示将来完成，只在特定语境下才表示动作完成。例如：

明日、新聞を読む。

朝、新聞を読んだ後に散歩に出かける。

（2）持续体

「ている、ていた」是持续体的基本形态，有以下几种含义：

①动作持续（用动词持续体表示）。例如：

雨が降つている。

②变化结果持续（用变化动词持续体表示）。例如：

二人は結婚している。

③动作的经常性或者反复性的持续。例如：

毎日歯を磨いている。

④以往的行为作为一种经历或者记录留存至今。例如：

母は私が子供の頃にもう死んでいる。

4. 时

日语中的"时"是以某个说话时的点作为标准，对某一行为或者某一状态的一种时间上的把握。"时"一般分为过去时与非过去时两种。

（1）过去时

过去时用于表示过去发生的事情、状态，用「た」表示，有些词语虽然是「た」形却并非过去时，而表示某种心理状态或特殊语气。例如：

おとといは木曜日でした。（表过去）

幸村さんはもう家に帰りました。（表过去）

よかつたね。（表心理状态）

ああ、ここにあつた。（表发现）

（2）非过去时

非过去时包括现在时和将来时，在表示将来时的时候，句尾常用「だろう」表推测。另外，客观存在的规律、真理等也用非过去时。例如：

今日は日曜だ。

出発は来週の土曜日だろう

北京は中国の首都です。

5. 语

日语中的"语"就是"语气"，是相对于"命题"而言的一个语法范畴。一般来说，任何句子都包含两个部分，即语气与命题。其中命题主要是陈述客观事物，是对事实的反映；而语气是发话人对所陈述事物的态度、立场的反映。语气一般分为以下两种形式。

（1）针对命题的语气

针对命题的语气分为判断语气与期待语气两种。

①判断语气主要包括以下两种：

第一是真伪判断，包括确定性判断和不确定性判断。前者常用语言的终止形，如「今日は寒い」；后者则有多种句尾形式，如「だろう、かもしれない、らしい」等。

第二是价值判断，涉及事态选择形式，包括是否应该、是否必要等，如「べきだ、なくてはいけない、ほうがいい」等。若语气转向受话人，则表示要求、建议、许可、禁止等，如「てはいけない、わけにはいかない」等。

②期待语气包括意愿、期待、打算等，常用动词原形或「（よ）う、つもりだ、たらいい」表示。

（2）针对听话人的语气

针对听话人的语气有行为要求、信息要求及传递态度三种。

行为要求包括命令、请求、建议、禁止等，采用动词词尾变化、助动词、终助词等形式表现，如「なさい、てください、たらどうですか」等。

信息要求即向受话人提出疑问、征求意见以获取信息，常出现于疑问句和确认信息的句子中，如「か（な）、のか、（よ）ね、じゃないの」等。

传递态度即发话人表达惊讶、感叹、强调等语气，常用「な、あ、わ、ぞ」等表示。

语言是一种文化，日语也不例外。而作为文化，与除语言之外的文化之间也是有着密切的关系的。这里所说的文化并非人们通常所指的文学艺术等那种经过提炼升华过的文化，而是指那种广义的父传子、子传孙的具有民族性的传承行为及其思维模式。这种对文化的认识，已经成为当今语言学或人类社会学领域的共识。

这种意义上的文化差异在我们的日常生活中不胜枚举。就中日饮食文化而言，日语中有关鱼类名称的汉语词汇非常丰富，不用说，这与其所处的四面环海的地理环境有着密不可分的关系。日语中带有鱼字部首的汉字有上百字。当然，其中包括许多由日本人根据"六书"造字原理创造的日本"国字"汉字。与此相比，汉语中有关猪、马、牛、羊等动物的名称及其各个部位、内脏的名称之多可以和英语相抗衡。这些词汇的差异无疑是由中日两国的传统饮食文化结构的不同造成的。因此，对日语词汇与语法还需要我们在日常的生活与学习中加深理解。

## 第二节　现代日语的语体与语境

语体有广义和狭义之分。广义的语体包括各种实用语体、口语体、书面语体、简体和敬体。狭义的语体只包括各类实用语体。语言与文化有其各自的结构。一般来说，人们容易将本民族的文化内容有意无意地进行扩大化、绝对化，认为自己的文化具有普遍性，无疑这是对构成文化的重要因素——语言的错误理解的开端。下面主要从广义语体的角度对语体和语境进行分析和概述。

### 一、现代日语主要的语体

根据话语领域的内容范围，日语语体可以大致分为实用语体、文学语体两大类。其中，实用语体包含事务语体、科学语体、新闻语体、广告语体等；文学语体包含小说、诗歌、散文、戏剧四大体裁。下面就对这两大类做具体分析和探讨。

#### （一）文学语体

文学语体多形象生动，词汇广泛，句式多样，表达形式新鲜活泼，修辞使用较为频繁，以满足读者的审美需求。不过，同为文学语体，小说、诗歌等不同的体裁又有着各自不同的特征，即使在同一部作品中，如长篇小说，由于表述对象不同，也会出现语体风格上的变化。

**（二）实用语体**

如前所述，实用语体包含事务语体、科学语体、新闻语体和广告语体等。下面进行分析。

1. 事务语体

事务语体包括与政府机关、社会团体、企业等单位相关的文件、公告、计划、证明等实用性语篇。其功能是在社会中传递信息，为社会生活和经济活动服务，通常具有文字简明、准确，表达完整、庄重，格式固定，有惯用语，语言正式程度高，采用条款式表达等特点。事务语体一般具有以下几个特点：

（1）根据场合的不同形成了一些习惯用语或固定格式。

（2）语言具有很高的正式程度，切忌使用生活化的口语词。

（3）行文往往包含一些习惯使用的古语成分。

（4）往往会使用条款式表达。

2. 科学语体

科学语体涉及的通常是客观知识、规律，要求有准确系统的论证、规范的格式和逻辑性的思维，杜绝一切主观臆断，因此，科学语体往往不像文学语体那样辞藻华丽、新奇有趣，而是用最简明的语言、陈述的语气和严谨的逻辑将知识传递出来。根据读者对象的不同，科学语体可以分为专业科学语体与通俗科学语体。

专业科学语体是典型的科学语体，其中包含学术论文、专著、科研报告等。一般来说，作者与读者之间往往具有共同的专业知识背景，因而可以使用大量固定的、含义明确的专业术语。例如，日语语言学术语「鏡像語」「共起」等。科学语体往往语法严密性强，句式也比较完整，采用较多的复合长句，尤其是被动句或长定语句，句尾往往会采用「である」体。整个语篇多采用现在时态，也会较多使用图表等视觉表达手段。

通俗科学语体主要用于产品使用说明、科普读物等，目的是向不具备专业知识的读者传授各种科学现象，对科学知识进行普及。因此，这些通俗科学语体的文章往往会避开过度深奥的科学术语，尤其是避免使用复杂的长句。不少文章的句尾形式往往是「です・ます」体。

3. 新闻语体

新闻语体通常指电视、广播、报纸等大众传媒使用的语体，其特点包括以下几个方面：

（1）多用缩略词和简明的表达，以尽可能快地传递信息。

（2）由于涵盖范围广，新闻语体中多见行业术语。

（3）为了吸引读者的注意力，新闻语体中常用新词、流行词，并将重要信息放在前面，附加信息放在后面。

（4）为了便于阅读，新闻标题常用名词、助词。

根据表达方式的不同，新闻语体可以进一步细分为三类：叙述文，如新闻通讯；描写文，如纪实报道；议论文，如社评。这三种体裁也有各自不同的特点，需要我们细细体会。

新闻的功能主要是传达信息，因此，语言表达的一大特征就在于采用直接引语或者间接引语。例如，采用「～によると、～という」「～ことが分かつた」「～ことになつた」「～予定だ」「～と見られる」等。

新闻的标题在语言形式上往往使用较多的省略，多使用助词与名词等。例如：

消費者保護を規定へ

農村の学校改变に協力

4. 广告语体

大多数广告是以盈利为目的的商业广告，其目标是引人注目、促使受众行动。受时间、费用限制，广告往往短小简洁，多为一句话，甚至是一个词。为了激发受众的购买欲望，广告中多用褒义词、新造词和大量的修辞手段。另外，为了突出新意，吸引消费者注意，广告还经常打破常规的表达形式，利用汉字、假名制造新奇的效果，这些都是广告语体有别于其他语体的鲜明特征。

广告语体的最大特点在于短小，往往仅仅是一句话，甚至是一个词组。例如：

暮らしに安心なこだわりのお水を。（净水器广告）

## 二、现代日语的语境

### （一）口语体和书面语体

语体的选择会受到语境的影响，其中语境中的话语方式对语体选择有着重要作用。就语言媒介的角度来说，可以将语体分为音声语言（「音声言語」）与文字语言（「文字言語」），前者以听觉、视觉等作为媒介，后者以文字作为媒介。简单来说，前者主要通过说、听来进行沟通，后者通过书写和阅读进行沟通，因此前者被称为"口语（「話し言葉」）"，后者被称为"书面语（「书き言葉」）"。当然，包含词汇特征在内的口语与书面语存在不同的语体特征，也就形成了不同的"口语体"与"书面语体"。下面逐一进行说明。

1. 口语体

口语体以声音为媒介，需要有听者存在，通常包括对话、讨论、辩论、演讲、致辞、广播等形式。在对话、讨论、闲谈等口语中，参与者是面对面地交流，因此语境感较强，共有信息较多，交际者常使用指示语、缩略词、省略句、性别语，「ね」「よ」「はい」「そうですか」等词语出现较多，并存在话轮转换。而演讲、致辞、广播等口语表达相对正式，再加上听者不参与谈话，因此很少使用省略句、性别语、语气词等，尽管如此，其正式程度还是比书面语要低。

当然，以上特征并非绝对，无论是有互动的谈话还是没有互动的谈话，语言的实际使用还要根据具体语境、交谈对象等因素而定，不是一成不变的。

2. 书面语体

书面语体以文字为媒介，需要有读者存在，通常包括文学文章和实用文章。与口语体不同的是，书面语体的读者并不在眼前，很难依赖语境传递更多信息，这就要求作者措辞更加精确，句式更加严谨，表达更加完整、规范。另外，在词汇的使用上，由于书面语是靠视觉辨识的，因而同音词和音读汉字的使用频率较高，还有一些同字异音词在口语中多采用训读，而在书面语中多采用音读。除此以外，为了使语言更加直观，书面语中的复合词化现象也很多见。

3. 口语体和书面语体的比较

通过上述内容可以看出，口语体和书面语体无论在措辞、句法还是整体风格上都有很大的不同。现将这些不同总结如下（表 3 - 1），以便大家更好地理解这两种语体。

表 3 - 1　口语体与书面语体的区别

|  | 口语体 | 书面语体 |
|---|---|---|
| 记录保存性 | 低 | 高 |
| 表达、结构的完整性、严密性 | 低 | 高 |
| 正式程度 | 低 | 高 |
| 解读难度 | 高 | 低 |
| 表达的简便度 | 高 | 低 |

（资料来源：翟东娜，2006）

**（二）简体与敬体**

日语中最常用的句尾形态有「だ」体、「である」体和「です・ます」体。其中，「だ」体和「である」体是简体，「です・ます」体是敬体。日语中将简体与敬体称为「文体」，其使用的主要依据是交际者是否意识到或如何看待交际双方之间的关系。

1. 日语文体的等级

根据语言表达的正式程度，日语文体一般分为三个等级：简体、敬体和最敬体，如表 3 - 2 所示。文体的选用受很多因素的影响，如说话人和听话人的关系、交谈场景、话题类型等。显然，语境越郑重，选择的文体越正式，礼貌程度也越高。因此，日语在生活中多用简体，在一般性书面语中多用敬体，而在商业服务、致辞演讲等场合中多用最敬体。

表 3 - 2　日语文体的语言形式与分类

|  | 简体 | 敬体 | 最敬体 |
|---|---|---|---|
| 名词 | である/だ | です | ですります/でございます |
| ナ形容词 | である/だ | です | ですります/でございます |
| イ形容词 | 基本形 | です | ですります/でございます |
| 动词 | 基本形 | ます | ます |

（资料来源：翟东娜，2006）

需要注意的是，无论是口语体还是书面语体，日语各语篇类型与文体并非绝对的一对一的关系，有时一种语篇类型可能对应多种文体，如表3-3所示。

**表3-3　文体的选用与语篇类型**

|  | だ | である | です・ます | ですります | でございます |
|---|---|---|---|---|---|
| 闲聊 | ○ |  | △ |  |  |
| 交谈、发言、讲课 |  | ○ |  |  |  |
| 演讲、致辞 |  |  | ○ | △ |  |
| 待客服务 |  |  | ○ |  | ○ |
| 日记 | ○ |  |  |  |  |
| 小说、报纸 | ○ | ○ | △ |  |  |
| 论著 |  | ○ |  |  |  |
| 童话、女性期刊 |  |  | ○ |  |  |
| 公告、通知 |  |  | ○ |  |  |
| 书信、电子信函 |  |  | ○ |  | △ |

（资料来源：翟东娜，2006）

2. 日语文体的切换混用

一般来说，日语语篇（包括口语和书面语）要求语篇内保持文体一致。但在实际的口语表达和部分书面语中，文体的切换混用时有发生，这种切换混用主要包括以下三种情况。

（1）简体谈话中夹杂敬体

简体谈话通常发生在家人、朋友等关系亲密的人之间，若夹杂了敬体一般有两种可能：①开玩笑；②谈话过程中关系由亲转疏，如发生口角，此时使用敬体多具有嘲讽的含义。

（2）敬体谈话中夹杂简体

敬体谈话通常发生在正式场合和关系不亲密的交际者之间，若夹杂了简体一般表示话语并不直接指向听者，而是说话人抒发自己的感叹、整理自己的思路等，对听者的存在没有意识。

（3）简体文章中夹杂敬体

无论是报纸还是专著，传递的都是背景化信息（面向特定读者的通俗启蒙读物除外），很少有直接面向读者的主观表达，因此常使用简体，若夹杂了敬体则通常是向读者发出某些主观信息，如致谢、请求等。

### (三) 敬语表达

根据交际双方、话题人物之间的亲疏、权势关系来选择合适的语言表达是日语口语的一大特征，这被称为「待遇表现」。敬语是「待遇表现」中一个重要的组成部分，它是语言上的一种定型表达：名词和形容词往往可以借助前缀「お～」「ご～」转化为敬语，动词也有相应的敬语派生方式。可以说，敬语体系不仅仅是日语语法的一大特征，更是日语这种语言的重要特点。

关于敬语的类型，一般认为可以分为五种：尊他语、自谦语、礼貌语、恭谨语和美化语，如表 3 - 4 所示。

#### 表 3 - 4   日语敬语的分类及功能

| 分类 | 功能 |
| --- | --- |
| 尊他语 | 抬高话题中行为主体的身份，以显示行为主体的距离 |
| 自谦语 | 降低话题中行为主体的身份，以抬高行为对象的身份，由此显示说话者与行为受体的距离 |
| 礼貌语 | 表示说话者对听者的礼貌 |
| 恭谨语 | 降低话题中行为主体的身份或客气地表达话题中的事物，以表示说话者对听者的礼貌 |
| 美化语 | 客气地表达话题中的事物，以显示说话者的教养 |

(资料来源：翟东娜，2006)

另外，敬语的使用条件可以总结为以下几点：

(1) 交际场合的正式程度高，这是敬语使用的第一条件。同样是关系亲密的交谈对象，正式场合中也应使用敬语，非正式场合中则可不用敬语。

(2) 交际双方的社会距离远，如地位、身份、年龄等。一般来说，对长辈、前辈、上司等人需要使用敬语。当社会距离相同时，亲疏关系决定是否使用敬语。

(3) 交际双方的心理距离远，如亲疏关系、内外关系等。例如，对外人谈论自己的家人、公司时，无论己方的社会地位如何，都应使用谦语，而对自己内部的人，要依据第一条来使用敬语。

(4) 职业因素。职业敬语是一种绝对敬语，它反映了一定的强弱关系，主要表现为商务、服务业对客人，一般人对医生、教师、律师等。

我们需要知道的是，对于任何一种外来的技艺和文化现象，日本人可以很快地结成有力的组织对其进行研究和吸收，加上他们自己的理解，进行适当改造，发展成为具有日本特点的东西。日本文化的吸收性和主体性又可以归纳为日本文化的多元性特征。文化的多元性指的是日本固有文化和外来文化的统一。一方面，日本是一个历史悠久的国家，在长期的发展过程中，形成了根植于本民族的、自己独特的本土文化；另一方面，在不同的历史时期，日本不断吸收、借鉴当时世界上其他民族的先进文化，并使之融合成为本民族文化的一部分。日本的政治是新旧制度混存，衣食住是和洋折中，宗教是神佛基督同时接受。这些在日本的语言中都有具体的体现。

## 第三节 现代日语话语类型

所谓话语类型（或称话语形式）通常指两种情况：一种情况是把世界上的各种语言根据其语法功能的表现形态加以分类所得出的语言类型。例如，把通过语序表示语法功能的语言称为"孤立语"（孤立語），其特点是没有词形变化，因此也称"无形态语"，又称"词根语"。汉语、泰语等属于孤立语。而把那些通过在实词后面附加（或称"黏着"）各种语言要素的方法表示不同语法功能的语言，称为"黏着语"（膠着語），这类语言的共同特点是具有不可与实词相分离的"黏着成分"。日语、朝鲜语、蒙古语、土耳其语、匈牙利语、芬兰语等属于黏着语。"屈折语"（屈折語）是通过词形本身的变化如添加词缀等方式表示语法功能的语言，希腊语、拉丁语、德语、法语、俄语以及埃及语、阿拉伯语、希伯来语等都属此类。而"编插语"（抱合語）包括阿伊努语、印第安语等，其特点是句子结构体现为词的屈折变化，一个词本身就是一个复杂的句子。上述这些语言类型，都是基于语法功能的分类，因此是语法功能意义上的类型。假如换一个角度，如从文化的角度分类，情况则会不同。

话语类型研究中的另一种情况是，在一种语言内部，由于文化以及社会变化等诸多复杂因素的影响，话语形式发生变化，在某一个时期会同时呈现多种话语形式，某种话语形式在某个特定范围或领域内被使用。如果忽视这个现象，笼统地把语言（比如日语）看作一个没有分层的笼统的庞然大物，往往会得出某些并非客观准确的结论。例如，我们常常听到"现代日语中的外来语泛滥""日语已经乱套了"等说法。其实仔细分析就会发现，外来语只是在比较特定的某些领域内多了起来，而绝非日语的全部领域都充斥着外来语。比如，在日本的国会辩论中就很少出现外来语"横飞"的情况。外来语的增多其实并没有改变日语最基础的部分，人们用于表达思想、进行沟通的语言活动与之前相比，很难说发生了根本性的变化。从文化视域去观察和分析语言活动，找出话语转型的一般规律，是文化语言学应该解决的一个问题。

现代日语中存在四种话语类型，其主要区别表现在用词和表达方式（语体）不同两个方面。

第一种类型是地道的庶民话语，它自古以来根植于老百姓中间，充满了生活的智慧，其表达中多用俗语、惯用语等，是老百姓的"土话"。它虽然来自生活的底层，却是日语的坚实基础，折射出的价值取向一直以来影响着日语乃至日本文化的基本走向。

第二种类型是深受以汉文学为主体的古典文学影响的话语形式，其特点是话语中多出现汉语词以及汉语的表达方式，使听者感到说话者具有很高的学识。形成这种语言类型的大背景是，历史上中国文化是日本文化的根基和起点，而语言作为文化的重要载体和表现形式之一，必然留下深深的文化烙印。"19 世纪之前的几个世纪里，以朝贡体系为主体的国家之间的关系，曾在东南亚建立起一种局部的世界秩序，一种大体可以和平相处的世界秩序。自从欧洲人的殖民扩张到达东方之后，朝贡制度便常被拿来与之相比较，并往往在各种解说中走样。其实就其本来面目而言，朝贡与被朝贡既不是用武力的强势逼出来的，也不是用经济的强势逼出来的。在近代之前的两千年漫长的岁月里，中国能够影响周边国家主要靠的是文化。辛亥革命后十年，日本历史学家内藤湖南犹直言，'有人认为自从有了日本这个国家就有了日本文化，这种想法是错误的。用现代的话来说，所谓日本文化，其实是东亚文化、中国文化的延长，是同中国古代文化一脉相承的'。又说，'日本依赖中国文化形成自己的文化的时期相当漫长，其政治、社会的进步是一点一点逐步完成的'。他叙述了一种历史事实，也表达了一个历史学家对中国文化的敬意。"这类话语中常常镶嵌着故事、成语，甚至汉诗的名句等典故，使人感到似懂非懂、深奥晦涩。

第三种类型是伴随着经济高速增长而出现的新"俗语"类，其主要特征是体现了大众文化的需求，反映着时代的脉搏，话语轻松愉快、短小精悍。虽然它们往往被批判为"日语乱掉了"的典型，"年轻人的日语越来越不像话了"多数指的也是这类话语，但其生命力旺盛，新词语层出不穷。

第四种类型是新一代"有学问的人"的话语类型，与新"俗语"相对，可以称其为新"雅语"。这类话语概念迭出，"学究气"浓重，往往令人不知所云。它既不同于第三种类型的"俗"，也有别于第二种类型的"雅"，当然更不屑于与第一种类型的"土"为伍。常见的词语有「等身大の中国」「物理的には不可能」「心情的連帯感を共有する」「言語空間の重構造」「得点同化」等。将外来语以及西方的表达方式套用在这种类型的话语中的现象随处可见，仿佛这是新时代学问的标志和象征。

上述四种话语类型的出现，从时间意义上说是随着文化的发展渐次展开的。古代日本与外界隔绝的那段时期，封闭的农耕社会所孕育的正是第一种类型的语言，朴实无华又充满生活的智慧。当中国文化在隋唐时期传入日本以后，日本开始接触外界并积极地学习和吸收外来文化。伴随着中国的大量典籍传入日本，汉文逐渐地走入日本人的生活。汉文乃学问的象征、文明的标志，这样的思想深深地影响了日语的发展，给日本文化流下了深深的烙印。日本人引进了汉字用于书写日语，这在日本文化史上是划时代的创举，也是日本文化的奠基之作。同时汉文传入日本开了日本吸收外来文化的先河。起初日本人采用的办法，只是将汉文按照一定的规则读成日语而已，对于其意思的理解是在这种"日式读汉文"的过程中慢慢完成的。

产生上述四种类型的话语的原因，主要是社会的变化和文化的进步。这四种类型并不可以完全分开，其实在最基础的部分它们是完全一致的。也就是说，在用语言表达最基层的需求方面，这四种类型完全一致。但是，在用语言表达最为丰富多样的表层，开始出现文化差异所带来的话语特征，它反映了文化对语言的影响。从使用者的层面上分析，可以在第二次世界大战后的日本人口出生高峰处画一条线，之前出生的人和之后出生的人用"旧"和"新"来命名。第一类的使用者基本是日本旧时代（即战前）出生的老百姓，是传统意义上的日本庶民阶层。他们对谚语、俗语、童谣等相当熟悉，虽然也识字，但数量很少，他们主要的谈话活动是日常生活、柴米油盐。第二类的使用者大体上是旧时代的知识分子，他们中的很多人汉文造诣颇深，对汉文典籍多有研习甚至精通，能用汉语填词赋诗。他们是旧时代的社会精英、国家栋梁，其社会地位远远高于庶民阶层。第三类的使用者是新时代的年轻人，他们深受大众文化的熏陶，同时是大众文化的缔造者和推动力。轻视传统、挑战经典、敢作敢为、大胆创新是他们的特点。同时，受影像文化的影响，他们有脱离文字、轻视阅读的倾向。第四类的使用者与第三类的使用者相同，也是新时代的弄潮儿，但他们更沉迷于抽象概念的世界，热衷于构建逻辑的殿堂。他们可以被称为"新知识分子阶层"，是现代派的新型知识分子。在第二次世界大战后的出生高峰处画线，在此之前出生的人，基本上是"旧"的一派，包括第一种类型和第二种类型的使用者。他们的语言无论是庶民还是知识阶层，在"旧"这一点上是一致的。而在此之后出生的人，他们的语言特点基本上是与"旧"相对而言的"新"，无论是第三种类型的代表大众文化的"新"，还是第四种类型的代表精英阶层的小众文化的"新"，标新立异都是其追求的目标。

通过本章关于多元文化结构中的日语语言研究，可以让我们对日语的词汇、语法、语体与语境以及日语话语类型有一些细致的了解。可见，日本在吸收外来文化时，首先注重的是形式，其次才是内容。阅读汉文成了日本教育中的重要内容，而使用汉语词汇以及汉语表达方式都是重要的学问。第二次世界大战后日本经济崛起，欧美文化如潮水般涌入，带来了以大量消费为基本内容的大众文化的兴起。在语言层面上，新奇短小、充斥感官刺激的词语不断涌现，造就了新"俗语"类型。而新"雅语"刚好是与大众文化相对存在的小众文化的表现，它反映了社会精英阶层的表达诉求，简练精致，曲高和寡。

# 第四章 多元文化中的日本文化

## 第一节 日本文化概况

本书的日语语言篇主要围绕日语语言的各个层面进行了具体的探讨和分析，使我们对日语语言有了系统的认知和了解。然而，在具体学习日语时，有时即使掌握了与语言相关的内容，也未必能够很好地理解对方的意思，或者很难实现真正沟通和交流的目的。其主要原因在于日语这门语言浸透着日本人独特的思维方式，要想较好地理解日语语言所表达的真正意图，还需要去理解蕴含于语言中的文化和历史。这就需要对日语语言背后的文化有系统、深入的把握，以下主要围绕文化的定义以及日本文化的发展史这两大层面进行探讨和分析。

### 一、文化的定义

基于语言和文化间密不可分的关系，背景不同的语言通常有着不同的文化内涵。在对日本文化相关的内容进行探讨之前，我们对文化的定义有全面的理解和把握非常关键，这也是在为后面有关日本文化内容的展开奠定坚实的基础。

关于文化的定义众说纷纭、莫衷一是，多达上百种。这里仅列举一些较有代表性的观点。

17世纪，德国学者普芬多夫对文化进行了明确的界定，他认为"文化是社会人的活动所创造的东西和有赖于人和社会生活而存在的东西的总和"。[①]

较早的具有科学意义的文化定义出现在英国人类学家爱德华·泰勒

---

① 王祥云. 中西方传统文化比较 [M]. 郑州：河南人民出版社，2006：2.

（Edward Tylor）的《原始文化》（*Primitive Culture*）一书中："所谓文化或文明，乃是包括知识、信仰、艺术、道德、法律、习俗以及包括作为社会成员的个人而获得的其他任何能力、习惯在内的一种综合体。"①

英国人类学家马林诺夫斯基（Malinowski）把文化看作一种具有满足人类某种生存需要的功能的"社会制度"，是"一群利用物质工具而固定生活于某一环境中的人们所推行的一套有组织的风俗与活动的体系"。② 这是以文化的制度性和功能性为着眼点进行的分析。

美国著名的学者阿尔弗雷德·路易斯·克鲁伯（Alfred Louis Kroeber）与克莱德·克拉克洪（Clyde Kluckhohn）在他们的著作《文化：关于概念和定义的评述》（*Culture：A Critical Review of Concepts and Definitions*，1952）一书中共总结了关于文化的 164 条定义。这些定义一部分是前人从不同角度定义的，内容或具体或抽象，一部分是自己提出的新的定义。

两位学者对"文化"一词的解释为："文化由外显和内隐的行为模式构成；这种行为模式通过象征符号而获得和传递；文化代表了人类群体的显著成就，包括它们在人造器物中的体现；文化的核心部分是传统观念，尤其是它们所带来的价值。文化体系一方面可以看作活动的产物，另一方面则是进一步活动的决定因素。"③

霍贝尔和福罗斯特（Hoebel&Frost，1976）提出的文化的定义很具有代表性，"Culture is an integrated system of learned behavior patterns which are characteristic of the members of a society and which are not the results of biological inheritance.（文化是通过学习所掌握的行为模式的综合体系，是社会成员所表现出来的特点，而非生物继承的结果）"④

古德诺夫（Goodenough）认为，人们使自己的行为方式被社会上的其他成员所接受、所必须知晓与相信的一切，组合起来就形成了文化。文化应由"知识"这一学习的终端产品所构成。该定义较为关注民族内部的规范。

美国文化人类学家本尼迪克特在其文化名著《菊与刀》中，把日本文化定义为一种"耻感文化"。这样的定性否定了日本人的罪感意识。确切地说，日本文

① 白玉德. 中国传统文化新编 [M]. 武汉：华中理工大学出版社，1996：2.
② 吴为善，严慧仙. 跨文化交际概论 [M]. 北京：商务印书馆，2009：2.
③ 傅铿. 文化·人类的镜子——西方文化理论导论 [M]. 上海：上海人民出版社，1990：12.
④ 李建军. 文化翻译论 [M]. 上海：复旦大学出版社，2010：6.

化兼具"耻"与"罪"文化的双重性。此外，在其看来，通过某一民族的活动而表现出来的区别于其他民族的思维行动方式就是文化。该定义比较注重民族之间的差异。

美国学者戴维·波普诺（David Popenoe）认为文化应由三个主要元素构成，具体如下：（1）符号意义和价值观（这些都用来解释现实和确定好坏、正误标准）；（2）规范准则（对在一个特定的社会中人们怎样思维、感觉和行动的解释）；（3）物质文化（实际的和人造的物体，它反映了非物质的文化意义）。①

美国出版的 *The New World Encyclopedia*（1974）中关于文化的释义如下："Culture is the totality of the spiritual，intellectual and artistic attitudes shared by a group，including its tradition，habits，social customs，morals，laws and social relations. Sociologically，every society，on every level，has its culture.（文化是一定群体所共享的精神、智力、艺术观点的总和，包括传统、习惯、社会规范、道德伦理、法律秩序、社会关系。从社会学的意义上说，任何社会和阶层都有属于自己的文化）"

《美国传统词典》对文化的释义是：人类文化是通过社会传导的行为方式、信仰、风俗、艺术以及人类工作和思想的所有其他产物的整体。这一定义既涉及深层文化，也涉及浅层文化。

日本学者一般认为：日本人根据他们所处的生活空间来选择自己采取什么样的行动，各个空间之间都力图保持平衡，这和中根千枝的"场"有些相似；日本人很重视"人情"和"义理"，重视礼仪上的往来；日本人的性格中既有"耻"的一面，也有"罪"的一面。日本学者还认为：只用"纵向社会"来描述日本社会是不合适的，集团内部的人与人之间是一种相互合作、协调的关系，"上下关系"只是给外人看的一种形式上的东西。"娇宠"是已经形成的人际关系的一种属性。在日本，人与人之间是一种相互依存的关系，而不是单方向的"娇宠"。但由于文化也不是一成不变的，随着社会的发展，人们的行为模式和思维模式都会发生变化。所以，日本学者的研究方法和观点也在不断地被更新。

## 二、日本文化的发展史

要想了解日本文化的发展史，通常需要从原始社会时期、奴隶社会时期、封

---

① 白靖宇. 文化与翻译（修订版）[M]. 北京：中国社会科学出版社，2010：3.

建社会时期以及现代的文明开化这几大历史时期进行探讨。

### (一) 原始社会时期

日本原始社会文化可以追溯到约公元前七八千年，主要包括绳文文化（新石器时代，约公元前七八千年至公元前 4 世纪）、弥生文化（铜器时代，约公元前 4 世纪至公元 4 世纪）、古坟文化（约公元 4 世纪至公元 7 世纪）。这里主要从日本人祖先的诞生、从狩猎渔猎到农耕生活、日本语言文字的形成、原初美意识的萌动等方面展开分析。

1. 日本人祖先的诞生

远古以前，日本大和民族繁衍生息于远东一隅的列岛上。关于其历史，存在很多古老的神话与历史传说。根据日本最早的历史文学作品《古事记》的记载，日本大和民族以太阳神为始祖，这是太阳民族的由来。因此，古代日本人认为日本民族是天神的后代，日本是神国，崇拜太阳神的御子孙，即天皇。

实际上，日本民族是根据人类发展的客观规律，经过长期的各种血统混合诞生的，并不是神话传说所讲的那样。虽然历史上并没有明确记载日本列岛上何时存在原住民，但日本后来出土的"明石人"的髋骨化石以及德国考古学家鲁曼在日本发现的"鲁曼象"化石，都说明这一时期日本列岛已经有了高等生物，也可能已经存在原始人类。

日本发现人类化石引发日本人的起源问题。一般认为，日本地处远东的最东端，四面环海，从外边流入北方的蒙古人种、通古斯人以及南方的马来人种，在远古交通不发达的条件下，几乎不可能再向外回流，因此他们就定居在这里，之后又与后来者（日本称为"归化人"）融合。据日本学者分析，当时的"归化人"主要是指从朝鲜赴日的大多从事劳役的人和从中国赴日的主要传授技能的人，这些人为促进当时日本文化发展做出了很大的贡献。

蒙古人种系统中的阿伊努人是保留绳文特质最多的人种，也是日本列岛的主要原住民。从人种特征来看，现在日本人的外形特征与中国人和东南亚人相似度很高，由此可以推想，远古时期中国东部海域有大陆架桥使得中国南方和东南亚人得以流入日本。后来，各个人种在逐渐混合的过程中，又同化了阿伊努人，在列岛内部统一成为大和民族。换言之，日本人的祖先是经过长期复杂的多人种混血过程形成的。

2. 从狩猎渔猎到农耕生活

洪积期的遗物，除石器以外，并未发现其他东西，因此这一时期被称为"无土器文化时代"。具体来说，日本原始文化和经济的形成与发展主要经历了下面三个时代。

(1) 绳文文化

人们在冲积期地层中先后发现了绳文土器，从此日本从"无土器文化时代"进入"绳文土器文化时代"。"绳文土器文化时代"的文化主要有几个方面的特征：①器具逐渐从打制石器发展到半磨制石器、尖体土器、骨角器等；②土器制造技术发达；③列岛全域已能制作和使用各种土器。

早在绳文时期，以自然灵和精灵为对象的祭祀就成为一种仪式。当时，人们已经开始萌生崇拜自然、相信万物有灵的原始信仰。同时，从陪葬物中可以看出，绳文人开始对死灵有了简单的认识。

(2) 弥生文化

公元前4世纪至公元4世纪，从大陆传入的铁器和农耕技术标志着以金属器为特征的弥生文化时代的开始。弥生时代以磨制石器为主，技术得到发展，品种也更加丰富。弥生土器仍以生活用具为主，兼具实用性和简素性，形状多种多样，且具有强烈的地方色彩。

(3) 古坟文化

祖灵祭祀形成之后，祭祀仪式都是由作为"王"的祭司主持的。事实上，只有"王"才拥有祭神的权力，"王"是政治上的直接统治者。大和近畿地方以土葬为主，当地有1700多座古坟，坟式和规模各式各样，其中高冢式古坟为110座，多为统治者之墓，外形巨大，封土。通过对大和平原形成的若干古坟群进行分析和研究，可以看出这一时期出现了贫富分化的现象和宗教政治权力统治者——"王"的雏形。

这一时期的日本已能制作出许多具有实用性的原初艺术作品，其中的铜镜、铜剑、玉器这三种神器被看作一国的政治宗教权力和统治者绝对权威的象征。日本古代艺术发源于祭祀形式，它们的诞生昭示了日本文化新的曙光。

**(二) 奴隶社会时期**

日本的奴隶社会时期大体上指的是1世纪前后。这一时期日本开始出现奴隶制国家。到了公元5世纪，大和统一日本。日本社会文化在奴隶社会时期得到了进一步的发展。这一时期，日本文化以飞鸟文化最具代表性。飞鸟文化即飞鸟时代的文化，主要是指自6世纪中叶佛教传入日本到710年迁都平城京期间的日本文化。飞鸟文化有着自身鲜明的特色，具体来说体现在以下几个方面：

1. 佛教传入

在日本传统文化中，佛教文化始终是主流之一。即使今天，佛教文化在日本文化中仍然占据着十分重要的地位，并深刻影响着日本文化的发展。

关于佛教是在何时传入日本的，存在着多种不同的说法。依据《上宫圣德法王帝说》的记载，佛教是在538年传入的；而依据《扶桑略记》和《日本书纪》的记载，佛教是在552年传入的。不过，当前的日本学界普遍认为，佛教是在538年传入的，552年是佛教在日本民间传播的开始。

佛教在传入日本后不仅发展迅速，而且得到了广泛传播。因此，在这一时期出现了大量的佛教寺院建筑。据《日本书纪》记载，在624年日本的佛教寺院达到46座，有僧人816人。这些佛教寺院有着多种多样的建筑式样，但大都类似于我国六朝时期的寺院模式。其中，以飞鸟寺、四天王寺和法隆寺最为著名。

飞鸟寺是这一时期最具代表性的佛教寺院，于588年由大臣苏我马子兴建。该寺采用的是一塔三金堂的模式：塔在中间，供养着佛舍利、玉器、金环、挂甲等物品；三座金堂是东金堂、西金堂和中金堂，分别位于东、西、北三面，同时在中金堂的后面建有一座讲堂；在南面是中门。在日本建筑史上，这种寺院建筑被称为"飞鸟寺伽蓝配置"。后来，飞鸟寺被更名为"兴元寺"，并移到了奈良。如今，它已经成为奈良一个著名的旅游景点。

四天王寺是由圣德太子于593年在难波的荒陵主持建造的，现位于大阪市的天王区。四天王指的是分别守护东南西北四方的持国天王、增长天王、多闻天王和广目天王。该寺的建造模式与飞鸟寺不同，其从北至南依次是讲堂（与回廊相连）、金堂、五重塔和中门，且这些建筑位于同一条直线上。在日本建筑史上，这种寺院建筑被称为"四天王式伽蓝配置"。

法隆寺即"斑鸠寺"，是由圣德太子于607年主持建造的。该寺在建成后曾遭火灾，除释迦牟尼佛像外的寺院塔堂被悉数烧毁。后来，法隆寺被重建，但仍采用原来的寺院模式，即一塔一金堂。其中，塔是五重塔，位于西面，且是日本最古老的塔；金堂位于东面，是木造结构，里面供奉着释迦三尊像；南面是中门，与回廊相连；在回廊的外围，分布着讲堂、僧房等。

佛教在日本的迅速发展和广泛传播，对日本文化产生了深刻的影响。其中，最为突出的是促进了日本佛像雕刻艺术和佛画绘画艺术的发展，并出现了很多优秀的作品，如为纪念圣德太子而建造的与其等身的释迦牟尼佛铜像、四天王木雕、天寿国曼荼罗刺绣图、宝生净土图、释迦净土图等。与此同时，日本的佛教著述也有了一定的发展，以《三经义疏》为代表。

佛教在日本的兴盛，也深刻影响了日本民族的思想意识。例如，圣德太子在临终前，给儿子留下了"诸恶莫作，诸善奉行"的遗训，而这遗训正源于佛教的经典《大般涅槃经》。

2. 中国文化传入

在飞鸟时代，日本文化的发展深受中国文化的影响。具体来说，在这一时期，汉字和汉籍儒典传入日本，极大地推动了日本人对汉字和汉文化的学习，也深刻影响了典章的制定，如《冠位十二阶》中的十二阶名运用了儒家的德目；《十七条宪法》中对儒佛的思想进行了活用，并大量引用了儒学的经典，如《论语》《千字文》《易经》《左传》《尚书》等。

中国文化传入日本，也引起了日本人对中国以及中国文化的向往。因此，在这一时期，日本多次向中国（主要是隋唐）派出外交使臣。他们不仅带回了大量的儒学和佛学经典，促进了儒学和佛学在日本的传播，而且为汉文学进入日本开辟了重要的道路。

3. 性崇拜盛行

飞鸟时代的人们认为，历史传说中的自然神与人性是息息相通的，也就是说自然神同样具有人的欲求。因此，他们在崇拜自然神的同时，也崇拜性。需要说明的是，他们对待性的态度是十分认真且十分坦率的。例如，在《日本书纪》一书中对伊邪那岐和伊邪那美男女二神结合过程的描写：他们下凡后，先是因看到情鸽亲嘴而学着亲嘴，接着因看到鹡鸰结合而学着结合，并尽情享受性的快乐，最后他们极其自然地合二为一，生下了山、川、草、木、岛屿等诸神以及支配他们的太阳女神。伊邪那岐和伊邪那美男女二神的结合，被称为"神婚"。在其影响下，日本的神都可以毫无禁忌地对性的快乐进行泰然享受。

"神婚"又称"一夜夫""一夜妻"，即男女的结合只限一天，且只能在漆黑的夜晚进行。这实际上是一种原始的婚姻或者说是原始的交换夫妻的办法。

飞鸟时代的人们对性的崇拜，最主要的表现便是对性器官的崇拜。在他们看来，性器官是生命力的象征，有着无比的咒力，即使魔鬼遇到它也要赶紧逃跑。这在《古事记》一书中的"天之岩户"一节中有着鲜明的记述："高天原和苇原中国被恶神起哄捣乱，灾祸齐发，天漆黑一片。天宇受卖命神以天香山的日影蔓束袖，以葛藤为发蔓，手持天香山竹叶，扣空桶于岩户之外，脚踏作响，状如神魂附体，胸乳皆露，裳扣下垂及于阴部。于是高天原震动，八百万神哄然大笑，恶神被驱，天照大神即出岩户，高天原和苇原中国自然明亮起来。"飞鸟时代的人们对性的崇拜也使他们对性采取一种十分开放和宽容的态度，并逐渐形成了性开放的习俗。因此，这一时期出现的文学样式和文学作品大都以性与爱为主题。

### （三）封建社会时期

孝德天皇在 645 年 6 月 19 日模仿中国建立年号，将其年号定为"大化"，当年为大化元年。第二年，孝德天皇颁布了《改新之诏》，正式开始了改革，在历史上被称为"大化改新"。大化改新将日本从奴隶社会带入封建社会。明治维新将日本从封建社会带入资本主义社会。日本的封建社会有着一千多年的发展历史，与中国封建社会的朝代更替类似。日本封建社会依次经历了奈良时代、平安时代、镰仓幕府时代、室町幕府时代、江户幕府时代这几个主要的阶段。在不同的时期，伴随着日本社会的持续发展和不断进步，其在文化方面也表现出诸多不同的特征。在此将对封建社会各个时期的日本文化进行简要分析。

1. 奈良天平文化

（1）以天皇为中心的律令制度的建立

早在飞鸟时代，日本就已经开始着手建立以天皇为中心的律令制度了。圣德太子在 603 年制定了最早的官位制度——冠位十二阶，这一官位制度的制定将日本原有的士族世袭制度打破了。与此同时，还明确规定了只要有功者，无论氏族尊卑都能获得奖赏和晋升。

圣德太子在 604 年又制定了《宪法十七条》，这一文件明确规定了官吏贵族应遵守的政治道德，也成为日本开始建立律令制国家的重要标志。尽管《宪法十七条》名为宪法，但事实上这一宪法性质的法律文件并没有法律的约束力，因而仅可被视为对朝廷官员或贵族的行为与道德进行约束的准则。

伴随着"大化改新"的进行，日本才逐渐奠定了律令制国家的基础。在"大化改新"中，日本设立了自上而下的行政管理组织，编制了户籍和账簿，施行了班田收授法和统一的赋税制度，对原有的以姓氏为基础建立起来的皇族特权和贵族特权持否定态度，并在积极建立公地公民制的基础上对中央集权的统治体制进行建立与推行。

在"大化改新"后的 689 年，又颁布了《飞鸟净御原令》，这一文件沿用了中国唐朝的律法，并不是单独编写的。虽然如此，它仍是一部日本真正的国家法典，并为日后的《大宝律令》的制定奠定了坚实的基础。

之后，日本以《飞鸟净御原令》为基础，重新对朝廷官员的位阶晋升制度进行了制定，并对朝服颜色进行了修改，还进行了大规模的人事调动。与此同时，日本的地方政府机构也得以逐步完善，并以人们的居住地为依据进行户籍编制，这样就逐渐形成了一种新型的国家统治体系。701 年，日本历史上第一部完整的律法《大宝律令》颁布，这一律法包括律 6 卷、令 11 卷。其中，律类似于现在的刑法，令类似于现在的民法、行政法等。当前，《大宝律令》的原文已经散佚，仅在一些史书上保留了其中的一些原文。《大宝律令》的颁布成为当时日本建立国家法制体系的标志。此后，一旦制定相应的国家律令，就会在全国范围内推行。

进入奈良时代后，日本又进一步完善了从中央到地方的行政机构，并逐渐形成了以天皇为中心的律令制度。天皇是这种律令制度的制定者，因其具有最高的权力而不必受到律令的制约，同时因其具有最高的军事指挥权而增强了执政权力。

（2）佛教得以进一步弘扬

奈良时代可以说是律令政治的时代，在这一时期，作为律令体制支柱的佛教是该时期的重要宗教。佛教在这一时期也得到了逐步弘扬，最为显著的标志就是大量佛教寺院的兴建。这一时期佛教寺院的数量已经超过 950 所，最具代表性的有西大寺、法华寺、东大寺、元兴寺、大安寺等。这些佛教寺院大都具有规模宏大、建筑华美等特点，其中又以东大寺最为著名。东大寺在 745 年开始兴建，在 784 年完工，是世界上较大的木造建筑之一。寺院的正门是日本佛教寺院中最大的寺门，门前竖立着 18 根大木柱，均直径 1 米、长 18 米。寺院的大殿正面，宽约 57 米，进深约 50 米。大殿内的装饰非常精美，供奉的是卢舍那佛。卢舍那佛又称"奈良大佛"，前后历时 20 多年建成，高约 15 米，全身镀金。而且根据《华严经》的教理，本尊立于莲台上，莲瓣一千叶，每叶坐一释迦，即叶上千释迦；一叶有百亿国，每国又有一释迦，即百亿小释迦，都在菩提树下成道。创作者试图通过这一造型，象征帝王、官吏、庶民的关系，以表现巩固律令制的思想。同时，卢舍那佛的表现技巧极其优美，这不仅充分展现了 8 世纪中叶日本的铸造技术的高超，而且成为奈良时代佛教文化兴旺与发达的象征。

在这一时期，日本不仅大量修建了一些佛教寺院，佛教经典也得到广泛普及，如《金光明经》《法华经》《仁王经》等。与此同时，佛教艺术中的绘画和雕刻也较前一时代有了进一步的发展。据相关资料记载，这一时代的雕刻以观音像、弥陀四天王像、大日如来像等为主，既有铜铸也有泥塑、木雕，但都栩栩如生；这一时代的寺院都画有各种各样逼真的菩提像、观经图或净土图等，显现出当时日本高超的绘画艺术。

（3）汉诗与和歌的发展

伴随着日本与唐朝文化交流的持续深入，日本留唐学者的人数也实现了大幅的增长。这些留唐学者在中国期间，同中国诗人一起作诗唱和，这些活动可以说都是属于实际意义上的文学交流活动。日本人将留唐学者阿倍仲麻吕同中国著名诗人李白相比，并将其称为"日本的李白"。这一大批留唐学者带回汉文学的新鲜经验以及汉诗文的表现形式，在宫廷中经常举办一些诗宴以及君臣唱和等活动，这些都对汉文学，特别是汉诗的兴盛起着很好的促进作用。

当今现存最古的汉诗是大友皇子的《五言侍宴一绝》，全诗的内容具体如下："皇明光日月，帝德载天地。三才并泰昌，万国表臣义。"这首诗同陈后主《入隋侍宴应诏》中的"日月光天德，山河壮帝居。太平无以报，愿上东封书"非常相似。751年，汉诗集《怀风藻》问世，这可以说是现存最古老的汉诗集，这一作品是对这一时期日本的汉诗成果与汉文学成就的充分展示。事实上，和歌与汉诗是同时发展起来的。《怀风藻》问世近20年后，日本的第一部和歌总集《万叶集》诞生了。从整体上进行分析，《万叶集》的主体为短歌，后来这种短歌形式成为传统的民族诗歌体裁。为了同当时日本比较流行的汉诗有效区别开来，因而将其称为"和歌"。当今学术界将和歌看作日本的各种文学形态中形成最早的一种独立形态。《万叶集》被看作日本古代和歌的集大成者，《怀风藻》与《万叶集》是日本文化中汉诗与和歌的集大成者，这两部作品成为奈良时代抒情诗的双璧，在日本文学的发展史上具有里程碑意义。

（4）对外文化交流频繁

奈良时代的对外文化交流，大体上都是与中国唐朝展开旳。从舒明二年（630）至宽平六年（894），日本先后陆陆续续地向唐朝派出遣唐使19次，其中成功抵达唐长安有15次。日本历次遣唐使的概况如表4-1所示。

### 表 4 - 1　日本历次遣唐使概况

| 任命出发 | 归国 | 使节 |
| --- | --- | --- |
| 舒明二年（630） | 舒明四年（632） | 犬上三田耜等 |
| 白雉四年（653） | 白雉五年（654） | 吉士长丹等 |
| 白雉五年（654） | 齐明一年（655） | 阿边麻吕等 |
| 齐明五年（659） | 齐明七年（661） | 坂合部石布等 |
| 天智四年（665） | 天智六年（667） | 守大石等 |
| 天智八年（669） | 天智九年（670） | 河内鲸等 |
| 大宝元年（701） | 庆云元年（704） | 粟田真人、高桥笠间等 |
| 灵龟二年（716） | 养老二年（718） | 阿倍仲麻吕、吉备具备、玄防等 |
| 天平四年（732） | 天平七年（735） | 多治比广成、吉备真备等 |
| 天平胜宝二年（750） | 天平胜宝六年（754） | 藤原清间、吉备真备等<br>（归国时鉴真随从赴日） |
| 天平宝字三年（759） | 天平宝字五年（761） | 元度等 |
| 宝龟六年（775） | 宝龟九年（778） | 佐伯今毛人等 |
| 宝龟九年（778） | 天应元年（781） | 布势清直等 |
| 延历二十年（801） | 延历二十四年（805） | 藤原葛野麻吕、橘逸势、空海、最澄等 |
| 承和元年（834） | 承和六年（839） | 藤原常嗣、小野篁等 |

此外，我国高僧鉴真对中日文化交流和日本文化的发展做出了重大贡献。他应日本留学僧的邀请，东渡到日本传授佛教。

在742年，鉴真开始东渡，但前五次因各种因素失败了。753年，他开始了第六次东渡，历经千辛万苦后最终成功。到达日本以后，鉴真在东大寺起坛传授戒律，这成为日本佛教史上正规传戒开始的标志。后来，鉴真又创建了唐招提寺，广泛收取僧徒并从事弘扬佛法的活动。就实际来看，鉴真不仅给日本带去了中国的佛教文化，还在日本将我国的书法、建筑、绘画、雕刻、医药学等先进的技术知识进行了广泛的传播，这些都对奈良时代日本文化的发展产生了非常深刻的影响。除此之外，奈良时代的日本还积极地与印度、波斯、新罗、缅甸等国家开展了文化交流，并积极吸收它们文化的有益成果来丰富自己的文化。

（5）舞乐艺术发展迅速

舞乐艺术起源于劳动咒能和宗教咒能。劳动咒能其实指的就是在狩猎、农耕、渔猎之类的劳动中，为了祈祷丰收而举行的各种各样的歌舞；宗教咒能具体指的是在祭祀或祈祷时所做的各种手舞足蹈的动作。

舞乐艺术在奈良时代得到了迅速的发展。这一时代的舞乐在有效吸收中国和三韩的伎乐和舞乐这些内容的基础上，逐渐分化为"左舞"和"右舞"，并将古歌谣和说辞也加入舞乐中。在最开始时，舞乐仅仅是在宫廷仪式、祭祀以及法会上表演，后来又逐渐成为日本民族的舞乐艺能。

日本还在奈良时代引入我国的踏歌，并将踏歌分为两大类，分别是祈祷丰收的"男踏歌"以及由女舞伎表演的"女踏歌"，这些改变促使其逐渐从宫廷走向民间；同时引入我国的多种传统乐器，如铜钹、大鼓、笛等。此外，还引入我国舞乐表演的服装、道具以及乐书等。以此为基础，日本的舞乐慢慢地从单纯意义上的咒能过渡到娱乐艺能，并出现了服务于上层社会的艺能集团和职业乐官，日本舞乐逐渐向专业化发展。

奈良时代的日本还引入中国的散乐。散乐具体指的是与雅乐相对的俗乐，也被称为"百戏杂戏"。散乐的内容以杂技为主，同时包括曲艺、魔术、动物杂耍以及滑稽表演等多种多样的艺术形态。散乐的娱乐性非常强。在散乐进入日本之后，滑稽表演和哑剧逐渐成为主流，并与日本原有的一些民间艺能相结合，形成了一种崭新的艺能形式。

日本在奈良时代对外来乐舞进行大量引进和广泛吸收，并以此为基础逐渐形成了具有自己风格特色的和风乐舞，然后通过设立歌舞所、大歌所和内教坊等来促进和风歌舞的积极发展。总体来说，奈良时代的舞乐艺术的发展为以后日本舞乐艺术的发展奠定了初步基础。

2. 平安文化

从桓武迁都（794年）到东京奠都（1868年）期间，平安京一直都是日本首都。日本历史上的"平安时代"（794—1192）指的是从平安京成为日本政权中心到1192年源赖朝在镰仓建立幕府的近400年的历史时期。下面就主要对9世纪、10世纪以及11世纪的平安文化进行具体分析。

（1）9世纪的平安文化

在平安时代，日本对大陆文化的吸收达到了极盛期。从奈良时代律令制度的引进开始，日本对中国大陆文化进一步吸收并消化，到了9世纪达到空前繁荣。

在平安时代初期，日本对我国唐代的文化依然持以继续接纳的态度，因受到我国唐代文化的浸润，这一时期汉风文化最灿烂。同时这一时期继续沿袭上一代的做法，日本天皇在延历二十年（801）、承和元年（834）两次派遣遣唐使，当时的传教大师最澄和弘法大师空海作为遣唐使入唐，前者在回国之后建立了日本的天台宗，后者则建立了真言宗。

在此时期，佛教开始从中央向地方逐渐渗透，当时的日本在全国范围内开始大肆兴建寺院和佛像。在宽平二年（890），学者、诗人出身的右大臣菅原道真向朝廷上奏，建议停止派遣遣唐使这一活动，并在同年获批准得以实施，企图凭借这一方法来削弱汉文化的影响。就事实而言，这个时期除了最澄、空海等僧侣随遣唐使赴唐朝求佛典，两国的交流呈现急剧减少的趋势。日本对汉文化开始慢慢消化，逐渐形成了具有日本特色的平安文化，完成了汉风文化向和风文化的有效过渡，日本文化也在逐渐走向成熟。在日本文化的发展史上，这些都有着十分重大的意义。

在 9 世纪前期，伴随着对中国文化的引进，日本王公贵族阶层开始广泛流行修养汉文学。当时，《凌云新集》《文华秀丽集》《经国集》这几部汉诗文集的诞生，其实就体现了日本对汉文化建设的高度重视以及汉文化在日本处于高度发达的状态。到了 9 世纪后期，又相继问世了《纪家集》《田氏家集》《菅家文草》《菅家后集》这些优秀的私人汉诗文集。这几部汉诗文集都是依托汉文学的形式来展现日本人思想和情感的代表作品。

（2）10 世纪的平安文化

与汉文学盛行这一态势平行，和歌也基本保持了其独立发展的趋势。在 9 世纪后期，和歌"六歌仙"的登场为该时期的文化发展增添了奇光异彩。和歌"六歌仙"具体包括在原业平、小野小町、大伴黑主、喜撰法师、文屋康秀、僧正遍昭。在 10 世纪初期，日本又诞生了第一部敕撰和歌集《古今和歌集》，同之后的两部敕撰和歌集《后撰和歌集》《拾遗和歌集》一起被称为"三代集"。

在日本文化发展史上，这几部文学作品都被看作日本"国风文化"的起源。除和歌外，日本最早的小说模式"物语"也开始登上历史舞台，如《大和物语》《竹取物语》等，这种物语文学在日本小说发展史上具有划时代的历史意义。在平安时代出现的《枕草子》和《源氏物语》，更是被视为日本文学史上的历史性突破和最高成就。在这一时期，尽管汉文学在日本文化中占据着主导性的地位，但是已经出现了汉诗与和歌在同一场合进行吟诵的现象。同时，出现了《和汉朗咏集》，这部作品同时收录了汉诗与和歌。

从书法方面来看，藤原佐理、小野道风、藤原行成的成就可以说在当时是比较高的，因而被人们称为"三迹"。从建筑方面来看，还出现了遵循日本风土的"寝殿式"建筑风格。这种寝殿式建筑内部的装潢所使用的是独具日本文化特色的屏风和纸拉门，在拉门和屏风上面人们还经常绘制一些画。从佛教的传播方面来看，密教的修法在当时极为盛行，净土教也得以广泛流行。空海和尚在京都的市井平民中传播念佛活动，源信大师所著的《往生要集》在僧侣和贵族之间得以广泛流传，这些都在不同程度上对净土思想的推广和传播起到了非常重要的作用。

（3）11 世纪的平安文化

步入 11 世纪以后，日本的社会政治日趋动荡。在这一时代环境下，佛教的末法思想不仅在僧侣群体中流传，而且在贵族乃至平民阶层中也得到了广泛传播。之所以会出现这一现象，很大限度上是因为当时人们对末法时代的绝望，进而寻求在阿弥陀佛的极乐净土世界中获得解脱。相应地，贵族们开始大量建造阿弥陀堂，以求营造一个极乐净土世界。对阿弥陀佛的信仰成为人们日常生活所不可或缺的重要组成部分。在此时期，由于阿弥陀佛信仰在日本社会中的兴盛，使得许多与佛教相关的建筑、绘画、雕刻等艺术呈现出一派繁荣景象。例如，藤原赖通在 1052 年创建的平等院，其建筑样式、佛像、美术都是平安时代净土信仰的标志性艺术。

3. 镰仓文化

在日本历史上，武士出身的平氏将贵族取代进而获得政权，不久之后，源赖朝又将平氏政权推翻，在镰仓建立幕府。其后，兴起了后醍醐天皇的一派势力，幕府政权最终崩溃。在这期间的一个半世纪统称为镰仓幕府时代（1185—1333）。

镰仓时代的日本存在着以下两大政治中心：一个是以源氏将军为首的武士政权，其幕府设在镰仓；另一个是以天皇为首的公卿朝廷，据守京都。在镰仓时代之前，日本文化主要是以京都朝廷的公卿贵族文化为代表的，而新兴的武士文化以地方乡村武士阶层的文化为代表。这两种文化在长期的对立、并存及融合的过程中，逐渐形成了一种独特、新颖的日本民族文化，就是所谓的"镰仓文化"。大体而言，镰仓文化的形成可以进一步分为四大阶段。下面就分别对这四大阶段进行具体分析：

（1）第一阶段

第一阶段大致是从源赖朝建立幕府到第三代将军源实朝，也就是源氏三代将军的执政时期。在此时期，源氏政权刚刚建立，由于平氏一族的残余势力依然存在，且源氏家族内部曾经发生过内讧，因而这一时期面临的艰巨任务就是巩固政权。

在此时期，镰仓幕府还没有余力顾及文化领域的发展，在日本文化领域活跃的大多是京都朝廷的王公贵族。尽管这些公卿们丧失了对国家统治的主导权，但是其在学问、建筑、宗教以及美术等诸多方面都取得了辉煌的成就，这些都使当时的日本文化焕发出生机和活力。

值得注意的是，《保元物语》《平治物语》这些军记物语的原型其实也是在这一时期形成的。除了这些具有代表性的作品，该时期还重新修建了东大寺、兴福寺等名刹以及许多寺院，如永福寺、建仁寺等。日本文化在这一阶段的发展一方面奠定了镰仓文化的基础，另一方面也为日本整个中世纪文化打下坚实的基础。

（2）第二阶段

第二阶段被称为镰仓幕府巩固其政权的重要时期。镰仓幕府建立之后，日本的政治权力中心开始由京都转到了镰仓。但是，京都朝廷并不甘心丧失其政权，进而发动了"承久之乱"。战争最后以皇家军队的失败而结束。自此之后，朝廷方面丧失了皇权，武士集团的权力日益壮大。一些王公贵族开始逐渐丧失了其往日的权势，但是文化遗风依然存在，该时期出现了很多优秀的文化成果，其中具有典型性的成果具体有以下几个：

①亲鸾的《教行信证》。在这一作品中，亲鸾谈及恶人救度的问题。他列举了印度王舍城里阿世的例子来阐释观点。

②藤原定家参与编撰的《新古今和歌集》。其中挑选了新古今和歌时期100位歌人的各一首作品，然后汇编成集。

③《小仓山庄色纸和歌》又名《小仓百人一首》。所谓"百人一首"指的就是一百个歌人每人选其一首优秀的和歌，集成百首之意。

镰仓幕府为了使其统治得以巩固，还制定了武士政权第一部根本法典《御成败式目》。在该部法典中，对源赖朝以来的惯习法、判例进行了收集，想借此明确御家人（镰仓时代与幕府将军直接结为主从关系的亲信武士）的权利、义务以及所属领地的诉讼等诸多与之相关的事宜。这是首部言简意赅的成文法，也是最早的武士律法。在这一时期，镰仓还出现了木造大佛，以及一些具有代表性的文化人物，如道元、湛庆，正是他们开创了日本新兴佛教文化的盛世。

（3）第三阶段

第三阶段是从 1246 年到 1283 年这一时期。这一阶段是镰仓幕府政权的鼎盛时期。在此时期，京都的王公贵族仍然遵照旧时风貌发展着其公卿文化。藤原定家的后人仍然在日本和歌歌坛处于统治地位，其子藤原为家编撰了《续后撰和歌集》《续古今和歌集》和《续拾遗集》。

对镰仓幕府政权进行分析可以发现，武士阶级非常看重佛教文化中的禅宗，将禅宗视为武士道的哲学理论。除此以外，还从中国请来一些僧人奔赴日本从事讲禅活动。这些都对日本后来的五山文化、东山文化以及文学艺术产生十分深远的影响。

（4）第四阶段

第四阶段是从 1284 年北条贞时执政到镰仓幕府灭亡的这段时间。在此时期，幕府政权中御家人的经济状况开始日渐窘迫，他们开始对现实表现出十分不满的态度。同时，非御家人阶层慢慢兴起，并且开始变得日益活跃。在这一阶段，京都朝廷方面的注意力主要放在研究学问和艺术创作上。当时的伏见天皇在书法方面就具有较高的造诣，其还有个人和歌专集《伏见院御集》。伏见天皇下令编撰的《玉叶和歌集》被誉为继《新古今和歌集》之后的佳作。宗教思想方面，之前作为武士阶级信仰的禅宗受到了京都朝廷的关注。1291 年，龟山法皇创建了南禅寺，该寺在 1334 年被列为"五山之首"。

4. 室町文化

在镰仓时代后期，由于镰仓幕府理政不善，下层武士和农民表现出不满的态度；当时的朝廷为了掌握其皇位继承权，开始积极进行倒幕运动。在镰仓幕府的内部，也存在着一些大将背叛幕府的情况。这种内外夹攻的形势加快了镰仓幕府政权的崩溃。在此过程中，足利尊氏将军拥立光明天皇并建立了北朝，这在日本历史上被称作"足利幕府"。

日本史学界将足利尊氏开设幕府到第十五代室町将军足利义昭被织田信长逐出京都的二百多年称为"室町时代（1336—1573）"。1378 年，室町幕府第三代将军足利义满在京都室町街修建官邸，并将其称为"室町殿"，室町时代的得名正是基于此。在镰仓时代，日本的京都是王公贵族的首都，镰仓其实可被看作武士集团的首都。到了室町时代，武士集团的首领足利尊氏将幕府搬进了京都，京都成为公武两家的首都，各地的大名和武士蜂拥而至。随着武士中央政权的迁入，京都人口数量急剧增加。相关研究数据表明，当时的在京人口最多时可达十五六万左右，其中王公贵族和神官僧侣等仅占 6.5％，而武士占 30％，是王公贵族人口数量的四倍多。室町时代的京都城事实上成了武士集团的天下。尽管镰仓时代的武士集团掌控了国家政权，但是王公贵族在文化方面有显著优势。到了室町时代，室町幕府不断从中国引进新的大陆文化，武士文化逐渐占据了上风。值得注意的是，由于足利将军将幕府设在京都，使得公武之间在文化方面自然而然地出现了空前的融合。京城的武士大多来自全国各地，因此也加速了京城文化和地方文化的交流。同镰仓幕府相比较，室町幕府的显著变化就在于其将幕府的权力机构设在了朝廷所在地京都，这有力地促进了公卿文化和武士文化的进一步融合。

从整体上进行分析，可以把室町文化分为两个部分，其一为北山文化，其二为东山文化。具体而言，北山文化主要是以室町幕府第三代将军足利义满在北山山庄建造的金阁寺为标记，其代表着 14 世纪的室町前期文化；东山文化主要以第八代将军足利义政在东山山庄所建造的银阁寺为标记，代表着 15 世纪的室町后期文化。下面就分别对其予以分析。

（1）北山文化

北山文化具体指的是足利义满执政期间及前后一段时期内的文化，以其在京都的官邸北山山庄而得名。具体而言，北山文化主要包括传统的公卿文化、镰仓时代以来的新兴武士文化以及佛教禅宗文化，北山文化的一个突出特征就是这三大文化的融合。北山文化的主要内容在文学、艺术和绘画美术等方面也得到了突出的体现。

从文学方面来看，禅宗的五山文学占据主流地位，其典型代表人物有义堂周信（1325—1388）、绝海中津（1336—1405），这两位代表被誉为日本"五山文学双璧"。在此时期，受到日本官寺制度的制约，人们的诗歌创作体现出倾心于清闲高雅的诗风的特征。义堂周信是京都建仁寺、南禅寺的住持，他对儒学和汉文学也有着很深的造诣。义堂周信一生创作汉诗 1700 多首，其中大多是七言绝句，其文章写作也相当出色，文句禅理浅显易懂，文境高深。绝海中津进一步发挥了义堂周信的风格，但其汉诗文作品几乎没有宗教性的题材，大都属于送别诗、赠答诗和咏景诗类型。

从艺术表演方面来看，有以世阿弥为代表的猿乐能，和歌方面则有以二条良基为代表的连歌。世阿弥在表演、创作和理论这三大方面都成就显著，其能乐理论著作有 20 多种，如《申乐谈仪》《风姿花传》《至花道》等。

从绘画美术方面看，主要有明兆、周文等禅僧创作的具有宋代风格的水墨山水画、佛像画以及人物画。禅僧所创作的水墨画作品内容主要是绘制宗师的水墨画像，在当时，这是一种参禅的途径。除此之外，还有用水墨绘就的《墨兰图》《墨竹图》，表现了兰与竹的灵性与禅性。

（2）东山文化

东山文化有广义和狭义之分。广义层面，东山文化指的是 15 世纪后半叶的日本文化。狭义层面，东山文化指的是第八代将军足利义政执政时期的日本文化。在 1467 年应仁之乱爆发以后，足利家族在幕府中大权旁落，地方守护大名的实力得以不断增强，室町幕府实际上成了由各强势守护大名把持的联合政府。当时的足利义政将军为了逃避现实，于是在东山营造山庄，过起风流奢华的生活来。东山文化正是得名于此。同北山文化类似，东山文化也凝聚了武士文化、公卿文化和禅宗文化的一些要素，并进一步将这三种文化融为一体，其特点表现为言外余韵、情趣幽邃。具体而言，东山文化的代表人物有村田珠光、金春禅竹、雪舟等杨、能阿弥、相阿弥等。

5. 江户文化

在 1467 年以后，经历了应仁之乱和文明之乱，室町幕府的统治逐渐走向衰落，足利将军大权旁落，全国各地的大名割据一方。这种战乱局面持续了将近一个世纪，被称为日本历史上的"战国时代"。直至后来织田信长率先带兵进入京都，取得了号令天下的先机。继织田信长之后的丰臣秀吉提出了"天下静谧"的口号，各地战火渐熄，日本开始重新走向统一。德川家康承袭织田信长和丰臣秀吉所开创与建立的统一大业，于 1603 年在江户（今东京）设立幕府，开启了长达 260 多年的江户时代（1603—1867）。下面就对江户时期日本文化的几个重要方面进行论述。

（1）宋学的日本化

我国的宋学早在 13 世纪初期就已经传入日本，但当时的宋学在日本只是被看作一种学问，并没有成为人们的一种生活规范。到了江户时代，宋学开始受到统治者的保护与资助。宋学重大义、名分，对君臣关系和等级关系进行了严格的规定，这对社会秩序的规范有着非常重要的作用，因而得到了幕府统治者的大力支持。在这一时代环境背景下，宋学取代了佛教的主导地位，以新儒学的面貌成为江户时代占统治地位的意识形态，走向日本化，并在庶民大众之间普及开来，发挥着教化作用。同时，日本的儒学者开始对中国古典进行研究，并对宋学进行探讨，这极大地促进了儒学和神道的融合，实现宋学的日本化。其中，最主要的是以藤原惺窝、林罗山为代表的儒学家，他们对朱子学中超自然的"理"的内核进行了吸纳，同时对其"人遵循理"、理胜于情欲的思想进行了有力批判。

（2）国学的兴起

日本社会在 16 世纪出现了尊重古典的风气，贵族、武士等都十分倾心于古典。相比较来看，日本古典主义思潮的形成比西欧的古典主义要晚一些，它萌芽于 17 世纪末，完成于 18 世纪的元禄时代。从根本上进行分析，这是由于佛教思想、儒学和武士道文化对日本社会产生深刻影响导致的。由于缺乏探求人性的自觉，再加之日本学术体系的理性和理论贫乏，以理性至上为基本特征的古典主义的产生与发展始终处于一种相对滞后状态。

从 17 世纪末到 18 世纪，日本社会中又开始流行现实主义，这也成为当时的一种时代思潮。之前的日本社会，学问是以佛学和儒学为中心的，这一时期则掀起一股对历史进行探索的风气，从上层阶级到普通的市民都存在着强烈探索历史的欲望。在具体探索历史的实践中，合理主义成为这一时期日本民众最基本的思维方式。即使对于古代怪异的传说，他们也总是尝试着对其做出科学、合理的解释。值得注意的是，这种合理主义的盛行使得人们能够批判唯心主义的朱子学，将重点从主观的"义理"转移到客观的"真实"层面上。在同一时期，武士和町人文学中的性爱主义和劝惩主义思潮对文化产生了很大的冲击。考察古代文化可以很好地对抗这种时代思潮，因而其成为一种主题。这是这一时期文化史上一个最具特征的变化。文艺复兴其实就是指复兴古代文艺精神，同时将新时代的新文艺精神融入其中。在日本历史上，古典主义作为文艺复兴的一个重要部分，是指江户时代元禄时期以后国学的兴起。从根源上看，国学的兴起主要有以下两大方面的原因：其一，受商业社会中合理主义精神的影响，自由的个人情感作为一种社会价值渗透到了日本社会中的各个领域；其二，对古典主义的探求促使儒学和神道学有机融合，进而实现其本土化，这是人们研究学问的内在要求。

在此时期，还出现了许多民间的国学者，他们主要采用文献学的实证方法，对日本古典作品本质性的东西进行论证，对古典作品和古代文艺的精神进行探讨。国学从批判儒教思想开始，重点批判儒学的"人遵循理"和"劝惩论"压抑和扭曲人们的真情，尝试着对以主情主义、肯定本能为核心的人生进行真实阐释。总体而言，复兴国学已经成为当时日本文艺复兴的中心问题。

起初，国学的兴起旨在通过对日本古典作品的研究，在文化、文学上对日本自古以来真实的人性进行探索，同时对人性和人欲给予尊重和肯定，萌发了近代的人本主义精神。但是，在幕府统治的政治危机下，人们掀起了一场复古的政治运动，国学自身的局限性被用来宣扬"皇国精神""尊重国体"和"排斥汉意"，这就形成了国粹主义意识形态。在此情况下，国学已不再单纯地作为一种文献学的实证方法被用来对古典作品的学问加以研究，而是带有浓重复古的政治色彩，丧失了国学作为学问研究的纯粹性。

在宋学的日本化过程中对中国古典作品进行研究的风气，以及在复兴国学的运动中对日本古典作品进行研究的潮流，均对这一时期日本文化的发展起着强有力的推动作用。

（3）浮世绘的诞生

日本在江户时代还出现了一种纯日本式的版画——浮世绘，这一艺术样式的出现在很大限度上充实和丰富了日本古代绘画艺术的宝库。浮世绘又被称作"风俗画"，是反映町人大众生活和风俗的木版画，大多对人物和风景进行刻绘。浮世绘在印刷技术得到改进以及印刷质量得以提升后，开始逐渐脱离书籍插图的附属地位，成为一种独立的艺术形式。

1681 年，画师菱川师宣开创了"浮世绘"的创作方式，人们为其新造了"浮世绘"这个词，日本式版画"浮世绘"的名称也正是由此而来的。在这一时期，浮世绘所绘制的大多是江户吉原青楼的风俗画和歌舞伎演员的人物画。

在江户时代前期，大众娱乐除吉原游廊外，就是欣赏歌舞伎，为此浮士绘也开始将歌舞伎的相关元素加入创作内容中，在歌舞伎广告栏或节目单上制作歌舞伎演员的肖像版画。

由于单一的墨色难以展现青楼女的美姿，人们开始在墨色上涂动物胶以增加光泽，称为"丹绘"。经过 50 多年的发展，"丹绘"发展成以赤为主，增加绿、蓝、黄等颜色，完成了从"丹绘"到"红折绘"即"多彩绘"的过渡。之所以以赤色为主，是因为红绘线条比较纤细，可以使人物形象更加华丽多变，色彩也使画面更加丰富多彩。鸟居清长与喜多川歌麿因用"锦绘"绘制美人画而闻名于世。

（四）现代社会时期

1. 振兴现代科学与教育

日本在当时面临欧美列强的威胁以及其自身可能会沦为半殖民地的危险的情况下，于明治维新时期提出了"殖产兴业""文明开化"以及"富国强兵"三大政策，尝试着运用国家政权的力量对资本主义的发展给予大力扶植，继而希望依靠经济自立，通过工业化和现代教育来实现日本的现代化。为了达成这一目标，日本非常重要的一个课题就是从欧美各国引进新的科学技术并振兴教育。

在幕府末期，借助于普及寺子屋将日本的教育提高到了较高水平。在明治维新后不久，启蒙思想家福泽谕吉发表了《劝学篇》，该文章倡导以学问和教育为中心，认为应学习对人们生活有帮助的具实用性的实际学问，同时应具备求实精神、学以致用。京都率先效仿西方学制兴建学校。1872 年，明治政府制订"学制"，正式颁布了一个有计划、有目的的教育改革文件《关于奖励学业命令书》，这一文件明确规定了"学问乃立身之本"，学问是"治产兴业"的唯一途径，已经具有一定的资本主义色彩；同时，以县为中心将寺子屋改造成公立小学，规定6 岁以上的适龄儿童都必须入学接受教育，强制推行"四民平等"的国民义务教育制（四年制教育）；在各府县设立师范学校，免收学费，学生毕业后担任教职。经过多年的努力，日本就学率得到显著提高。

同时，政府将江户幕府的儒学学校改造成现代型的开成学校，后改组为日本最高学府东京大学，并任命启蒙思想家加藤弘之为校长，大量雇佣外国的自然科学教授，同时派遣一大批学生奔赴欧美留学，让他们在学成后归国取代外籍教授。在实行科技教育的同时，对思想进行革新，倡导自由主义和欧化主义，进行现代启蒙思想教育，还对社会风尚进行改革。这些都充分表明了新的教育具有一定的开明性。

然而，新的教育制度刚刚建立，明治政府为了适应其推行的专制主义的需要，在 1890 年颁布了《教育敕语》，企图在引进西方"修学习业"这一道德规范和学校制度的同时，对传统儒学的道德教育进行改造。由此，日本在教育思想上产生了"开化"与"复古"间的矛盾，这对现代教育新思想的发展起到了很大程度的抑制作用。很多日本学者认为，《教育敕语》是一把"双刃剑"。

20 世纪上半叶，要求进行民主改革的"大正民主运动"和要求改革教育的呼声几乎同时兴起和高涨。一些有志于教育改革者，积极介绍欧美新教育运动及其理论,并创立《自由教育研究》《艺术教育自由》等刊物,设立"教育改造节",推动新教育运动,率先冲破了统治者对教育的管制,成立私立学校,实施自由教育。京都大学校长泽柳政太郎提出了以下主张:"学问的独立是大学的精神,也是生命。"他在大学所进行的改革受到阻挠之后,辞职并开办了私立成城学校,实行尊重个性、将科学研究作为基础的教育。其他私立学校也纷纷独自制订了教育课程,并对个性教育给予了充分的重视。随后,自由教育运动在教育界风靡,市民、工农也对官办教育和学术的中央集权制持批判态度,并强烈要求应将接受教育的机会扩及广大民众。

与此同时,以大学为人文、社会、自然各学科研究中心的教育科研体制,已经难以适应产业以及科技发展需要,产业界对科技和教育的研究要求与教育界对教育的改革呼声日益高涨。特别是在自然科学研究方面,随着现代工业发展的需要,明治时代以官立大学为中心,先后增加和开设了物理学、化学、农学等诸多课程,并成立了各自然学科的研究所。在 1918 年,颁布《大学令》,除官立大学之外,还承认开设公立、私立大学,同时延长了义务教育的年限,各类各级学校和学生人数迅猛增长。《大学令》虽然在某种程度上容许大学的自治和学术的自由,并规定大学的目的在于"研究学术、陶冶人格",但同时为其后推行国家主义教育进行了法律层面的规定,规定大学教育应"培养国家思想"。从 20 世纪 30 年代开始,日本社会的资本主义矛盾日益加深,在官立大学中,自由教育逐渐消失。文部省实施统制教育,新教育被中途废止。

第二次世界大战后的日本经济实现了高速发展,这可以说是一大奇迹,并引起世界的瞩目。人们对此非常惊讶,这样一个人多地狭、资源贫乏、千疮百孔的战败国为何能在如此短的时间内创造出如此令人惊艳的经济奇迹?究其主要原因,原日本文部大臣荒木万寿夫给出了以下答案:"明治至今,我国的社会和经济发展,特别是战后经济发展的速度惊人,为世界所瞩目,造成此种情况的重要原因,可归结为教育的普及与发达。"有了高质量的人才作为资源,就能够弥补一些不足,并取得事半功倍的效果。当然,这种高质量的人才储备并非与生俱来的,而是依托重视教育、狠抓教育的改革与人力开发得以实现的。

日本还多次将诺贝尔奖纳入囊中,这一事实也让我们将目光投向日本的高等学府,并对其高等院校的科研体制、运行机制以及国际竞争力给予关注。日本有着非常浓厚的高等学府的学术氛围。

1945 年,日本在第二次世界大战战败后,经过一系列的酝酿和准备,对偏离民主主义的军国主义教育实施了改革，其中对高等教育阶段进行了一些方向性的调整。例如，加速培养科技人才、改革工科教育，以及确立产学合作的教育体制等。在实际的运作层面，其采取的是产官学一体的研发机制。这一研发机制对促进日本研发和技术力的提升起着非常重要的作用：一方面，其将研发结果很快转移到生产层面，形成生产力；另一方面，使产业界、学研界以及政府服务间的有效互动制度化。

2. 近代自我的确立与受制

日本能够走向近代和现代，在很大程度上依赖于对西方文化的借鉴。日本的思想文化启蒙运动也是在对"西方的冲击"持以接受的态度下做出敏锐反应而展开的。

日本与西方的历史条件、政经因素、社会结构和文化传统不同，加之受到国内外环境的制约，其近代自我的确立就具有了特殊性。从国内环境来看，在明治维新以后，日本在建立民主立宪政治体制的同时，不断加强神权天皇制的绝对主义，形成自由主义和绝对主义共存的态势和局面。日本传统价值体系并没有发生根本性的转变，尤其是浓厚的文化封建意识的存在，在很大程度上对新的文化价值体系的建立产生了制约作用。

到了明治中期，日本又强制推行国粹主义，传统文化的封建性不断得以巩固，近代自我的觉醒受到了极大抑制。从国际环境方面来看，进入近代伊始，面临外国干涉的威胁，为实现国家对外的独立和对内的统一，国家权力企图在国民中间强化传统的集团意识和国家意识，巩固中央集权的秩序。

在这一情势下，日本近代国民的自我意识从实质上受强化了的天皇权威的集团意识支配，并由统一的思想意识、单一的思维模式严格规范。总体来看，缺乏独立的人格和思想以及积极的能动精神，以盲从为美德，这就在很大程度上压制了近代日本文化所萌生的个性意识和主体精神。这一特征又与日本文化传统存在着密切的关系。日本文化传统中有着非常顽固的忠诚观念和等级观念，个体的自我对国家、社会这个整体通常是单向的、绝对化了的忠诚。这种集团的导向性导致日本人的集团心理结构的形成，甚至成为日本人的行动基础。因此，日本文化在人的基本关系方面，涉及人和社会、人和人以及人和自我关系的这一观念中，其核心内容就是忠诚于集团并信赖等级制度，依附于一种服从性的社会关系，这种观念对自我本身而言是缺乏自由平等意识的。

日本社会结构是以共同体的家族为中心，其文化传统则以群体为本位。因而可以说，日本的自我同西方个人主义为中心的自我其实并不具有一致性。日本的自我主要是围绕群体这一中心，其依存于群体，自我的价值取向建立在个人与群体关系的基础之上。但是，个人同群体间的关系其实是不平衡的。也就是说，这种关系过分强调自我服从于群体，忽视了个体的独立性、个体的权利和独立价值，这样一来，就必然会削弱自我的完整性，甚至会导致某一时期自我与集团关系的严重失衡。

就事实来看，这种自我依存于群体的模式内部蕴含着更大的矛盾与对立，结果造成日本走上了封闭式的发展道路。自我局限在追求"内部生命"中的自我主体的真实，从"内部生活"来把握作为平等人所要求的自由与解放。这种自我的封闭性格，一旦从"内部生活"转向"外部生活"时，个人与自我就非常容易被置于绝对主义的权力统治之下。由此不难看出，近代日本文化中的自我没有完全达到其所追求的尊重人的价值、确立个体人的地位的目标。

除此之外，日本的自我会随着时间的推移和社会体制的变化而发生相应的变化。第二次世界大战后的日本受到美国的影响，宣告神化了的天皇人格化，并对其思想解放运动起到了推进作用。与此同时，制定了新宪法，保障个人自由、民主，为日本文化传统实现创造性转化和重新确定日本的自我创造了条件，提供了可能。重新确定日本自我的重要一环，就是全面合理地对自我与群体间的关系进行调整，从而达成两者的协调与统一。具体来说，要调整好这两者之间的关系，最终建立起日本式的"自我与群体融合"的行为模式：对自我而言，应坚持其主体意识和合理的设计；对群体而言，应充分发挥其制约作用和合理的强调。

3. 摄取西方的现代艺术精神

明治维新实行"文明开化"之后，日本还大量引进西方现代艺术精神，这开始于对西方美学思想的摄取。西周、中江兆民、菊池大麓等启蒙活动家，选择以艺术结构的核心——美学作为突破口，在翻译和撰著介绍西方美学方面做了出色的启蒙工作。

西周率先迈出了介绍西方美学思想的第一步，对孔德、穆勒的哲学思想和美学思想加以吸收，并撰写了《百一新论》这一著述。自此之后，他在自己创办的育英社中讲授"百学连环"，强调文艺应重视"意趣"，并写出了《美妙论》，这是日本首部独立的美学专著，首次阐述哲学中有一种叫美妙学的学问。此学问同所谓的美术存在着很多相通之处，被称为"研究美术原理的学问"。这里所说的"美术"其实就是表现美的技术，是最早有关美学的称谓。除此之外，西周还强调指出美就是"善"，而"节度与中庸"就是美，将引进的西方美学思想与东方美学思想有机融合在一起，这意味着他给予美学一个独立的地位，称作"善美学"。

中江兆民对维龙的《美学》（通称《维氏美学》）进行了译介，他还将孔德的实证主义和斯宾塞的进化论作为着眼点，提倡艺术上的真实与个性，并将美学定义为"审美之学乃是谈论艺术之美的学问"，将艺术分为"使人眼目愉悦的艺术"和"使人耳愉悦的艺术"，这都是对艺术之美的意义和本质进行了初步阐明。

在此时期，日本文部省非常重视西方美学精神的引进，其主持翻译出版的《百科全书》包括了美术（美学）分册。菊池大麓译介《修辞与文采学》，不仅介绍了西方修辞学，而且运用心理学、美学等理论来对语言种类和效果以及诗的本质和分类进行探讨。这些翻译的西方美学著作，在日本近现代对于西方艺术精神的摄取方面起到了极大的促进作用，同时对日本近现代美学的构建也有着重大的意义。

值得注意的是，美国东方美术学者芬诺洛萨在日本发表了题为《美术真髓》的演讲，在这一演讲中，他提出了他的美学观——"以娱乐人心，使人的气质和品格趋于高尚为目的"，并强调了振兴面临危机的传统艺术精神的重要性和必要性。这些近代西方艺术精神在日本的传播，对传统的艺术精神和西方艺术精神的交流大有裨益。

中江兆民译介《维氏美学》之后，坪内逍遥直接引用了《维氏美学》的内容，撰写了《小说神髓》，提出以"真"作为唯一的文学理念，从而奠定了日本近代朴素的写实主义理论的初步基础。自此之后，二叶亭四迷翻译了别林斯基的《美术之本义》，接受了别林斯基的现实主义美学和文艺批评理论，对别林斯基把握近代人性的自觉和革命的民主主义思想以及关注人生与社会的精神进行了有效的吸纳，然后撰写了《小说总论》，进一步完善和发展了坪内开创的日本近代写实主义理论。

日本在引入西方近代写实主义文艺理论的同时，还引进了西方的浪漫主义。其具体有以下几大方面的体现：

首先，中江兆民在《维氏美学》中对西方浪漫主义与日本中世纪文学的关系进行了具体的论述，同时指出"文艺作品之美，在于作者的个性的明显表现，在于艺术家的永恒性格的清晰显现"。

其次，森鸥外引进了西方近代浪漫主义的艺术精神。为了学习"泰西诗学"，他将新的感觉和情绪依托在美的抒情旋律上，将美的艺术世界加以确立。森鸥外还与人合作翻译了西方诗集《于母影》。他还创刊文学刊物《栅草纸》，宣称"以审美的眼，评论天下的文章"，成为传播西方浪漫主义文艺精神的先行者，做了许多近代文艺理论和批评的启蒙工作。此外，森鸥外与大村西崖一起根据哈特曼的《美的哲学大纲》编著了《审美纲领》，提出了以下主张：审美学与理论哲学分离，审美学和伦理学并存；自然美与艺术美是相互作用的，作者可以通过理解艺术美的官能来丰富自然美，也可以通过模仿或观察自然来完成艺术。

夏目漱石将西方现代艺术精神和东方艺术思想进行了有机结合，构建了自己的艺术论。他在《文学论》《文艺的哲学基础》等文论中强调指出：采纳西方艺术，必须注意充分发挥日本自己的特色；要自成标准，一切的发展必须有气力（精神），即自觉自信力；艺术的"三为"，即为自己、为日本、为社会，这种艺术精神的思想基础是"为人生、为社会"。因此，夏目漱石采纳了李普斯以心理学为基础将美学作为应用心理学的一个分科的观点，从根本上论述了艺术的活动力，主张着重于心理学、社会学的角度，强调"美、真、善、壮"都是文艺的理想。这是东西方艺术精神交流的结晶。值得注意的是，厨川白村在引进西方艺术精神方面也做出了巨大的贡献，并对 20 世纪 30 年代的中国文艺界产生了深远的影响，鲁迅对此给予了高度称赞。厨川的《近代文学十讲》引用了许多实例来系统地介绍近代欧洲文艺思想的形成和发展，他的《苦闷的象征》运用柏格森的生命哲学和弗洛伊德的精神分析学，阐释了"生命的力"的意义和社会存在的"强制压抑之力"压抑了"生命的力"的观点，并强调了因"生命的力"和社会存在的"强制压抑之力"这两种力的冲突而产生的苦闷，就是"时代苦闷的象征"。可以说，厨川白村在引进西方近代艺术精神时，密切联系当时的时代进行思考，很有独创性。

另外，日本在摄取西方艺术精神的同时，对西方的美术思想和技术积极有效地吸收，在美术方面取得了不错的发展和进步。明治维新时期，由工部省开设美术学校，进行西方美术教育，并在人物画中第一次表现人体。但此举遭到国粹主义者的强烈反对，他们拥护传统日本画，拒绝展出西洋画，工部美术学校也被迫停办。1887 年前后，留欧美归国的美术学者重新设立私塾，教授西方美术，并成立了明治美术会，这是近代日本第一个西方美术团体。1896 年，东京美术学校第一次设立西洋画科。作为近代日本引进西洋画的先驱者，黑田清辉按照法国的教授法，讲授美术解剖学、美术考古学。同时，他让留学法、德的学生或学者回国担任教师，介绍和普及西方美术精神和技法。还有富冈铁斋、小林古径、岸田刘生等名画家，致力于采用日本传统技术和美学方法的同时，吸收中国或西方的人物画和风景画的精华，使日本绘画现代化。

由于明治维新的不彻底性、沉重的封建社会结构和文化结构残余的牵绊，以及日本近代文艺上确立的自我、人文主义和人道主义的后进性，近代日本在引进西方近代艺术精神的过程中，受到了种种限制，其间还混杂着不间断出现的反西方近代文艺精神的拟古典主义、古典主义乃至日本主义，凡此种种因素，使得日本近代艺术精神的形成与发展远远晚于西欧，启蒙文艺思想足足晚了两个世纪，写实主义、浪漫主义艺术精神晚了将近一个世纪。

4. 日本文化的抉择

日本文化在走向现代化的过程中，经常会碰到"西方的冲击"这一无法回避的命题，以致不断反复交替出现欧化主义与传统主义的思潮，被迫在东西方文化的冲突中做出自己的文化抉择。因而可以说，日本文化现代化的道路非常曲折坎坷。幕府实行了长达两个多世纪的锁国政策，推行传统主义，在对待西方现代文化方面，一致认为应学习和借鉴西方技术，但在对待西方精神文明方面，则基本上采取拒斥的态度。明治维新以后，为了推进资本主义现代化，日本向西方大开门户，经济上推行"殖产兴业"的政策，学习欧美技术，并且提出"文明开化"的口号，根据现代化所需在表面层次借鉴西方的文明，但是对西方精神文明的引进严格限制在政治允许的范围以及残存的封建结构和文化结构之内，而这对日本现代化的发展非常不利。

明治中期至昭和年代的政治环境，以政治化的天皇制为大一统的思维模式，用神权粉饰天皇制度，建立和巩固天皇制的绝对主义。当时，思想界以三宅雄次、志贺重昂的政教社为中心，指出西方化的"非国家主义"不符合《教育敕语》的精神，掀起一场反对西方现代文化的运动，提倡国粹主义，狂热地鼓吹狭隘的民族主义。

日本国家权力利用和强化这种传统一元论的思维模式，将日本的保守性、封建性推向极致。对传统主义的提倡，不仅是出于文化方面的原因，也是出于政治方面的动机，概括来说是企图通过文化上的传统主义与政治上的民族主义的结合，来实现其国家主义、超国家主义的目标。

在日本走向现代初中期的进程中，上述因素对日本的现代化发展有严重的阻碍。阻力还来自彻底的反传统。彻底的反传统必然会引发"全盘西化"这个另一极端倾向。日本的欧化主义，只强调日本文化的现代意义，而忽视将传统作为日本现代化的根基。日本反传统文化的欧化主义思潮始于明治维新，贯穿日本现代化的不同历史阶段。第一次的欧化风潮发生于明治维新之后。国门打开，人们发现西方拥有先进的科学技术、民主制度等现代文化，在整个价值判断上以西方文化为基准，企图以欧化来解决现代化与传统文化存在的问题。欧化论者发现西方文化对于改造传统文化，促进传统文化走向现代具有不可替代的重大作用。因而主张完全摆脱传统文化，学习西方的一切，如科学技术、制度、风俗习惯、价值观念乃至生活方式等。殊不知，这虽有其积极的一面，但他们未能在整体上正确把握传统文化也有其适应现代化的一面。第二次的美国化风潮，发生在第二次世界大战日本无条件投降后。美国占领日本，日本人以为日本传统文化绝对落后于美国现代文化，在反思和批判政治、历史、文化观念上的天皇制传统的同时，又主张全面否定日本的传统文化，企图用美国文化来替代日本文化，甚至有人主张让日本成为美国的一个州。

在日本迈向现代化的过程中，出现传统主义和欧化主义，这是有其历史原因的，具体表现为以下几大方面：

其一，这是由日本资产阶级民主主义革命的历史独特性所造成的。明治维新在确立现代国家体制时，采用君主立宪制。明治宪法规定了天皇的统治权，其政治结构和社会结构保存着极大的封建性，在政治和文化上比较固守传统的东西，而多怀疑相异于传统文化体系的西方文化。这一现象的客观存在其实是同日本文化主体性这一特征高度一致的。而且，经过中日甲午战争和日俄战争的两次胜利以及现代工业革命的成功，日本人把传统文化中封建性的东西当作"国粹"，加以弘扬，企图从中找到振奋"民族精神"的特质。但是，每当其传统的政治结构和文化结构发生根本动摇或解体的时候，又对其固有的价值体系产生怀疑和困惑，甚至企图以全盘欧化来解决传统文化与现代文化中存在的问题。即便如此，日本传统文化的封建性依然比较根深蒂固，出现于日本历史上的欧化主义远不及传统主义激烈和长久，对日本现代化的影响也较弱。可见，日本文化模式中的这种兼具外在开放性与内在主体性的模式特征是深入日本文化精髓的。

其二，从思想的原因进行分析，日本人缺乏对日本传统文明自觉的认识和对西方文化足够的了解，也缺乏对这两种异质文明传统的分析。这样就容易在一定的历史条件下忽视传统文明中落后腐朽的因素，盲目推崇传统，宣扬国粹主义；在另一种历史条件下又容易将一切西方文化都视作先进的东西，盲目迷信西方，赞美欧化主义。因此，日本现代化的过程就是不断地克服传统主义和欧化主义这两种极端思想的过程。可以说，只有自觉地认识日本传统文明，深刻了解西方文化，才能客观地对待、更好地引进西方文化，完善自己传统的东西，并促使日本文化走向多元化。日本现代化就是对传统文化和西方文化的自觉，完成这一过程最重要的就是再认识传统文化、比较选择西方文化，同时应大规模地吸收外来文化的深刻体验。这里就存在一个如何认识日本文化的价值，以增强对日本传统文化的自信的问题。不能彻底反对，也不能全盘继承，需要通过东西方文化的横向比较和传统与现代文化的纵向联系来把握日本文化的特质，这样才有可能维护日本文化传统中最核心的民族精神和民族自信心，用辩证思维对待外来文化，保持改造传统的力量，完成传统的创造性转化，发挥传统的创造性的主体作用。

总体来说，实现日本文明现代化的一个重要问题就在于文化的抉择，而进行文化抉择的基本前提是多种文化的存在。当然，这个问题的解决需要相当长的历史阶段，甚至需要贯穿现代化的全过程。

日本发展现代化是在技术文明、民主主义体制和传统的再创造三个文化结构层面上交错或同时进行的。从这一视点来考察，日本第二次世界大战前并没有实现真正意义上的现代化，主要因为战前日本社会体制并未完全实现民主化，也并未真正确立现代文化主体的自我。换言之，战前日本虽然技术文明达到一定的发达程度，但并不完全具备现代性的内在素质。

毋庸置疑，日本现代化始于吸收西方的技术文明。对现代化来说，技术文明是一种重要的手段，如果没有民主体制上的保证，就很难完全运用这种手段。但是，如果日本现代化没有立足于日本传统的创造性转化的基础上，没有以日本传统文化的合理因素作为根本并发挥其主体作用，那么即使在技术文明和民主体制这两个层面上实现了现代化，也只能是全盘西化。可见，日本要完成真正意义上的现代化是非常困难的。加藤周一对历史经验进行了分析和总结，并提出了日本现代化的模式，即"日本的现代化，只能采取民主主义原则、技术文明和日本文化传统相结合的形式"。日本这一现代化模式的重点是强调日本文化传统是日本式现代化的决定性因素，应成为日本现代化发展的内在动力机制和导向机制。也就是说，日本式的现代化应以西方的民主主义为基础，以高度的技术文明为手段，以日本民族的传统文化为根本，在经过创造性转化的传统的价值体系内实现。

通常而言，物质文明是人类文明所具有的共性的一种反映，可以为他国、他民族所接受和传播。尽管如此，引进西方物质文明也需要考虑自身文化传统的特点，经过一个吸收、消化和改造的过程，最后使之为己所用。同理，学习西方的精神文明更要考虑每个国家、民族都有其各自的传统、价值体系、精神文明，并且受制于各自不同的政治制度和意识形态，这意味着现代化只能在自身的价值体系范围内完成。

日本走向现代化的历史经验充分证明：现代化必须根植于日本的传统文化，而日本的传统文化本身必须现代化。日本现代化的发展，只能通过借鉴和引进西方文化中的优秀成分，在改造自身传统文化的基础上实现。如果不以日本的文化传统作为根基，只学习西方的科技文明和民主主义，就只能建成西方式的现代，即全盘欧化。但是，如果日本文化传统不以吸收西方文化作为先决条件，完善日本传统文化的主体，促进本身的创造性转化，那么日本传统文化中的消极因素，就会压抑西方科技文明和民主主义，不利于现代化的正常健康发展。可以说，日本首先受到西方的冲击，受西方文化和现代化的诱发，从而学习西方的东西为己所用，使其成为日本现代化的组成部分。与此同时，借助西方文化改造日本文化的传统，并渐有创造，然后用其制约西方文化，逐渐选择最适合日本的现代化模式，即建成日本式的现代化。简而言之，日本走向现代化的历史经验就是：吸收西方文化的同时，发挥日本传统文化创造性的主体作用，不仅建立上述和洋文化"冲突—并存—融合"的文化模式，而且构建"西方民主主义、科技文明与日本文化传统相结合"的现代化模式，走自己独特的现代化道路。

## 第二节　具有独特个性的日本文化

受内外多方面因素的影响，日本文化在长期的历史发展过程中形成了一些鲜明的特征。下面就主要围绕日本文化的模式特征、心态特征以及特征形成的原因这几大方面进行探讨和分析。

### 一、文化模式特征：外在开放性与内在主体性兼具

#### （一）开放性

纵观日本文化的发展史可以发现，日本文化始终保持着一种罕见的开放态

度，敞开大门积极吸收先进的外来文化，具有强烈的开放性特征。

古时的日本地处东亚的一座孤岛，很少与外界联系，独自发展着自己的文化。相关资料中写道："日本农业文明的产生比欧洲、中东、印度、中国落后了几千年。"古代日本对中国文化实行全方位的开放，可以说主要依靠吸收中国文化来发展自己的文化，以至于日本的传统文化表现出强烈的中国文化色彩，有人甚至直接把日本的传统文化说成古代的中国文化。

中国文化传入日本始于绳文时代后期。绳文文化作为当地的本土文化，有着漫长的发展历史，持续了约 8000 年，日本相关资料中记载："在我们的祖先孤立于日本列岛，长期停滞在石器文明止步不前的同时，大陆的汉族早已经迎来了金属时代，建立了强大的国家。""汉族的发展令人瞩目，影响力也波及我日本列岛，给日本带来了金属文化和农耕技术。"随着大陆民族携带着稻米、铁器、青铜器等，通过朝鲜半岛带到日本列岛，稻作文化亦随之在日本落地，日本逐渐由原始的采集文化阶段发展到水田农耕阶段，由旧石器时代进化到铁器和青铜器并用的时代，由此产生了弥生文化。正因受到外来先进文化的冲击，日本漫长发展历史中长达数千年的绳文文化才发展成了弥生文化，本土文化——绳文文化的发展被中断，而日本民族正是产生于绳文文化和弥生文化的演变过程中。由于本土的绳文文化和大陆先进文化具有很大差距，可以说，大陆先进文化在很大程度上推进了日本的发展。因此日本并没有抗拒外来的先进文化，而是进行积极的借鉴吸收，由此可见，日本在形成自己的文化之初就奠定了对外开放的特征。

公元五六世纪左右，日本在吸收外来文化方面开始由非自觉向自觉转变，与此同时对外开放的程度也进一步提高，从最初的吸收文化器物逐渐发展到吸收文化观念和文化制度。

到了近现代，日本文化对外开放性的特征又有两次明显的表现。一次是1868 年的明治维新。从 1868 年到 1890 年，日本明确提出了"求知识于世界"的原则，对西方先进的资本主义文化实行全面开放。正是在这一阶段，日本在吸收西方先进文化的基础上，与自身的传统文化相结合，建成了近代日本资本主义文化，并一跃成为世界五强之一。另一次是 1945 年日本第二次世界大战战败后在美国占领军主导下进行的民主改革。日本对随之而来的改造表现出良好的合作态度，大量移植了西方尤其是美国的文化制度。

总之，日本自弥生文化产生以来，就不断引进吸取各国的先进文化，并在此基础上发展自身文化，最终铸造了本身的开放机制。日本文化在发展过程中，先后吸收了中国文化、朝鲜文化、印度文化、西欧文化、美国文化等。吸收各种外来文化，对日本的发展具有重要的推动作用。

（二）主体性

日本文化虽然具有较强的对外开放性，但这种开放并没有使其发展为一锅煮的大杂烩，而是在对外开放的背后，存在着一个更为深刻的内在的文化容纳、选择机制和交融、同化过程，这就从相反的方面铸成了日本文化的封闭性。① 日本近代伦理学者和辻哲郎曾指出，"即便从日本文化中拿走外来文化，没有剩下什么，但作为摄取者、加工者的日本人还是保存了自己的独立性"。②

可见，主体性是日本文化的一个重要特征。具体来说，日本文化的主体性主要体现在以下几个方面：

1. 主导性

日本文化在吸收外来文化时具有明显的主导性。换句话说，日本在对待外来文化上是有选择性的，每次都会选择当时世界上最先进的文化。例如，公元5—6世纪时，古代中国是亚洲乃至世界文明的中心，日本积极学习唐朝先进的政治体制和生产方式。18—19世纪，西欧作为世界近代资本主义的发祥地，成为世界文明的中心，日本又积极引进西欧的近代学术、近代思想、近代产业与经济制度。第二次世界大战结束之后，美国作为现代文明发展的典范，成为世界各国发展的目标，这时的日本又转而学习美国先进的政治制度与科学的管理理念，美国的生活方式也在日本普及开来。

2. 选择性

日本在吸收外来文化时体现出明显的选择性，这也是日本文化主体性的一个重要体现。日本虽然从弥生文化产生以来，一直积极引进世界上最先进的文化，但从来不是全盘吸收，而是懂得根据本国的实际发展情况，科学取舍。例如，日本在积极引进中国隋唐文化时，虽然对先进的生产方式和政治制度进行了借鉴，但舍弃了不合乎本国国情的科举制以及摧残人性的宦官制。18—19世纪，日本在学习西欧各国先进的近代思想、制度的基础上，实行了"明治维新"，但是并没有彻底推翻皇朝统治，而是学习英国建立了"君主立宪制"的近代国家。相较于英国的"君主立宪制"，日本天皇具有很大的实权，这主要是因为日本第一部

---

① 接培柱. 日本文化的特征及其形成 [J]. 齐鲁学刊，1992（6）：71.
② 韩立红. 日本文化概论 [M]. 天津：南开大学出版社，2008：3.

近代宪法是根据德国普鲁士式宪法制定的，宪法对天皇的绝对统治权予以充分的肯定，由此可以看出其"君权大，民权小"的思想。

3. 独立性

日本文化具有独立性，这是其"主体性"的一个重要体现。日本在吸收外来文化、学习先进外来思想的基础上创立了具有本民族特色的文化，并保存至今。例如，中国的儒学思想自古代传到日本之后，仁、义、礼、智、信等儒家基本伦理观念就成为日本人的交际准则，对日本人的精神世界产生了重要的影响。直到今天，重视集团主义以及人际关系的日本人在人际交往中依然遵循着仁、义、礼、智、信等儒家道德规范。值得提及的是，根据日本当代学者相良亨的观点，在日本人内心深处真正起作用的是传统日本的"心情的纯粹性、无私性的追求"伦理观。传统的日本伦理思想充分肯定了现实存在，从古代至近世一直追求心情的纯粹性，古代追求"清明心"，中世追求"正直之心"，近世则追求"诚"。

4. 融合性

日本文化的主体性体现在它的融合性方面。日本在吸收外来文化时，并不仅仅是单纯机械地吸收，而是在对外来文化进行改造的基础上，与本民族的文化进行融合，使外来文化逐渐日本化。例如，日本通过对汉字的改造创造了日本的文字。再如，日本通过对中国的佛教进行改造，并融入自己民族的原有思想，将其发展成为具有日本特色的"现世佛教"。

5. 保守性

日本文化的主体性还体现在对固有传统文化的保守性方面。日本尽管从弥生文化时代开始就广泛吸收各种先进的外来文化，但是在各种表象文化的最深处一直坚守着本民族固有的传统文化、宗教意识、道德伦理以及生活习惯等。日本人的思想与行为始终受到本民族特有的伦理观念的影响。正因如此，才会有诸如绳魂弥才、和魂汉才、和魂洋才的口号和实践。

日本对传统文化的保守性，还体现在其对中国古文化的保存方面。例如，起源于中国，但由于受战争的影响而毁掉的一些中国隋唐古文化——宫廷音乐、舞蹈等，在日本得到了完整的保存。一些中国的文化传统，如花道、茶道等往往被中国人所忽略，这些却在日本被完好地保存起来，流传至今。

## 二、文化心态特征：优越感与自卑感并存

在美国文化人类学家本尼迪克特所著的《菊与刀》这一著述中，将日本文化

概括为"耻感文化"。将其概括为"耻感文化",主要基于以下两方面的原因:其一,耻感文化的形成同日本人的荣辱生死观存在着一定的联系;其二,耻感文化的形成还同日本文化的自卑感密切相关。自卑感使日本人殊言自我,甚至达到无我的地步。

日本文化中的这种自卑感在日本文化形成的初期就表现得淋漓尽致。根据《汉书·地理志》中的相关记载:"乐浪海中有倭人,分为百余国,以岁时来献见云。"在当时,文化上处于落后地位的日本对汉土教化表现出羡慕的态度,当时的日本人携带很多"牲口"(奴隶)来讨好和高攀中国皇帝,祈求中国皇帝给予其赏赐。回国之后,他们还利用皇帝赏赐的东西狐假虎威,在列岛上以老大的资格自居。当时,来自我国大陆的诸如"剑、镜、玉"等,后来慢慢成了日本天皇用来表现其权威和地位的三大"神器"。这种对我国毕恭毕敬的态度和在回国后的大肆炫耀形成了鲜明对比。这其实就是一种非常典型的自卑感心态。到了近代,伴随着西势东渐这一国际情势,日本人又为西方的"船坚炮利"所倾倒。他们一方面拜倒在西方文明的脚下,并大张旗鼓地打出"脱亚入欧"的旗帜,走欧化道路,对西方列强在日本的强权万分忍让,甚至不惜一切代价将自己装扮成欧洲人,演出一场"鹿鸣馆"的闹剧。另一方面,他们借助于从欧洲学来的东西在东方国家的人面前炫耀,并对东方国家大动干戈。明治维新后不久,日本就在1871年寻求强迫中国签订不平等条约的机会,在其欲望没有得到满足的情况下,转而又向朝鲜挑衅,逼迫朝鲜签订了不平等的《江华条约》。自此之后,日本更是不断地向亚洲国家显示其优越性。

从心理学的角度进行分析,自卑感其实是同优越感并存的,是一种事物的两面。优越感是人为了保持心理平衡对自卑感的补偿。自卑感经常使人处于一种紧张状态,但是人不可能长期处于并忍受这种焦躁不安的状态,因而,为了实现其内心的平衡,人们通常就会从相反的方面,即用优越感来进行自我调节。这种优越感有可能客观存在,但是很多情况下,仅仅是人们自己杜撰出来的。早在古代,日本在向隋唐称臣的时候,就对中国的册封体系进行模仿,让朝鲜半岛上的各国向其称臣纳贡。为了掩饰日本同中国交往中的卑下地位,在公元608年,圣德太子派遣使者来隋时,将其递交的国书写作"东天皇敬白西皇帝"。这种叫法明显地体现出了一种对等的大国地位。这种优越意识在神道教中也得到明显的体现。例如,"佛法为万法之花果,儒教为万法之枝叶,神道为万法之根本,彼之二教皆神道之分化也"。无根无以枝叶,也无以花果。因而,神道高于其他二教,具有无可比拟的优越性。

到了近代，日本文化的优越意识几乎发展到了荒谬的地步。明治维新之后，日本在民族主义旗帜的指引下，经过发奋图强，大力移植西方资本主义文明，很快就跻身世界五强。在此背景下，从 19 世纪 80 年代开始，有一部分日本的文人就开始大谈"日本主义"，并相信自己是人类中的"优等民族"和"神土国家"，极力地宣扬日本所谓的神髓"大和魂"，用自己所杜撰的神话来掩饰其内心的自卑，并公然要"以日本化、世界化的亚细亚思想来启蒙依然处在文明低级阶段的欧美国家，用日本所代表的东方文化来代替走到欧罗巴道路尽头的西方文化"。

这一自卑感和优越感同时并存的状况，对日本文化的其他特征的形成产生很大的影响和制约作用。

## 三、日本文化特征形成的原因

无论是从文化模式还是从文化心态来说，日本文化都体现出明显的二元性特征，这种特征的形成有其自身原因，具体来说主要有以下几个方面：

### （一）日本的地理环境

日本作为一个岛国，与中国和朝鲜半岛隔海相望。近代以前，特定的海域使得日本具有了与外界交往的主动权，形势稳定时，可根据自身发展需要，以海为路，从大陆进行文化移植；在形势紧张的情况下，又可以充分利用海域的天然屏障作用与外界切断往来。在这一地理环境影响下，日本自形成统一国家以来，很少受到外族入侵。在中国大陆和西欧常年发生战争、民族冲突的情况下，日本却可以自主调节、自主决定取舍，日本的自主性就这样形成了。

### （二）日本文明的周边性

众所周知，从历史角度来看，日本的周边是文明古国，受其影响，周边性是日本文化形成的原因之一。在很长一段时期内，日本作为一个孤悬海外的岛国，独自发展着自身的文化。与文明古国中国和印度的文化相比，日本的文化处于一种低水平的发展状态，因此在与处于文明中心的中国文化进行沟通的过程中，中国文化就会非常容易地涌入日本。近世以后，尽管日本的封建文化取得了很大的进步，但与资本主义文化相比，仍处于十分落后的状态。因此，日本对西欧文化的吸收也是从高处流向低处，这就使日本文化具有一定的开放性。

### （三）单一民族

现在，日本除了大和民族，还包括一些少数民族，但从民族构成的整体状况来看，少数民族所占比例非常少。因此，从整体上看，日本可以说是一个单一民族的国家。而单一民族国家特有的高度一致的文化心理，对日本吸收外来文化具有积极的促进作用。日本人所说的"以心传心"正是这种民族共同心理的集中体现。

民族共同心理使日本能够做到上下一致，政府推行的新政策、提倡的社会新思潮往往能够得到人民的拥护，这样才能确保其有效实施。[①] 例如，一直以来，信仰佛教的日本人有着不食肉的习俗，但明治维新以后，"文明开化"中的其中一项重要内容是提倡全民食肉。于是，日本人破除之前的戒律，开始争先恐后食肉。这一现象很好地说明了日本单一民族的特征极大地促进了其对外来文化的吸收。

### （四）多元化的思维方式

考古发掘和体质人类学、文化人类学等诸多学科的研究表明，日本人是由南北不同的人种混血而成的。这也意味着日本人种的形成是以多元因素并存为前提的，多元化思维方式随之产生也就顺理成章。这一思维方式使日本人易于接受外来文化。通常来说，不同地区和不同时代的文化都能够并存于日本的文化体系内。这样一来，日本文化就体现出更大的包容性。

### （五）大规模吸收外来文化的深刻体验

如前所述，绳文文化作为日本的本土文化，有着漫长的发展历史，持续了约8000年。到了公元前3世纪时，大陆上的种稻民族带着器具来到日本岛，推进日本进入水田农耕阶段，也进入弥生文化时期，日本民族也正是在绳文文化与弥生文化的相互融合中产生的。外来文化的传入使得列岛上发生了这次巨大的飞跃，即绳文文化与弥生文化的"混血"促使日本民族形成。这对正处于民族性格形成期的日本产生了巨大的影响。日本意识到引进外来文化可以享受到更好的物质与精神财富。于是，对外来文化的好奇与喜爱逐渐成为日本民族性格中一个重要的构成部分。

---

① 韩立红. 日本文化概论 [M]. 天津：南开大学出版社，2008：8.

# 第三节　日本的艺术、体育项目与教育

## 一、日本的艺术

### （一）日本的古典戏剧艺术

古典戏剧是一种集音乐、语言、表演等于一身的舞台表演艺术。日本同我国是一衣带水的邻邦。长时间以来，日本文化凭借其开放性的特质对其他国家的文化包括我国文化持以吸收和接纳的态度。就古典戏剧来看，中日两国的戏剧艺术，无论是从剧本的结构特征、演出的体制、艺术特征等方面，抑或是对戏剧表演演员的审美需求方面，还是观众的欣赏习惯等，都存在着很大的相似点。可以说，日本的古典戏剧在某种程度上受到了我国古典戏剧的影响。日本戏剧在其历史发展过程中逐渐形成了自身独特的艺术特征，并同我国的古典戏剧一起在世界的东方绽放其魅力。在漫长的历史进程中，日本发展出了本土特色浓郁的四大古典戏剧——能乐、狂言、歌舞伎、净琉璃，这些文化形式使得日本文化五彩斑斓、流光溢彩。下面就具体对日本的古典戏剧进行探讨和分析。

1. 日本古典戏剧之"狂言"

狂言是日本四大古典戏剧之一，其前身是我国的散曲。作为日本古典戏剧的一大重要品类，狂言是一种专门追求"笑"的艺术，有着丰富多样的表现手段。这一古典戏剧形式，有的采用一些粗俗的笑话来达到幽默的效果，有的采用一些猜谜等语言游戏来夸张、逗趣，甚至有的如醉如痴般地胡诌。所有这些表现手段在当时有时是为了讽刺鞭挞权贵，达到使其尴尬而令观众快乐的目的，或者是单纯地为活跃剧场气氛使人们放松一天紧张工作的神经。总体来说，"狂言"是一种很好地彰显日本文化民族特色的艺术表现形式。

2. 日本古典戏剧之"歌舞伎"

同我国的京剧类似，歌舞伎在日本被视为"国粹""国宝"，是日本最为典型的传统古典戏曲。歌舞伎为日本所独有，属于日本的一大传统艺能。虽然歌舞伎具有浓郁的日本情调，但是其与我国的文化艺术存在着不解之缘。因而，日本歌舞伎同中国京剧素有"东方艺术传统的姊妹花"之称。京剧与歌舞伎既存在表现形式的相同之处，又存在着戏剧本质观念性的区别。这种相同性很好地彰显了东方文化的共性特点，也凸显日本受容性文化特质。正是由于这种广采博引外来文化的受容性，最终形成了歌舞伎与京剧本质上的差异，展现出其独特的个性与品质。歌舞伎是日本传统文化所孕育的产物，同时是日本古典戏剧发展的高峰。

需要指出的是，歌舞伎表演中"隈取"的具体表现形式非常灵活。演员的"隈取"都是自己化妆的，即使扮演同一人物，不同演员的化妆手法也是各不相同的。一些观众在自己喜欢的演员演出时，还会事先准备好丝绢手巾等，去后台把那位演员的"隈取"拓下来收集。

3. 日本古典戏剧之"净琉璃"

净琉璃属于日本传统表演艺术中的一种说唱艺术。作为脚本的净琉璃作品在日本文学史上占据着非常光辉灿烂的一页。净琉璃被看作造型艺术与戏曲艺术的集大成之作，在演出脚本、舞台音乐、制作工艺和造型雕刻等方面都保有非常独特的艺术特色。在江户年间，特别是元禄年间到 18 世纪中期，净琉璃与歌舞伎并驾齐驱，代表着当时民间艺术的最高成就。现如今，净琉璃仅仅在文乐的表演剧里勉强延续着日趋羸弱的生命力。

### （二）日本的文学艺术发展

日本的文学艺术是日本艺术中的重要组成部分。日本文学有着悠久的历史，在口头文学的原始阶段就已经形成了三个系列：第一个是咒语、祝词系列，第二个是神话、传说系列，第三个是原初歌谣系列。这些口头文学是以人们潜在的生活意识为中心，并同劳动、信仰和性欲的意识密切结合。从本质上进行分析，它们只不过是当时实际生活的自然胚胎。口头文学是口诵传承，并没有文字记载，只能依靠考古学的发现、民俗学的考察和后世记录下来的文献，来管窥古代文学的状况。日本文学属于内涵多元性的文学，其这一特点可从日本文化的特质中追溯。例如，日本文化的南北结构、日本有史以来形成的椭圆文化圈及单一复合文化等，在这些文化特征中，日本文化内涵的多元性得到了很好的体现。日本人在文学中寄托了对生命意识的认识，并具有宇宙论性质。日本文学的主体是将共生思想作为基础的日本自我。对日本文学的发展轨迹进行纵向分析不难看出，其一直都与"多元化"这一特点形影不离。这一特点也是由日本文化开放性和主体性这一文化模式特征所决定的。

日本文学受日本文化的影响进而形成了独具特色的风格。依据时间脉络，日本文学大体可分为以下三个阶段：日本古典文学阶段、日本近代文学阶段以及日本第二次世界大战后文学阶段。下面针对前两个阶段进行具体分析。

1. 日本古典文学阶段

（1）日本上代文学

上代文学具体指的是从日本文学产生到794年迁都平安京这一历史阶段的文学。这一阶段的文学具体包括以下两种形式：口头文学和记载文学。

上古日本先人出于对"自然灵"和"精灵"的崇拜，进而萌生了自然崇拜、万物有灵的原始信仰。在这种信仰中，上古日本先人开始了制作土偶的风气，并对"死灵"有了朦胧的认识。随着社会的发展和进步，上古先人开始了"死灵"的信仰。他们试图通过咒术来感应自然界，进而实现求生克死的愿望。咒术又具体分为两种形式：黑咒术和白咒术。咒术通常使用的是洗练的语言，并将其作为表现文化和文学的媒介胚胎，咒术是最早的"言灵"（语言的精灵）信仰。在《古事记》《日本书纪》《风土记》中，经常见到日本上古时期的咒语。

上古时期，日本人生活在原始状态，社会生产力水平及人们的认识水平都极其低下，面对变幻莫测、无法控制的自然界，人们不由自主地产生一种神秘感与敬畏感。由于对很多现象都不能做出合理的解释，人们就幻想世界上存在超自然的神灵与魔力，并对这些神灵加以膜拜。神话正是在此基础上产生的。具体地说，神话是原始先民通过想象，对自然界以及人类社会生活进行的一种不自觉的艺术加工，反映了当时人们对社会生活状况及外在客观现实的认识、思想与观念。日本神话主要分为四种：天地创始神话、自然生成神话、文化始源神话、风土神话。《古事记》《日本书纪》《风土记》是日本古代神话的集大成之作。

据《日本书纪》《古事记》《古语拾遗》《万叶集》记载，日本原始歌谣最初始于一种人们对生活的悲喜的本能感应发声，内容与人们的实际生活息息相关，表现原始情绪和朴素感情。在独立歌谣形成之前，原始歌谣与咒语、神话等相生，是一种诗歌、音乐、舞蹈的混合体，也是一种最简短、最原始的口诵形式。最初，这种感叹是出于对人和自然的感应，后来逐渐发展为对现实的接触、认识、感动，最终变为感叹。这种感叹虽然创作动机不明确，也没有完整的诗歌形式，但是具有很强的传承性，是日本各种文学艺术形态和文艺意识生成的母胎。

（2）日本中古文学

中古文学具体指的是桓武天皇于延历十三年（794）迁都平安京至建久三年（1192）源赖朝被任命为征夷大将军、建立镰仓幕府这一阶段的文学。这一时期的文学颇为典雅，极具宫廷气息，又被称为"王朝文学"。这一段时间近400年，大体上又可进一步分为唐风全盛时期、和歌复兴时期、女性文学繁荣期和怀古时期。

①唐风全盛时期

从8世纪末至9世纪中期，日本文学进入以嵯峨天皇为中心的汉文学全盛时期，该时期又被称为"国风黑暗时代"。在这一时期，日本进入平安时代，汉诗传统被发扬光大，最具代表性的作品是《怀风藻》和以《凌云集》为首的敕撰三集。

②和歌复兴时期

自9世纪后期至10世纪中期，日本文学进入和歌复兴期。这一时期是平安时代最盛的时期，日本产生了平假名与片假名，这使得《万叶集》再次进入人们的视野，和歌再次兴起。在这一时期，国风文化迅速走向成熟，其标志是第一部敕撰和歌集《古今和歌集》的诞生。

继《古今和歌集》之后，诞生了第二、第三部敕撰集《后撰和歌集》《拾遗和歌集》。其中，《后撰和歌集》歌风渐趋风雅、风流，文艺性强，集中的和歌题材多是农历正月子日郊游、一年四季举办活动余兴的唱和，选入较多的女性作者的歌，加强了女性参与文学的意识，她们还集中写了不少长篇"歌物语"式的叙说；《拾遗和歌集》收录的则是上述和歌集未收录的和歌。这两部和歌集的文学价值都无法与《古今和歌集》比肩。

此外，这一时期诞生了日记文学、物语文学。其中，日记文学特指假名日记，一般称为"女流日记文学"，是散文的重要组成部分，以《土佐日记》《蜻蛉日记》为代表。物语文学是在日本民间评说的基础上形成的脱胎于神话故事和民间传说的文学体裁，将日本化了的文体与和歌并列使用而创造出来的说话文体，是日本最早的小说模式，可分为"传奇物语"与"歌物语"，分别以《竹取物语》《伊势物语》为代表。总之，物语文学的诞生，标志着古代的日本小说日臻成熟，日本古代文学和文化也进入一个新的更多样化的历史阶段，在日本小说史、文化史上具有划时代的意义。

③女性文学繁荣期

10世纪后期至11世纪前期，日本文学进入以摄关政治全盛为背景的女性文学的繁荣期。在这一时期，藤原北家充任摄关家，出现了藤原道隆、道长等极权的外戚，贵族仕女在后宫中的地位有了很大提高。这一时期著名的女性作家有清少纳言、紫式部、和泉式部，被称为"王朝文学三才媛"，她们继承了和歌复兴时期的国风文化传统，分别创作了《枕草子》《源氏物语》《和泉式部日记》。

④怀古时期

自 11 世纪中期至 12 世纪后期，日本文学进入包括源平争乱时代在内的院政时期。这一时期，摄关家失势，退位天皇开始了院政，但历时较短，后被新兴的武士势力所取代。在这样的大背景下，文学呈现出怀念平安王朝最盛时期的倾向，出现了许多模仿《源氏物语》的物语作品，其中以历史物语《荣华物语》最为出色。与此同时，歌学在这一时期也迅速发展，出现了《今昔物语集》这部日本文学史上最大规模的说话集。

（3）日本中世文学

中世文学是指镰仓、室町时代的文学。这一时期，武士掌权、贵族势力衰退，文学呈现出在古典基础上创作的特点。具体而言，中世文学可分为两个阶段：和歌鼎盛时期和战乱时期。

①和歌鼎盛时期

在中世最初的几十年，日本文学进入和歌的鼎盛时期，文人创作了很多和歌作品，大都体现了强烈的怀念昔日王朝的情绪。这一时期的代表作品是《新古今和歌集》。

建仁元年（1201），后鸟羽天皇命令藤原有家、藤原定家等人撰集《新古今和歌集》。从内容上看，该集由真名（汉文）、假名（日文）两序文和 20 卷正文构成，收入自万叶时代以来的古今和歌近两千首；从分布上看，该集沿袭了《古今和歌集》的框架，按时序编排，并吸收了《古今和歌集》之后敕撰集的新增类别；从体裁上看，该集收录的皆为短歌形式的和歌，没有长歌、旋头歌、俳谐歌等；从题材上看，集中收录了很多新题材的和歌；从创作特色上看，《新古今和歌集》采用了"本歌取"的创作技巧，集中体现了古典主义精神；从歌风上看，该集的歌风分为以藤原定家之父俊成及僧侣歌人西行等为代表的幽寂歌风和以藤原定家为代表的妖艳、华丽风格。

②战乱时期

保元元年（1156），日本发生了保元之乱。平治元年（1159）爆发了平治之乱。但是，战乱后的势力并没有达到平衡。1179—1185 年间，日本再次爆发了治承、寿永之乱，史称"源平之乱"。1221 年，在承久之战中，后鸟羽院败北，贵族势力更加衰微，武士政权得到巩固。1467 年，日本室町幕府时代的封建领主间爆发了应仁之战。随后，日本进入战国时代。日本在长期的战争中，动乱不断升级，社会上出现了下克上的风气。在上述这样的政治文化背景下，贵族阶层对古代文学依然十分憧憬、怀念和推崇，撰写了有关《源氏物语》《伊势物语》等古典名著的注释书，兴起古典名著的研究。为了迎合武士阶层的爱好，同时受武士文化、思想的影响，诞生了一种新的艺术体裁，即连歌。连歌具体指的是两人共同吟咏一首短句型的歌。平安时代后期编撰的《金叶和歌集》，第一次专立连歌分类，连歌正式被承认。连歌从镰仓时代开始普及，流行了约 400 年，成为中世最有特色的文学形式。

连续的动乱促使日本人思考人生、命运，军记物语此时应运而生，以《平家物语》最负盛名。《平家物语》对日本后世文学产生的影响极其深远，不仅促使一系列模仿《平家物语》题材、创作方法的军记物语出现，还推动后世日本人形成了基本历史认识，其理念更是扎根于现代日本社会。另外，这一时期平安朝女性日记的创作传统也得到传承，出现了很多宫廷仕女日记和女性身世日记。

宫廷仕女日记主要有建春门院中纳言记述皇宫仕女经验体会的《建春门院中纳言日记》，后深草院弁内侍（生卒年不详）赞美宫廷的《弁内侍日记》，伏见院中务内侍描写宫廷各种仪式的《中务内侍日记》，等等。女性身世日记主要有阿佛尼的《假寐》、后深草院二条的《内心独白》和日野名子的《竹向记》等。此外，这一时期，由于社会动荡不安，净土宗及其他新佛教宗派也开始盛行，宗教成为民众生活的重要内容。在文学上也出现了全新的佛教文学形式"法语"和出家人记录草庵生活的随笔。"法语"又名"假名法语"，是指用日语假名讲述佛法道理的著作，代表作有《叹异钞》《正法眼藏》等。随笔不受形式的限制，内容既可以是对自然、人物、社会、历史等的直观叙述，又可以是评论或者作者的思考。这一时期的代表作有鸭长明的《方丈记》和吉田兼好的《徒然草》。

这里值得提及的是，随着下克上风气的盛行，像能乐、连歌、狂言等民众文艺被贵族、武士所推动，成为中世的代表性文艺。普通民众也开始成为文学主体。

（4）日本近世文学

近世文学是指 1603 年德川幕府建立至 1867 年庆喜交还政权时期的文学。这一时期的日本文学主要分为以京都、大阪为中心的上方文学和以江户为中心的江户文学。

①上方文学

日本历经长期战乱之后，德川幕府制定了一系列的安民政策，儒家思想成为统治阶级的理论依据，这主要是因为其兼有合理主义和现实主义色彩。在印刷术日渐发达和教育普及的情况下，文学开始走向大众，町人成为这一时期文学的主体，因此上方文学也称为"町人文学"。

在近世初期，新兴的町人阶级对创作文学还力不从心，特权阶层就向町人阶级开放传统文艺。后来，町人阶级创作出了充满人文精神的元禄文学，自此，近世文学正式确立。

町人文学主要包括浮世草子、净琉璃、俳谐、小说、演剧等形式，代表作家有井原西鹤、近松门左卫门、松尾芭蕉、伊藤仁斋、契冲、上田秋成等。其中，井原西鹤创造了浮世草子这一文学形式，代表作品为《好色一代男》；近松门左卫门创作了净琉璃这一文学形式，代表作品为《出世景清》；松尾芭蕉创造了俳谐这一文学形式，其被称为"俳圣"，代表作品为《猿蓑》；伊藤仁斋主张对《论语》《孟子》进行直接解读，创作了《〈语〉〈孟〉字义》，体现了与中世截然不同的时代精神；契冲则开创了国学实证主义方法，创作了《万叶代匠记》，对后世日本国学的发展具有非常深远的影响；上田秋成创作的作品主要以中国文学为底蕴，代表作品是被誉为"日本怪异小说的顶峰之作"的《雨月物语》。

②江户文学

日本文学的地理中心在町人文学之后发生了改变，由京都、大阪转至江户，日本进入江户文学时期。

起初，在日本社会中，经济实力雄厚又颇有教养的文人没有用武之地，于是他们醉心于汉诗、南宗画等爱好。这时的代表人物是与谢芜村，他在南宗画和俳谐两方面都创作出了有名的作品，如《悼念北寿老仙》《春风马堤曲》。

随后，源于江户却在大阪盛行的汉文戏作洒落本最终回归了江户，代表作品是田舍老人多田爷的《游子方言》。它讲述的是一个自以为通晓男女之情尤其是青楼妓馆人情世故的男子，带着不通男女之情的儿子到妓院寻花问柳的经过。作品采用叙述文和会话文相结合的文体，生动地描写了青楼妓馆的生活情景和人物语言、服装与行动，通过平实的叙事披露了自以为"通"的人实际上一知半解，他以为不"通"的儿子却比他更受欢迎的情节，这种对比给作品增添了滑稽效果。

随着宽政改革的不断深入，幕府开始禁止洒落本，由此以翻案为主要特征的读本小说开始在江户流行，代表作是山东京传的《忠臣水浒传》。这部作品套用中国长篇小说《水浒传》的模式，将日本戏剧故事《假名手本忠臣藏》嵌入其中，开辟了近世小说的新时代。此后，曲亭马琴创作了《南总里见八犬传》，将读本小说推向了高峰。

后来，日本文学迎来了大众时代，洒落本逐渐演变成滑稽本和人情本，以更好地迎合读者的口味。

2. 日本近代文学阶段

（1）明治文学

1868 年，日本开始了明治维新运动，日本从传统社会向近代社会过渡，实现了现代化。这一时期，受近代西方人文主义精神的影响，日本文学也发生了很大的变化，试图摆脱戏作文学的影子，建立与西方文学并驾齐驱的近代文学。因此可以说，日本近代文学始于明治维新运动。日本明治维新时期的文学又可以细分为明治初期的文学、甲午战争后的文学和日俄战争后的文学。

明治维新初期，日本的文人们注重对西方文学的近代性进行扩充与推进。但是，由于日本社会与西方社会存在很大的差异，其政治制度和家族制度都带有浓厚的封建性质，尽管进行了改革，但这一时期仍是半封建的状态，近代意识与现实社会之间存在着一条不可逾越的鸿沟。

在明治初期，日本文坛上主要出现了以下几种文学：翻译文学、戏作文学、政治文学、改良文学以及红露文学。

（2）中日甲午战争后的文学

1894 年，中日甲午战争爆发。1895 年 4 月，中国战败，日本获胜，中日双方签订《马关条约》，日本获得巨大利益。甲午战争的胜利不仅促进了日本经济的飞速发展和日本国际地位的提升，还促进了日本国民自我意识的形成。日本文学家们逐渐产生了个人主义思想，他们为了反抗现实社会，创作了艺术至上的浪漫主义文学。明治二十六年（1893），星野天知（1862—1950）联合北村透谷（1868—1894）、平田秃木（1873—1943）、岛崎藤村（1872—1943）等人创办了杂志《文学界》。之后，户川秋谷（生卒年不详）、户川残花（1855—1924）、马场孤蝶（1869—1940）、上田敏（1874—1916）等也陆续参与到《文学界》中来。此外，大西祝（1864—1900）、幸田露伴（1867—1947）、田冈岭云（1870—1912）、太田玉茗（1871—1927）、樋口一叶（1872—1896）、田山花袋（1872—1930）等人也时常在《文学界》上投稿。这些作家多是英国文学专业出身，深受

19世纪英国浪漫主义诗歌的影响，控诉社会现实，向往自由，追求个性解放，逐渐形成了早期浪漫主义风格——拷问人生、追求艺术至上等形而上层面的特色。在这些作家中，文学成就最高的当属北村透谷和樋口一叶。明治二十七年（1894）年，北村透谷自杀之后，浪漫主义一度低沉，到明治二十九年（1896），浪漫主义重新崛起，东京新诗社成为明治30年代浪漫主义的中流砥柱。这一时期，成就最高的是岛崎藤村和国木田独步。

这一时期，由于资本主义的发展、国家主义的风潮和贫富差距的加大，日本国内产生了诸多社会问题和劳资问题。面对资本主义社会的这些矛盾，砚友社的作家们在作品中进行描述，他们以《文艺俱乐部》为阵地，比较深刻地观察揭露社会。他们的创作分为两类：一部分以泉镜花（1873—1939）和川上眉山（1869—1908）为代表，创作"观念小说"，以观念先行，批判充满矛盾的社会；另一部分以广津柳浪（1861—1928）为代表，创作"悲惨小说"，以悲惨的素材揭示社会的阴暗和人生的悲惨。观念小说、悲惨小说流行时间较短，史称"后期砚友社"。

而在观念小说、悲惨小说走入死胡同之际，内田鲁庵（1868—1929）发文声称应创作暴露政治家的腐败、恶劣、愚昧的滑稽小说和讽刺小说，要求把视野扩大到社会，回应现实生活提出的问题，他本人也尝试创作社会小说，但由于未能摆脱砚友社那种讽刺性的风俗描写而失败。社会小说的探索和实践则由德富芦花（1868—1927）和木下尚江（1869—1937）完成了。

（3）日俄战争后的文学

日俄战争（1904—1905）后，日本的社会局势越来越严峻，文人更加关注社会现实，创作了如实描写现实生活的自然主义文学作品，对小说、和歌、俳句等文学形式产生了巨大影响。

明治30年代中期，自然主义理论传到日本，掀起了一股自然主义文学之风。自然主义文学既排斥对现实生活进行讽刺的写实文学，也不赞同浪漫主义的夸张、抒情等主观因素，而是主张按照事物的本来面目（即"自然"的样态）进行客观描摹，"自然就是自然，无所谓善、无所谓恶、无所谓美、无所谓丑"[1]，作家要客观描写"自然"的原貌，暴露、揭示人性中丑恶阴暗的劣根性，这是日本自然主义文学贯彻始终的中心思想。

---

① 张龙妹，曲莉. 日本文学 [M]，北京：高等教育出版社，2008：428.

　　自然主义的开山之作是岛崎藤村的《破戒》。这部奠定他在近代文坛地位的长篇小说描写了备受歧视的部落民的不安、苦恼与反抗，通过对勤劳人民的苦难生活和悲惨命运的描写，揭露了日本社会存在的身份等级制度以及各种不合理的现象。小说的中心问题是主人公守戒隐瞒身份和破戒公开身份的矛盾冲突，作者以此铺陈故事情节，展现了主人公复杂的内心世界。除了揭示身份差别制度，作者还通过对以莲太郎为代表的进步势力和以高柳为代表的反动保守势力之间的斗争，以及敬之进一家在贫穷中挣扎求生的描写，反映了部落民与压迫他们的现实社会的冲突和斗争，有力地抨击了明治社会的黑暗现实，深化了作品的主题思想。这部作品开拓了日本近代文学崭新的领域，具有很高的艺术成就，作者将写实性与抒情性相结合，二者浑然一体，天衣无缝。文中着重心理描写，突破了平面描写的手法，对主人公及其周围的人的内心状态刻画得入木三分。作品的语言突破了矫揉、浮夸的用词，采用符合大众的语言，朴实、清新、精确，又间接、委婉、含蓄，是对言文一致的又一次成功实践。

　　田山花袋是日本自然主义作家中的佼佼者，他创作的《棉被》令整个文坛为之哗然。《棉被》描写了中年文学家竹中时雄暗恋 19 岁的女弟子横山芳子的故事。这部作品是一部自传性质的作品，竹中时雄其实就是田山花袋，横山芳子则是其女弟子冈田美知代，田山花袋碍于道德的束缚，未能向自己的弟子表达爱慕之意，只能沉溺于空想与感伤之中，通过文字来表达自己对女弟子的爱欲、不安与绝望的情绪。这部作品实际上没有任何露骨的肉体描写，只是客观地、毫无保留地将一位中年男子的内心爱欲呈现出来，记述了人的真实的心理，却获得了意想不到的成功。这种无所顾忌地暴露自己生活中最丑恶的部分、赤裸裸地向公众展示不堪的自我、大胆而勇敢地违反明治的伦理道德束缚的创作方法对日本自然主义文学的发展道路产生了决定性的影响。在《棉被》的成功效应带动下，自然主义文学将自我的客观冷静的审视作为重要的创作主题，渐渐走上了艺术与现实合而为一的"私小说"的道路。

　　而在自然主义旋风席卷日本文坛之际，夏目漱石（1867—1916）却坚持着独自的文学尝试，拿起尖锐批判和深刻讽刺的笔，决心"快刀斩断两头蛇""起挥纤扇对崔嵬"，在现实主义道路上创作了蕴含着深刻思想和艺术造诣高度纯熟的作品，成为一位伟大的批判现实主义作家，被称为"日本的鲁迅"。夏目漱石在日本自然主义文学兴起之际进入文坛，以自己主持的《朝日新闻》文艺专栏为阵地，以批判现实主义的姿态批判自然主义，创作了批判现实主义的经典之作《我是猫》。这部作品以日本近代文学所没有的深刻的思想性、尖锐的讽刺手法和独特的幽默语言，从一只猫的视角描写受西方个人主义影响的中学教师苦沙弥先生与其友人迷亭、寒月、独仙等聚在自己的客厅里议论种种的社会和文化现象，反映了日本近代化大潮中物质生活和精神生活的各大矛盾和冲突，有力地讽刺、批判了明治社会的庸俗、丑恶的现实，具有对社会现实强烈的批判精神。这部小说构思奇特，充分运用谐谑性的传统艺术形式，兼及现实主义和浪漫主义的方法，语言极具特色，轻松、幽默、滑稽，艺术成就颇高。《我是猫》的成功鼓舞了夏目漱石，他又一鼓作气创作了《哥儿》《旅宿》等优秀作品。明治四十三年（1910），夏目漱石因身体原因开始思考人和人性，解析、披露隐藏在人内心深处的阴暗主义和利己主义，创作了"后爱情三部曲"（《过了春分之后》《行人》《心》）等作品。1916 年，夏目漱石因大量内出血去世。在短短十几年的创作时间里，他创作了十多部脍炙人口的长篇巨著、众多中短篇小说以及大量俳句、汉诗和随笔杂文，堪称日本近代首屈一指的文学巨匠。

综上所述，文学的发展同社会进步是密不可分的，新的时代背景通常也会给文坛带来冲击，并推动文学向前发展和进步。反过来看，文学创作在主张、主体、内容层面的转变也会对时代的发展起到极大的推动作用。因此，我们在研究日本文学时务必要与时代背景结合起来。

## 二、日本的体育

### （一）传统的体育运动

体育运动在日本非常盛行，其中以相扑为代表的体育运动因其悠久的历史和文化内涵，已经成为日本特有的一种文化精神。日本的体育运动可以分为两种，一种是起源于日本的传统体育运动，另一种是起源于别国，日本将其引进到本国的体育运动。下面介绍几种比较有名的体育运动。

1. 相扑

相扑运动对日本的意义就像是乒乓球运动对中国的意义。相扑是日本的国技，很早就产生了，最早可以追溯到上古时代。相扑产生时，并不是体育项目，而是一种农耕礼仪，用来表示人们丰收的喜悦，这种仪式一般都在神像前举行，表达对神灵的感激之情。后来，相扑进入皇宫，成为宫中的一种表演仪式。

据《日本书纪》记载，皇极天皇（日本第 35 代天皇）元年 7 月，有百济

（朝鲜半岛西南部的国家）的使者前来朝拜，为了招待这些使者，天皇召集了许多"素舞"（相扑的古称）运动员进行比赛。天平六年，因圣武天皇喜欢观看相扑比赛而有了"天览相扑"的称谓。战国时代元龟元年，因武将织田信长喜欢观看比赛而有了"将军观相扑"的称谓。庆长元年，职业相扑队伍诞生。江户时代，相扑队伍出现了划分等级的现象，18世纪末期出现了"横纲"的称号。

相扑精神一直都是日本民族精神的体现。它几乎贯穿于日本整个民族发展的历史之中。相扑中一个非常重要的精神内涵就是"尚礼"，即注重礼节。礼节在整个相扑运动中都有体现，它以礼开始，也以礼结束。在相扑运动中获胜的一方，考虑到败者的心情，不能表现出任何高兴的情绪。

相扑共有70种专门的竞技招数，其中以推、拉、冲、撞为主。日本举办的全国性的"大相扑"，参赛的都是专业相扑选手，目前大约有800人。"大相扑"举办的时间较长，一个比赛可以长达15天，按照规定，每年会举行6次"大相扑"比赛。每次比赛的最后一天叫"千秋乐"，每天比赛的最后一场叫"结尾赛"。

专业相扑选手按照等级、地位，即"番付"的不同，又可以划分为不同的类型。在"大相扑"中，"番付"也分为很多级别，从上到下依次划分为幕内、十两、幕下、三段目、序二段、序口。"番付"的最高级别就是幕内，幕内又可以进行更细致的划分，从上到下依次有横纲、大关、关胁、小结、平幕，横纲在所有的相扑选手中地位最高。横纲和大关的地位在某种程度上虽有所保障，但其以下等级的选手都按每个赛场的成绩升降其地位，胜负竞争相当激烈。相扑比赛的成绩通常用"星"来表示，"白星"或"金星"表示胜利者，"黑星"表示失败者，如横纲选手被平幕选手战胜，那平幕选手就获得"金星"。

每个专业相扑选手都有自己所属的派系，同一派系的相扑选手不进行比赛。这些职业的相扑选手在饮食生活上都有一定的规律：早上五六点钟起床，进行第一次训练，然后洗浴。他们一天只有两顿饭，分别是在上午11点左右和下午6点左右，每一顿饭都会吃很多，鱼、肉样样都有。午饭后一定要午睡。所有这些都是为了让他们增加体重。除了体重要求，要想成为一名专业的相扑选手，还要具备其他方面的一些条件。日本对相扑运动员的国籍是没有要求的，因此在日本的相扑选手里还有很多外国力士。

在日本，相扑选手非常受欢迎，尤其是那些表现不俗、出类拔萃的选手更是被日本国民尊敬和喜爱。日本人对相扑的喜爱程度，是难以想象的，他们对每一场高级别的相扑比赛表现出的热情不次于对影视明星的追捧，这不仅出于对比赛胜负的兴趣，更多的还是对这项运动反映出来的日本传统文化氛围的热爱。相扑这一运动折射出日本民族沉稳、坚毅的性格，时刻提醒着日本人民要敢于拼搏、不屈不挠，以小制大、以弱胜强是可以实现的。双方在搏斗的过程中，都会使出浑身解数，即使筋疲力尽，也不会放弃最后一丝希望和机会，都抱有必胜的信念。一位日本老教授曾经说过："不懂相扑就无法真正了解日本文化。"现在的相扑运动，对技巧的要求要比之前高出许多，比赛的规则也更加严格，在很多情况下，相扑运动都与经济联系起来，更多走向了商业化的发展道路。

2. 空手道

空手道历史悠久，是在日本本土古老格斗术的基础上，借鉴中国拳法而形成的。空手道最初是以"唐手"的形式出现的，而在"唐手"之前，根据不同的地域，已有"那里手"和"首里手"两种名称，这是现今空手道各流派的渊源。1935年，船越义珍大师出版了《空手道教学方式》一书，书中正式将"唐手"称为空手道。

空手道最主要的内容就是拳打脚踢，它的基本动作包括"基本""型""组手"等。"基本"是指基本动作，比如站立法、行走移动法等；"型"是指树立假想敌，考虑要使用的拳法套术；"组手"是指与真正对手实际练习。空手道的比赛按照男女性别的不同，比赛时间分别为3分钟和2分钟。目前，空手道也成为一项世界性的体育比赛项目。1970年，世界空手道联盟成立，并举办了第一届世界空手道锦标赛。正统空手道主要有四大流派，即和道流、刚柔流、松涛馆流、系东流。世界空手道联盟的型（套路）的比赛标准仅以松涛馆等四大流派的指定型为标准。

空手道的教授方法在古代与现代有很大的不同。在琉球王国时代，空手道通常都是在比较隐秘的地方进行传授，传授的时间也大多是夜间，主要是为了防止被敌人发现。当时的空手道，没有专门的道场，也没有专门的书籍，也不会有大量的徒弟，只是通过口耳相传和实际演练进行传承，传承的人数可以说相当少。

明治以后，可以公开教授空手道，有大量的徒弟来同时练习。大正时代后，空手道俱乐部在那霸成立。船越义珍和本部朝在此时期出版了空手道史上第一部研究书籍。昭和之后，对空手道技法的研究越来越多，开始出现许多技法名称，各种关于空手道的书籍也相继出版。随后，空手道练习的体系越来越趋于合理化，确定了空手道的段级位制和色带制。许多空手家们大量收徒，形成了属于自己的道场。空手道在日本体育运动中占据着重要的地位，它是日本国民体育大会的正式比赛项目。同时，空手道和柔道、剑道一样走向了世界，受到世界人民的喜爱。目前，世界空手道联盟已有 164 个国家加入，多达 100 多万的选手拥有段位（王静，2015）。

3. 水上运动

水上运动在日本也非常盛行，这与日本四面环海的天然地理条件是分不开的。日本有许多天然浴场，供人们进行水上运动项目，如游泳、冲浪、快艇等。日本因游泳人数多，一度被称为游泳大国。日本许多职业游泳选手都是非常著名的，他们曾多次获得国际奥林匹克运动会游泳项目的冠军。几乎所有的日本学校都有游泳池，游泳已经作为一门课程进入日本学校，这些举措使得游泳运动蓬勃发展。近年来，在海滨浴场又开始盛行冲浪及赛艇运动，受到年轻人的欢迎和喜爱。

**（二）引进的体育运动**

1. 围棋与将棋

围棋起源于中国，8 世纪初期传入日本，开始在宫廷贵族之间流传，到 13 世纪前后逐渐在日本普及。现在的"本因坊"（江户幕府棋所之一）就是从德川时代的棋院发展而来的。大正十四年日本棋院成立，迎来了围棋的昌盛期。昭和十四年创立全国"本因坊赛"，还有名人赛、十段赛、天元赛、棋圣赛等多种比赛。现在日本围棋人口多达 1000 万，职业棋手有 500 人左右（吴松芝、刘君梅、董江洪，2013）。

将棋起源于印度，在日本奈良时代，经遣唐使从中国传入日本，战国时期在武将之间盛行，到了江户时代逐渐在百姓中普及。1607 年德川幕府开设将棋所，1924 年成立东京将棋联盟，1948 年成立了社团法人日本将棋联盟，成为日本将棋界的权威机构。日本现有将棋人口 2000 万人，职业将棋棋手约有 140 人，每年全国主要大赛近 10 种（吴松芝、刘君梅、董江洪，2013）。

将棋虽从中国传入，但现已不同于中国的象棋了。日本的将棋棋盘横竖 10 道线共划分出 81 格，棋子双方各 8 种 20 个，吃掉对方的部分棋子可以归己使用，最后以捉住对方王将为胜。

围棋、将棋的段位都是从初段到九段，九段之上还有名人、棋圣和十段等，初级之下又有 1 级、2 级、3 级。

2. 高尔夫球

高尔夫球在第二次世界大战前的日本只是一部分上流社会人士的运动，战后逐渐开始普及，现在从事高尔夫球运动的人口达 1200 万（吴松芝、刘君梅、董江洪，2013）。特别是社交运动，也经常以打高尔夫球为首选。现在日本全国已有高尔夫球场 1400 多处（吴松芝、刘君梅、董江洪，2013），高尔夫球俱乐部更是数不胜数，还出现了 24 小时营业的高尔夫球练习场。另外，职业高尔夫球也很盛行，涌现了不少世界著名的高尔夫球选手。

3. 滑雪运动

滑雪运动是日本人民非常喜爱的一项体育活动，它的盛行与日本的自然环境有密切的关系，日本的地势中部高、四周低，加上日本冬季易于积雪的气候，非常利于滑雪运动的展开。滑雪已经成为一门体育课程进入学校。近年来，人工滑雪场也纷纷建立，使人们可以随时进行滑雪运动。另外，1972 年在札幌、1998 年在长野分别举行了冬季奥林匹克运动会。

4. 棒球

棒球运动来源于英格兰的板球运动，19 世纪初由英国殖民者传入美国，1873 年（明治六年）在日本开成学校的美国教师教给了当时的日本学生，后来逐渐普及，目前已成为在日本最为盛行的体育运动。大正时期京都的铃鹿荣根据棒球规则还创造了日本独特的软式棒球（垒球）运动。现在日本的学校，不管是小学、中学、高中、大学，公司企业也不管其规模大小，一般都有自己的棒球队或垒球队。休息日里，经常可见练习棒球和垒球的人们。可以说棒球运动已成为日本的全民性运动。

从第二次世界大战前开始，日本每年夏天都在甲子园（位于兵库县西宫市，其甲子园棒球场因每年举行日本高中棒球全国比赛而闻名）举行全日本高中棒球比赛，特别受到人们的喜爱。高中棒球比赛首先在春季由都、道、府、县举行选拔赛，在选拔赛中的获胜者，再分别代表都、道、府、县，参加夏季的甲子园全国比赛。比赛时都有各地组成的声援助威啦啦队，广播电视实况转播，收视率很高。高中棒球比赛中表现优秀的选手，大都成为各职业棒球队的选拔对象。

日本的职业棒球比赛始于 20 世纪 30 年代，现有的两个联盟创立于 1950 年，其中一个是中央联盟，另一个是太平洋联盟，每一个联盟各有 6 支球队，在总共 12 支球队的分组循环赛后，两个联盟的冠军队再争夺日本第一的总冠军。

被称为"日本棒球王""世界棒球之王"和"世界三大体育巨星"的王贞治，

凸显了日本在国际棒球界的地位。他曾因打破世界纪录轰动了日本朝野，为此日本前首相福田赳夫在官邸向王贞治赠送了一个大冠鹫标本和一面盾牌，并题写"百炼成钢"四个字。后来，福田赳夫又代表日本政府授予王贞治日本"第一号国民"的荣誉奖，使他成为在日本荣获最高奖赏的第一个中国国民。

5. 足球

足球在日本原本并不怎么受欢迎，但自1993年成立职业足球联盟以后人气大旺，从大人到小孩都开始喜欢踢足球了，广播电视的体育节目转播时间现已同棒球大致相同，而且商家不断打出与联盟相关的产品，可见足球现在受欢迎的程度。目前联盟共有14支球队，每年从春季到秋季分两个阶段进行联盟赛。在2002年6月举行的第17届韩日足球世界杯赛上，日本队历史上第一次进入8强决赛。

2014年巴西世界杯，日本队在亚洲区预选赛十强赛中取得5胜2平1负的战绩，获得小组第一出线，成为除东道主巴西队外第一支晋级本届世界杯的球队。小组赛阶段，日本队首战1∶2不敌科特迪瓦队，次战遭10人希腊0∶0逼平，两场比赛仅积1分。最终轮，日本队在领先1球的情况下连失4球，1∶4惨败于哥伦比亚队，小组垫底出局无缘16强。

6. 网球

网球运动是在日本经济高度成长期发展起来的，现在日本全国已有1000多家网球俱乐部，从事网球运动的人口达500多万，尤其受到年轻人及情侣、家庭主妇的喜爱（吴松芝、刘君梅、董江洪，2013）。

总之，对于日本体育文化而言，从大规模地模仿唐宋，到明治维新时学习欧洲，再到第二次世界大战后学习美国，日本经历过多次宏大而深刻的体育文化涤荡。面对外来文化的冲击，日本民族传统体育文化做得较为成功，众多民族体育项目，如空手道、弓道、柔道、剑道、相扑等，不仅完整地留存至今，惠泽日本国民，而且已走出国门，显露出一定的国际影响力，其中必隐藏着某种文化奥妙。大致而言，日本的体育文化具有以下几个鲜明特征：

（1）倚重艺道形式。"艺道"是技艺中蕴含的原则、宗旨、神佛教义和宇宙原理。日本艺道中不仅含有"技"，也蕴含着以"原则、宗旨、神佛教义和宇宙原理"等为内容的"道"。日本民族体育的最显著特色就是采用"艺道"这一文化形式，将形而上的文化观念注入技艺当中。习道者不仅要习"技"，还要悟"道"、体"道"，并在"道"的引导下完成身与心、技与道的和谐统一，从而达到身体健康、陶冶性情和砥砺精神的目的。对于任何体育技艺，日本人一旦认定其有潜在的文化价值，便迅速钻研、吸纳和改造，揉入本民族的精神和价值观，添加本民族的文化元素，发展成侧重精神修炼的艺道。被称为"技"的体育，一旦完成从"技"到"道"的升华就意味着求真的大门被打开。

（2）揉入禅宗智慧。禅宗重视精神修炼，要求禅者对人生有"达观清彻的悟性、不执着一物的心境、不迷惑于一念的感知"，认为只有摒弃杂念，清心静思，保持泰然的心境，才能达至物我两忘的精神境地。禅宗成为日本民族体育的重要精神支柱，它所主张的"静思""物我两忘""修定"等理念渐为日本习道者所接纳，并成为他们磨炼意志、净化心灵的修身之道。

（3）注重道德教化。日本重视体育的道德教化功能，认为"心"的磨炼更胜于"技"的锤炼，他们将道德观念注入体育技艺之中，以强化体育的教化功能。

（4）强调礼仪程式。日本民族体育讲究运动礼数，要求"始于礼而终于礼"。练习者笃信只有明晓礼仪，并将其一丝不苟地贯彻到练习活动乃至日常生活之中，才能有效地约束自己的行为。他们还相信，只有通过行为上的高度约束与身心的统一才能心平气和地进入"道"的状态，提高技艺水平，达到精神修炼的目的。

## 三、日本的教育

日本大力兴办教育不足为奇，这不仅符合其重视正规教育的传统观念，而且是教育在决定个人的社会职业和地位上起关键作用的必然结果。日本人认为，个人的教育与生活的成就是休戚相关的。日本家庭节衣缩食、省吃俭用，让孩子接受教育，或请人课外辅导。虽然家庭条件有限，但孩子们仍然可以拥有充足的空间做家庭作业。另外，单从日本人重视入学考试的准备工作来分析，也有助于我们了解他们对教育的认真程度。下面就来分析日本的教育文化。

### （一）启蒙教育

明治维新以后，日本坚持"教育立国"的政策，并于20世纪初就开始了6年义务教育，花了40年的时间建立起了全国范围内的教育网络。这对日本全民教育而言极其重要。

1. 学前教育

日本政府十分重视学前教育，早在1889年就制订了幼儿园规则，1926年制订了《幼儿园令》，随后又陆续出台了《幼儿园教育大纲》《天使计划》等有关幼儿园教育的规则和法案，使幼儿园教育得到了人们的高度关注，保障了幼儿权益。到了 2006 年，日本的学前毛入园率已经达到 86%。

日本现在的学前教育是二元制，即由文部科学省管辖的幼儿园和劳动厚生省管辖的保育园。

（1）幼儿园

幼儿园只接受 3—6 岁的儿童，并有国立、公立、私立之分。国立幼儿园由国家建立，主要设在国立大学中；公立幼儿园由地方行政机关建立，一般设在公立小学里；私立幼儿园是私人或法人开办的。

（2）保育园

保育园是针对上班妈妈开设的，婴儿出生 56 天后就可以进入保育园，帮助减轻了上班妈妈的很多负担，因此保育园的工作时间也比幼儿园时间久。保育园的入园费每个孩子不尽相同，取决于父母的就职情况、宝宝入园年龄、家庭中入园的宝宝数量等众多因素，因此有的家庭缴纳的入园费可能多一些，有的少一些。为了保证保育园对所有宝宝一视同仁，入园费直接交给地方政府。

由于学前教育不属于义务教育，因此经费来源于国家投入、地方拨款和家庭缴纳学费三个方面。其中，国家和地方投入占教育经费的一半左右。很多私立幼儿园还由政府补助，这些都促进了日本学前教育的良好发展。

2. 学前教育的理念

在日本，幼儿园里的宝宝总是自己背着书包，带着各种各样的布袋子，装手帕、水壶、衣服等物品。冬天的时候，幼儿园还会让宝宝们穿着短裙、短裤进行耐力训练，这在很多外国人看来不可思议。但日本人认为，小孩子独立地完成一些事情对他们自信心的建立、人际交往、感恩之心的形成都有很大的帮助，只有建立了强大的内心，长大以后才能在社会上艰苦奋斗、自力更生。

在学前教育阶段，无论是幼儿园还是保育园的教育都涉及健康、人际关系、环境、语言、表现五大方面。其目的不是让小孩子掌握很多知识，而是培养他们养成良好的日常习惯，使他们适应集体生活，正确理解周围的事物，团结友爱，自主自律。因此，日本幼儿园里没有很多现代化的设备和各种各样的玩具，老师们总是鼓励小孩子发挥想象力，对现有资源进行创造性的利用，并举办丰富多彩的节日活动，如女孩节、男孩节、乞巧节等，激发小孩子对生活的热情。可以说，日本的学前教育是走在世界前沿的。

（二）基础教育

1. 基础教育的发展

每年 4 月，日本的小学开学，孩子们从此正式进入学校教育阶段。小学 6 年，初中 3 年，高中 3 年，其中前 9 年属于义务教育。六三三制虽然形成于第二次世界大战以后，但日本的基础教育建设早在江户时代就已经开始了。

1850 年，日本的入学率在 70%—86% 之间，远远超过了当时世界上的发达国家。而英国 1937 年的入学率不到 25%，法国 1793 年只有 1.4%。如此之高的教育水平与日本室町末期出现的私塾寺子屋有很大的关系（王静，2015）。

寺子屋由寺院设立，面向庶民招收 6—13 岁的孩童，教授珠算、读写、手工等实用性极强的知识与技能。

寺子屋的学费视家庭情况而定，给钱给物均可，这就使平民百姓的子女也有了受教育的机会，提高了日本国民的整体素质。可以说，寺子屋是日本小学形成的模型，更是日本近代教育诞生的基础。

明治维新时期，时任内阁总理大臣的伊藤博文提出，在东京、大阪、京都建大学，在村、郡建小学，要让所有的日本人都能接受知识的熏陶与洗礼。这一提议对当时的日本教育起到了巨大的推动作用。甲午战争后，日本从中国获取的巨额赔款有三分之一被用于教育建设，为其教育发展提供了有力的经济保障。

两次世界大战期间，日本教育的核心理念是"忠君爱国"，本质上是天皇专制统治的工具，教育工作者盲目服从权威，为对外侵略战争进行思想造势。

第二次世界大战结束翌年，日本不仅颁布了《教育基本法》，更为义务教育免费制度的落实付出了巨大的代价，不少官员因为筹集不到义务教育资金而辞职甚至自杀，用血泪换来了免费义务教育的实施。

20 世纪七八十年代，日本政府对义务教育的投资比重达到了 53.7%，为各阶段教育投资之最。在如此高的人力、财力的投入下，日本的基础教育一方面提高了国民整体素质，另一方面保证了高等教育的受教育比率，为高级人才的培养提供了强大的基础保障。今天，日本的义务教育普及率高达 99.9%，这是日本倾全国之力历经百年收获的成果，这份对教育的坚持值得全世界各个国家学习。

2005 年 4 月，文部科学大臣向中央教育审议会咨询如何修改学习指导要领。中央教育审议会开始调查审议，并准备全面修改学习指导要领。2008 年 1 月，审议会向文部科学大臣提交了报告《关于幼儿园、小学、初中、高中及特别支援学校学习指导要领的改善》。同年，该指导要领公布实施。2009 年 4 月，小学及初中开始部分实施新的学习指导要领。

2. 基础教育的理念

"授人以鱼不如授人以渔"，这一古老思想在日本的基础教育中得到了最好的体现。不止一位日本诺贝尔奖获得者提到自己对知识的兴趣源于教育者某次十分平凡的启发，这就是日本基础教育理念的魅力。这种理念主要表现在以下几个方面：

（1）自由研究

日本基础教育阶段，教师会给学生布置自由研究作业，学生可以对任何自己感兴趣的事物进行观察、调研、实践，然后将此整理出来交给老师，有时还会在班里宣读。这对培养小朋友的学习热情、创造能力都有很大的帮助。

（2）身教

在日本，早上第一个到幼儿园、小学、初中的往往是园长、校长。他们每天早上都会站在门口迎接每个孩子，跟每个孩子说"早上好"。从这成百上千次的问候中，小孩子能够真切地看到什么是礼貌，如何变得有礼貌。这种于无声无形中进行的教育往往能够取得最大的成效。

（3）食育

食育重视饮食中"丰富的心灵"，主张快乐进食、心怀感恩，促使孩子养成节约、感恩、环保的美德。例如，为了在学园祭时制作年糕招待他人，日本的小学生、初中生往往会在老师的指导下，亲自播种、收割糯米，并在学园祭那天和老师、家长们一起动手制作年糕。在整个过程中，孩子们体会到每份食物来之不易，体会到一分耕耘一分收获的乐趣，才更容易养成良好的品德与习惯。

（4）团队意识

日本基础教育十分强调参与意识，并不强调竞争，即使有竞争也是团体之间的竞争，个人之间的竞争并不提倡。例如，日本学校的运动会往往只有团体赛，没有个人赛，每位学生都是团队的一员，每次成功都是团队的荣誉。

（三）高等教育

1. 明治以后的高等教育

严格来说，日本的高等教育始于明治维新时期。1869 年，政府将原来的开成、昌平、医学校三所学校合并为一所大型综合学校，聘请国内外的专家教授讲学。1877 年，日本最早的综合性大学东京大学成立。此后，为了进一步促进高等教育的发展，日本政府一方面聘请大量西方学者来日任教，另一方面向海外派遣大量留学生。在此背景下，众多私立高校、女子高等院校也纷纷建立起来，如表4-1所示：

**表4-1 明治时期建立的各类高校**

| 年份 | 创办人 | 学校 |
|---|---|---|
| 1858 | 福泽谕吉 | 庆应义塾（后来的庆应义塾大学） |
| 1875 | 新岛襄 | 同志社英文学校（后来的同志社大学） |
| 1882 | 大隈重信 | 东京专门学校（后来的早稻田大学） |
| 1880 | 金丸铁、伊藤修、萨埵正邦等法学家 | 东京法学社（后来的法政大学） |
| 1881 | 岸本辰雄、宫城浩藏、矢代操 | 明治法律学校（后来的明治大学） |
| 1885 | 增岛六一郎、菊池武夫、穗积陈重等人 | 英吉利法律学校（后来的中央大学） |
| 1863 | 詹姆斯·柯蒂斯·赫本 | 明治学院大学 |
| 1922 | 威廉姆斯 | 立教大学 |
| 1874 | 多拉·顺马卡、朱丽亚斯·索帕、罗伯特·马科雷 | 青山学院大学 |

2. 第二次世界大战以后的高等教育

1945 年，战败后的日本对军国主义教育进行了大力改革，在高等教育领域改革了理工科教育，确立产官学合作的教育体制，重点培养科技人才，优化了高等学校的学术氛围，为日本各个领域的发展注入巨大活力。

一百多年来，教育为日本这个国家带来了太多辉煌，日本的近代化过程可以说是近代化教育发展的结果。从日本的历史经验中可以看出，教育是一个国家的根本保障，唯有科教，方能兴国。

（1）大学基准协会制度

大学基准协会制度是在占领期导入并延续至今的，说这一制度基本上没有发挥其本来应有的作用并非言过其实。

当初在占领军的强力指导下，大学基准协会制度是以美国的认可协会为蓝本而设立的，是由文部省批准设立的大学经资格认定而组成的大学联合组织，就组织的性质而言与文部省有着根本的区别。大学基准协会为成员资格认定而制定的

《大学基准》同时被文部省用作审批新制大学设立的基准。现在使用的《大学设置基准》《研究生院设置基准》的原型是大学基准协会为成员资格认定而制定的。这种混淆资格认定与设置审批两个具有不同作用的制度的做法，使大学基准协会本应发挥的作用（以提高新制大学的水平为目的的协会成员资格认定）模糊不清。这里我们又可以看到，在被占领的特殊状态下引进他国制度的困难。

（2）私立大学增多

第二次世界大战后高等教育机会的扩大，私立大学（包括短期大学）扮演了主要角色。私立大学成为主要角色的根本原因是在被占领的状态下制定了《私立学校法》（1949 年）。第二次世界大战前的私立学校根据私立学校令的规定被置于政府主管部门的严格监督之下，由于私立学校为民法法人（财团法人），因此受政府主管部门在法人设置的审批、解散等多方面的严格限制。第二次世界大战后，日本在占领军的指导下制定了《私立学校法》，成立了"学校法人"的私立学校（大学），政府主管部门对私立学校的制约在很大程度上得到了缓和。在设立大学时，也无须像第二次世界大战前那样必须以相当数量的财产寄存作为保证。因此，一旦政府许可大学设立，在日常办学过程中除了定期提出有关办学情况的报告，法律保障大学办学基本不受文部省的干涉（在接受政府私学助成金的情况下有所不同）。这种由《私立学校法》所保障的办学自主性是第二次世界大战后私立大学自由发展的制度基础。特别是在 20 世纪 60 年代到 70 年代的经济高速增长期间，为适应社会对理工类人才需求的不断增长，日本私立大学比国立大学更加积极地扩大了招生规模。私立大学之所以能对产业界的需要做出敏锐的反应，主要是因为一旦得到许可，大学（学部）设立以后，私立大学可以比较自由地调整学科结构和改变招生人数，这种自由度是《私立学校法》给予的权利。

（3）"皇国"教育理念的废除

占领当局首先主导取消了天皇的"神性"与统治权，这是废除"皇国"教育理念的前提。关于天皇的"神性"问题，天皇在 1946 年 1 月 1 日颁布的诏书（即所谓的《人间宣言》）中说道："朕与尔等国民间之纽带，……并非仅靠神话与传说而生，并非基于天皇为现人神、日本国民优越于其他民族进而具有支配世界之命运这一虚构观念之上。"文部省同月 4 日为贯彻该诏书而下达训令，"我国纯正之君民关系，并非建立于虚构之神话与褊狭之民族优越感之上"，从而否定了天皇的"神性"。

第二次世界大战前，日本政府向学生灌输天皇"神性"的主要途径之一是国家神道教育，因此，1947 年《教育基本法》的"宗教教育"条款（第 9 条第 2 款）规定："国家及地方政府设置的学校，不得为了特定宗教而实施宗教教育或其他宗教性活动。"此外，历史教育中的"神话"，是第二次世界大战前向学生灌输神国观念的又一主要途径，因此美国占领当局与日本一线教师都主张"应将神话与客观历史分离"。文部省在《关于新国史教科书》（1946 年 10 月）、《国史教学指导要点》（1946 年 11 月）中也分别规定"省略神话传说""神话传说没有必要与历史事实混同，不写入教科书"。

此外，日本政府于 1946 年 3 月下令关闭了神宫皇学馆大学，1947 年 6 月通知学校停止遥拜皇宫、"天皇陛下万岁"等天皇崇拜言行。天皇"神性"的废除，符合历史发展的科学趋向，具有进步意义。

2003 年 7 月，日本国会批准《国立大学法人法》等相关 6 项法案。

2004 年实施国立大学、公立大学法人制度，同时创设职业研究生制度。

2005 年以后提出了新的高等教育发展构想，如中央教育审议会 2005 年 1 月提出报告《我国高等教育的未来形象》，以 2015—2020 年为目标，勾画出了"知识基础社会"时代的高等教育发展方案。

2005 年 9 月提出报告《新时代的研究生院教育》，旨在建设有国际魅力的研究生教育。

2006 年 12 月修改的《教育基本法》中新增有关大学事项的改革。

2007 年 6 月修改的《学校教育法》中新规定了大学等的目的、信息提供、修课证明制度等。

综上所述，尽管近代以前日本教育基本上是道德说教和理论性的，近现代日本教育的目的则完全是实用主义的，其中心是学习其他国家和地区的知识和技术，学术活动基本上也是为了吸收国外的大量信息，并且将其与已知材料加以综合，企业则比较明智地强调学习和改造已掌握的技术，而不重视新技术的创造。然而，应该注意，日本人的许多改造想象力非常丰富，堪称创造性的。还应该指出，处于类似日本那种地位的其他多数国家在模仿和改造方面收效甚微，这说明即使是模仿和改造也并不是轻而易举的。日本可能以此表明他们比人们所想象的更富于创造性。

擅长实际运用而相对缺乏理论分析和创造，这也是追赶欧洲时期的美国的特征。美国人只是在最近几十年才在科学、学术和思想领域占据领先地位。随着日本在一个接一个的领域相继获得"技术之国"的桂冠，它也会发生类似美国的变化。我们从旧理论对社会科学的束缚出现松动和自由探索的新精神的出现看到了这一趋势。

更加显而易见的是，在过去几年的研究和开发浪潮中，日本基本上已经在科学和技术领域与西方国家并驾齐驱。日本人感到他们有必要在科学事业上也率先前进。在二三十年前，日本还很不重视研究和开发事业，但是如今它的研究和开发事业已经超过很多西欧国家。与其他多数国家相比，日本主要是通过私营公司或研究机构进行这类事业，很少依靠政府机构或高等院校。日本将国民生产总值的 2％—3％用于这类目的，以比率而言与美国不相上下。日本人缺乏创造性的观念很快就会被现实的巨大进步完全消解。总之，不管日本的大学制度如何，日本的教育在世界上是名列前茅的，并在塑造整个社会的过程中发挥了重大作用。

# 第四节　日本的饮食文化

俗话说，"民以食为天"。食是人类得以生存与繁衍的最基本行为。饮食文化也相应地成为一个民族文化的重要组成部分。日本人的饮食有其自身鲜明的特征。本节重点对日本人的饮食进行探析。

## 一、日本料理

日本料理既有传统的节日料理，还有家庭的日常料理和宴会料理。下面就对一些有名的日本料理进行介绍，如寿司、荞麦面、天妇罗、生鱼片、定食、寿喜烧、石烧、铁板烧、烧鸟、纳豆等。

### （一）寿司

寿司可以说是日本料理中最典型的食品。寿司就是将鱼肉和米饭混合起来腌制发酵而形成的一种食品。

寿司的日语发音是 sushi，sushi 由于曾经被当作宫廷贡品，人们常将其写为"寿司"。其实，这种写法仅限于京都一带，在江户其写法为"鮨"，在大阪其写法则为"鮓"。

关于寿司饭的发酵，"江户前寿司"的出现可以说是一个至关重要的转折点。与以往米饭的发酵技术不同，人们采用在米饭中加醋的方法，极大地减少了乳酸发酵的时间。"江户前"指的是东京湾一带，该地区具有非常丰富的海鱼资源，而"江户前寿司"作为一种新式的寿司吃法，其食材主要就是新鲜的海鱼。

日本寿司的种类有很多，如有人们最常吃的握寿司、卷寿司、散寿司，有大阪传统的"箱寿司"，有与稻荷信仰有关的"稻荷寿司"等。

### （二）荞麦面

荞麦是一种植物，它与面粉混合在一起就形成了荞麦面。荞麦面具有很高的营养价值，颇受日本人的喜欢。

荞麦面主要有两种吃法，一种是"盛"，一种是"挂"。下面就分别予以介绍。

"盛"指的是用开水将荞麦面煮好之后捞出来，然后用凉水过一下，之后将其盛入竹制的蒸笼里上桌，在碗或类似酒盅的容器中盛上由酱油、甜酒和"出汁"（主要是由香菇、虾干、小鱼干、海带等熬制而成的汁，没有一点油星，在日语中，这种佐料被称为"液"或"汁"）调配而成的佐料，在吃的时候，用筷子将面条夹起来，在盛有"汁"的容器中蘸一下即可。这种吃法比较正规，可以更好地品味荞麦面的独特风味。

"挂"指的是在荞麦面上浇上汤汁，上面可以放上海苔、野鸭肉、蛋黄、天妇罗等食物。因为荞麦面经过高温水煮之后，营养会流失到汤中，所以荞麦汤的营养价值也非常高。在日本，很多店都提供免费的荞麦汤。人们可以根据个人的喜好在汤里面加一些佐料，如葱、芥末、海苔等。

### （三）天妇罗

天妇罗也是一种非常具有代表性的传统日本料理。天妇罗并不起源于日本，而是从葡萄牙引进的。天妇罗是一种油炸食品，将虾、鱼、贝类或茄子、洋葱等的外层裹上一层面衣（面粉）后，再高温油炸，炸至金黄色捞起，吃的时候可以蘸一种叫作"天露"的酱汁。

最初的天妇罗可能与现在的不同，也许只是一种裹上面粉的油炸食品。这种食品于 16 世纪后半期出现在长崎，17 世纪流入京都一带，18 世纪在江户普及开来。18 世纪前后，油料的供应逐渐增加，这为油炸食品提供了非常好的条件。这一时期，江户的流通业十分发达，各式各样的蔬菜都有供应。此外，由于江户湾具有丰富的鱼虾资源，且市场价格不高，适合作为天妇罗的材料。最后，只需一个简便的食摊就可以经营天妇罗，因此从一开始，天妇罗就是一种大众食品，由于可口的滋味再加上低廉的价格，在民间广受欢迎。到了江户末年（1860 年前后），才出现了经营天妇罗的正式店铺。20 世纪大正年代（1912—1926），天妇罗屋开始出现。随后，天妇罗也逐渐成为上层阶级喜爱的一种食品。

（四）生鱼片

由于日本四面环海，因此海产品极其丰富。日本人喜欢生吃这些海产品，尤其喜欢吃鱼片。

生鱼片的做法较为简单。做好生鱼片的关键在于掌握其基本工序，包括选料、装盘、佐味等。

生鱼片主要采用的原料是深海产的鱼类，如鲈鱼、三文鱼、旗鱼等，以及其他海产品，如龙虾、海胆、北极贝、鲍鱼等。选择原料时，应确保其洁净、新鲜、无污染。

装盘在生鱼片的制作过程中至关重要，这主要是因为生鱼片十分注重造型的美观。用于盛生鱼片的盛器多是半圆形、扇形或船形等形状的精美餐具，同时会选用一些配料做点缀和装饰，如生姜片、菊花、海草、细萝卜丝等，这些配料具有去腥增鲜的作用，有利于增进人的食欲。

生鱼片的佐味调料以芥末和日本淡酱油为主。其中，常用的绿芥末有两种：粉状和膏状。粉状芥末的调制方法为：将粉状芥末和水按照 1：2 的比例调匀，然后密封三分钟，直至产生刺激辣味的时候，便可以将其盛入碟子。而膏状芥末是成品，可直接挤入碟子。

（五）定食

定食就是每人一份的饭菜，其中含有半碗白饭、一盘热菜、一小碗汤以及一碟咸菜。这种料理的量刚好让人够吃，同时不会吃太饱。这种料理在日本料理店非常流行。需要提及的一点是，日本料理在装盘的时候，尤其注重最大限度地利用盘子的"余白"之美，这样做的结果通常是盛器大，却装较少的菜，通过"余白"来衬托菜肴造型的美感。

（六）寿喜烧

寿喜烧是一种很有名的日本料理，也称为"日本火锅"。这种料理是把牛肉切成薄片，将其与蔬菜、海鲜等一起煮，吃的时候蘸鸡蛋汁、糖、酱油制成的调味料。

在日本古代，明治维新之前的农民喜欢将兽肉放在屋子外面的锄头上烧熟之后食用，这种进食习惯被称为"锄烧"。后来，日本人开始在地炕的铁锅中放入鱼肉、豆腐、蔬菜、葱等，一边煮一边吃，就是现在的"寿喜烧"。

**（七）石烧**

石烧是将牛排在烫石上面烤熟，蘸鲜酱油而食用的一种料理。所用牛肉取自用特殊饲养技术而饲养的牛。据说，在饲养的过程中，人们会让牛定期地饮用一些酒精成分低的啤酒，这样有利于其血气运行，促进新陈代谢，然后使用毛刷或干草为牛刷遍全身，目的是使其脂肪的分布更为平均。这种牛通常被称为"神户牛"和"松阪牛"，其牛肉肉质柔软，鲜嫩可口。

**（八）铁板烧**

在日本，铁板烧是指在一块大铁板上进行的烧烤。铁板烧往往会选用上乘的材料，诸如龙虾、鲍鱼等新鲜海鲜，肉类选择也很讲究，通常会选用诸如"神户牛""松阪牛"等一些国产牛。

**（九）烧鸟**

烧鸟，即烧鸡，它是将鸡肉切成片状，然后用细竹签串起来，蘸上适量的由酱油、糖、料酒等配制而成的调味汁，在火上进行烧烤。此外，烧鸟还可以选用鸡或猪的内脏做原料。在日本，"烧鸟屋"十分常见。

**（十）纳豆**

纳豆是日本一种独特的食品，但它不是源自日本，而是起源于中国。纳豆是用纳豆菌发酵黄豆而成的。不过，日本的纳豆经过了创新，与中国最初传入的纳豆并不完全一样。日本现在流行一种牵丝纳豆，是纳豆反复搅拌后形成的，但是经过发酵之后有股刺鼻的气味，实在难以让人喜欢。因此，并不是所有的日本人都喜欢吃纳豆，尤其是关西地区的日本人，根本没有吃纳豆的习惯。

## 二、日本人喜欢的酒类与饮料

就酒类而言，日本酒是日本人喜欢喝的一种酒。日本酒是用米酿制而成，通常会在温热之后饮用。日本酒著名的产地有很多，如京都伏见、广岛的西条、兵库县的滩目等。

除了日本酒，啤酒也是日本人经常喝的一种酒。日本人主要饮用国产啤酒，如朝日啤酒、麒麟啤酒。在日本人看来，如果啤酒不经过冰镇，是无法下肚的，他们非常喜欢喝冰啤酒。此外，日本人还喜欢喝葡萄酒和威士忌。

就饮料而言，日本人喜欢饮用红茶、绿茶。此外，现代日本人还很喜欢喝咖啡。

日本茶文化源于我国，属于我国茶文化体系中的重要影响地区。我国茶文化融入日本之后，经过优化，逐渐与日本哲学理念和宗教文化等一系列内容相结合，从而实现了日本茶道艺术的创新与完善。日本茶道艺术又传回我国。通过对日本茶文化艺术进行分析，我们能够从中感受到其所具备的价值理念和精神内涵，从而深层次认识日本茶文化。当然，想要对日本茶文化理念内涵进行全面认知，不仅需要对日本茶文化的物质元素进行了解，还需要选择合适的认知载体，结合理念融入和元素分析，从而实现对日本茶文化的全面了解。

在日本文化体系中，我们能够感受到其将茶道艺术作为修身养性、提升自身价值思维的重要内容。可以说，日本文化体系将茶文化理念内涵进行了丰富创新，实现了文化元素理念和精神内涵的丰富与完善，无论是生活化还是艺术化元素，都极其丰富。实际上，想要对日本茶文化进行全面认知，必须认识到日本茶文化是从我国传入的，而且传入早期，其更多是作为一种贵族生活元素，因此该文化体系中，融入修身养性、价值理解等一系列完善的内涵要素，这就为日本茶文化体系的价值理念内涵奠定了基础，可以说日本茶文化是从贵族推向社会大众的。

日本茶文化的影响是多方位的，无论是政治、经济，还是具体文化要素，都有茶文化的具体痕迹，尤其是整个日本语言文学体系中有很多与茶及茶文化相关的要素。

因此探究日本茶文学作品的创作背景及价值内涵，能够帮助我们全面认知茶文化在日本的影响，同时能帮助我们了解茶文化影响下的文学作品创作。

客观地讲，文学作品的创作与文化体系之间有着重要关联，文学作品的基础是文化体系，而文化体系直接影响文学作品的具体创作。当然，任何不同题材的文学作品在具体创作时，都必须融入自身文化理念。对于日本文学作品体系来说，我们能够从中寻找到多种与茶和茶文化相关的题材与作品，而在日本茶文化的具体理念影响下，很多日本文学作品从理念的应用和素材的选择上，都具有茶文化元素的价值融入。

通过对日本茶文化与文学作品之间的关系影响进行深层次分析，我们可以看到，茶叶是人们日常生活中的重要综合元素和内容，并且在生活应用过程中，逐渐形成了具有自身特色的茶文化体系内涵，因此，这一内涵不仅有着重要的价值，更重要的是一种生活态度和生活理念的实质性融合。

文学作品既是文化理念影响的结果，也是对整个社会生活发展的有效理解和准确认知，因此，通过对日本文学作品的具体创作内涵进行分析和了解，能够帮助我们了解社会发展的具体趋势和方向。

以日本茶文化为基础的日本语言文学是日本文化体系中的重要组成部分。中日两国有着悠久的文化交流历史，无论是文化理念内涵，还是具体的文学体系，都是互相影响、相互作用所形成的文化体系。可以说，日本文化受我国传统文化体系影响较深。

### 三、日本饮食文化的特征

日本是一个十分狭长的岛国，温暖多雨的气候环境使日本列岛植被茂盛，种类繁多，为鸟类和哺乳动物提供了良好的栖息环境。在日本的近海水域生活着三千八百多种海洋生物。大自然为生活在这里的人们提供了丰富的食物来源。

日本菜素有"五味五色五法菜肴"之称，这概括了其特点："五味"即酸、甜、苦、辣、咸，"五色"为白、黄、红、青、黑，"五法"乃生、煮、烤、炸、蒸。总之，日本菜是精工细作的，一方面不失材料的原味，一方面讲究色香味，注重春夏秋冬的季节感，注重材料的时令性。另外，盛菜时根据菜肴或季节选用颜色、形状、质地相宜的器皿。

日本虽然面对太平洋，但在美洲大陆被发现之前日本列岛几乎没有受到来自太平洋彼岸的文明、文化的波及，日本列岛文明的形成、发展在历史上主要受中国、朝鲜半岛以及传入中国的印度、中亚、欧洲文明的影响。但是由于日本所处的特殊地理位置，这些文明在其传播过程中，受到了一定程度的阻断。与此同时，不同时期的统治者们对待异文化也采取了不同的态度，因此阻断与传播、抵触与接受、保守与进步、锁国与开放等相互对立的人文因素和日本列岛独有的自然环境因素交织在一起，影响着日本社会的方方面面，创造出今天独特的日本文化。今天的日本料理也同样是在上述环境中产生、发展而来的，它的一些特点，如新鲜、清淡、精巧、简约等，在日本的文学、建筑、戏剧等其他方面也可以看到，可以说它们是日本文化特征在人们日常生活中的体现。

根据对日本饮食的演进过程和完成于江户时代的日本传统饮食的考察，这里将日本饮食具有文化意味的特征归结为以下几个方面：

（一）讲究原汁原味，清淡鲜美

日本料理的特点自古便用"五味五色五法之菜"来表达，其主旨就是要保持食物原有的味道和形状，以保持食物原本的风味。"原"字体现了日本料理最重要的特色，倾注了料理师对食物原料全部的认知和情感。四面环海、由四千多个岛屿组成的日本列岛，气候温和，四季分明，有着得天独厚的新鲜海产，得以发展自己的海洋菜肴。存在决定意识，在菜肴的发展方向上也不例外，换言之，风土酿就菜系。同时，因为日本是岛国，资源缺乏，又无接壤之邻国，所以这一自然环境使日本人危机意识浓重，总怕遇到什么天灾人祸使日本民族灭绝，为此尽量不用或少用油烹制菜肴，久而久之发展为以清淡新鲜为主流的日本菜肴。

日本人口味清淡，料理以水产、牛肉、蔬菜为主，选料讲究，口感清爽，吃多了也没有油腻感。淡其实就是为了把原材料的原味充分牵引出来。日本料理的一个特色是生食，为了追求原味鲜美，几乎任何食物都可以生食，其极致就是"活鱼料理"，刺身都用活鱼。为了追求原味的鲜美，日本料理讲究节令与食物的搭配，如春吃鲷鱼，初夏吃松鱼，盛夏吃鳗鱼，初秋吃鲭花鱼，深秋吃鲑鱼，冬天吃鲫鱼。为了不破坏料理鲜美的原味，日本料理中没有炒菜，只有炸的食品和煮的食品，炸制"天妇罗"的油以前多为芝麻油、棉籽油、豆油，现在多用花生油、色拉油，因为芝麻油、棉籽油、豆油的香味较浓，会影响原料的风味，而色拉油虽清淡，但香味不足，所以许多料理店都将芝麻油和色拉油混合使用。

（二）追求食物的季节感

日本人有很强的季节感。在古代贵族社会里，隔扇、屏风上画着的"大和绘"中出现最多的就是"月蓝绘"和"四季绘"了。由此可见，很久以前日本人已经开始重视季节。做料理用的材料和制作方法也与季节感有很大关系。日本料理的特点之一就是将"季节"巧妙地融入其中。例如，春天到了人们喜欢将蕨菜制作成"天妇罗"来食用，让五脏六腑都感受到春意的到来。还可以将当季的鲜花装饰在器皿周围，这样会使人们开胃。另外，日本料理是从自然中选取材料的，大概只有白、黄、红、绿和黑色。这些自然色的组合创造出了日本料理的一种独特的美感。日本人实在太喜欢品味"季节"了。他们不仅仅用舌头吃东西，更加注重视觉的享受，如果所做的料理中透露不出季节感的话就令人太失望了，就算味道鲜美也不会被人赞扬。

**（三）追求食物的形与色**

对食物形与色的高度讲究是日本饮食文化的第三个特征，具体体现为餐食的盛装，日语中称为"盛付"。将食物装盘时完全不注意它的形状和色彩搭配的民族大概是极少的，而像日本那样对此加以刻意讲究并将此推向极致的民族大概也极为罕见。将食物的形与色置于如此重要的地位，集中地体现了日本人的审美意识。

日本料理的原则之一，是刀工胜于火工，刀工的好坏决定了料理是否精良，只有刀工完整，才能让某种食材装盘时薄厚一致、整齐划一。在日本，一个厨师水平的高低主要取决于两点：刀工和一双装菜的筷子。中国的各色菜谱在介绍各款菜肴的烹制方法之后，最后一句话差不多总是千篇一律的"出锅装盘"，而在日本的烹饪艺术中，将锅中做熟的食物直接倾倒在盘中几乎是难以想象的。什么样的食物选用什么样的食器，在碗碟中如何摆放，各种食物的色彩如何搭配，这在日本料理中往往比调味更重要。筷子的功能即在于此。

日本人讲究"盛付"即装盘这种视觉上的美，追根溯源，原因之一是16世纪的战乱，当权者为了炫耀权势，特别注重颜色装饰、构图与配色，狩猎派的画风由此诞生。17世纪的宗达光琳画派更加注重颜色的装饰，从而从艺术的角度深刻影响了料理造型与色彩的形成。发展到18世纪，受茶道质朴风的影响逐渐形成带有禅宗风格的料理，色彩并不艳丽，但会有几许鲜艳的颜色，和谐又引人入胜。

本章对多元文化中的日本文化进行了详细的概括和分析，对日本的艺术、体育、教育、饮食等文化进行了详细的讲述，以便于人们对多元文化背景下的日本文化进行多角度的理解和诠释。

# 第五章　多元文化结构中的
# 日本文化研究

本章对多元文化结构中的日本文化进行研究，通过对日本的文化产业战略、日语的跨文化应用和当代日本文化的发展走向进行阐释和分析，可以让我们对多元文化结构中的日本文化有更深入的理解。

## 第一节　日本的文化产业战略

### 一、日本文化产业战略的内涵

日本政府于 2010 年提出文化产业战略，也就是"酷日本"战略。战略中提出主要抓好几方面的建设，包括要尽力拓宽融资渠道，加大国际业务分量，提高技术革新、合作效益，广纳贤才等，同时提出了促进海外扩张，在投融资、税制、保险等方面加大支持力度的策略。

日本在推进文化产业战略的时候，非常重视的一点便是重新认识自己并重新评估"日本魅力"。此外，从文化产业的发展角度来看，日本的经济利益与其软实力外交也是息息相关的。日本在《文化产业战略》一文中强调："应加强与新兴国家的竞争，减少对国内需求不断恶化行业的投资。在目前经济衰退非常严重的情况下，可以不再依赖传统的产业和经济模式，而改由大规模生产、大众消费和成本优势参与竞争，这样日本才能永远生存。目前日本在全球范围内寻找的与生活和文化产业相关的市场有望迅速扩大，主要集中在新兴亚洲国家，市场规模在 2020 年全球将超过 90 万亿日元。在这种情况下，日本应该促进日本文化产业战略的发展，提升日本的文化和生活方式的吸引力（食品、时装、生活方式以及各种内容产业，如动画、戏剧、游戏、电影、音乐和旅游业），并转换成附加价值（建立一种机制，将文化融入产业），创造新的增长产业，从而为中小企业和青年人准备就业机会。"

因此，日本文化产业战略可总结定义为"日本政府通过本国文化产业的对外输出，来达到提高国家的经济利益和政治利益的目的，为加深受众国对日本文化的了解而制定的一套对外文化交流和宣传的战略"。日本的流行文化和生活方式（日本时装、饮食、动画、日用品、传统工艺等）在国际社会中虽然受到了广泛好评，也备受推崇，但日本并没有成为文化产业大国。因此，日本政府必须将文化资源与最新的技术发展和社会发展联系起来，才有可能保持文化产业长久的生命力。在《文化产业战略》及相关的政策文件中，日本政府提出了许多实践性的政策，主要概括为以下几个主要方面：

（一）打造全球化的人才

日本正在逐步推进支撑创造性产业的人才全球化的战略。为了吸引国际型人才，日本政府为外国创作者安排了必需的临时居住资格。同时，与新加坡、印度等国家协作，为年轻创作者提供发表、活动的场地。与亚洲的创作者、设计师互相交流，扩大与亚洲、大洋洲的大学及早稻田大学留学生的联合网络。为了让日本的对外交流尽可能地跨越语言障碍，日本同时在国外开设了很多日语教育机构，派遣日本教师到国外教学，并鼓励大量外国学生到日本留学，使这些留学生成为日后日本与各国交流的传播使者。

（二）在国外开展项目实施

目前日本在国外实施的项目范围较广，现代企业、分销业联手对流行、饮食、居住、地域产品、传统工艺品等领域的产品进行打造，并将这些领域的产品作为日本海外开展项目的主要商品。

日本构筑了进入新加坡的中小服饰品牌营销平台，迎合了消费者对日本流行话题的需求，同时日本联合新加坡快餐，创建日本新的饮食品牌。在极具潜力的印度市场中，日本的饮食、玩具、文具与印度联手，创立了新的日本品牌。在召开日印建交60周年会议时，作为纪念活动的其中一环，日本将登场的动画人物作为日本综合商品展览的中心，并根据青年创作者的"鉴别"来评选日本各地的设计产品。伴随着未来型工艺产品的发展，日本将传统工艺分级打造成奢侈品牌，联合最尖端的创作者和美术家，将品牌进行推广，在国内外用当地的出售方式进行独具创意的销售，这些着实让世界震惊。

### （三）建立相应的机制，实现利润的最大化

目前日本的计划是获取全球 8 万亿至 11 万亿日元的市场。如何达到这个目标？日本政府认为应该从以下三个阶段进行调整：首先是广泛宣传文化产业，如通过国外媒体为海外消费者创建一个具有日本热潮的时尚、食品和旅游业项目。其次是创建一个本地的机制，通过销售产品和提供服务来获得利润，如商店、电视购物等分销项目。最后是在日本建立宣传机制，邀请日本的追随者在国外促进消费。

### （四）提供足够的风险金：内容基金和创造性基金

"酷日本"的电影、动画片、电视节目、游戏、书籍等受到了国外的高度评价，不过，出口国外的比率仅占 5％，没有满足近年来亚洲各国增长的需求。与此同时，美国文化产业的国外出口比率为 17.8％，是日本的 3 倍多。而且在日本出口产业中，家用游戏软件的销售额占 97％以上。为了进入包括亚洲各国在内的全球市场以及美国电影市场，日本把 gateway 作为发展的近路。产业革新机构由 100％出资的新公司开始提供足够的基金。

### （五）国家政府扮演重要角色，进行必要的战略部署

政府作为国家的领导机构，应该发挥重要的决策功能，为海外的经济扩张进行必要的战略部署。这包括以下几个方面的考量：一是各部委和机构应联合开展合作，如加强战略合作，吸引更多的游客并出口日本食品等；二是全面推广日本品牌、文化和生活方式；三是创建一个新的孵化体系，联合中小企业等，提供公共和私人风险货币；四是确保当地的传播及分销网络；五是与其他行政服务公司合作，打击盗版和非法传播媒介，放宽入境要求，支持内容产业本地化，由日本贸易振兴机构提供市场信息，并制定相关的法律和会计程序。

## 二、日本文化产业战略的特点

如今日本的文化产业已经十分发达。2000 年度电影和音乐的创收分别列世界第二位。日本已成为世界游戏软件的第一生产大国，其中家用游戏机硬件约占世界的 90％，软件约占世界的 50％以上。2001 年度游戏产业的总产值还突破了 1 万亿日元。日本的文化产业已经具备以下几个特点：

### （一）企业广泛参与文化产业建设

日本文化产业的一个突出特点是企业的广泛参与，无论是大企业还是小企业，其热情都较高。企业参与的方式有很多，如举办由企业赞助的大型文化交流活动，成立不同级别和不同功能的文化艺术协会（已经有 16 个府县成立了文化艺术协会等相关组织）。

企业对文化艺术协会的支援作用也不可小视。2001 年 5 月，朝日新闻社文化财团颁发了企业社会贡献奖。日本富士施乐公司获得了 2001 年度大奖。除富士施乐公司外，综合评价较高的公司还有朝日啤酒公司、伊藤洋华堂公司、资生堂、电送公司、松下电器产业公司等。

### （二）广告业的发展较为完善

广告公司为客户提供优质服务本质上是商业行为，但很多都与文化产业的发展密切相关。从某种意义上说，广告公司所从事的就是与文化相关的经营活动。日本最大的广告公司是电通集团，它的营业额占日本整个广告营业额的 20% 以上。除了提供优质的广告服务，电通集团公司还举办音乐会和文物展览，参与电影、电视的拍摄制作等。日本的广告公司之所以办得如此成功，是因为它的主要业务都是通过广告媒介展开的。

### （三）完善的经纪体系

日本的艺人一般都有自己的经纪人，并属于相关的公司，其业务的开展都是委托经纪公司、经纪人、律师来操作的。一旦出现违约问题，这些经纪人或委托律师就会作为其全权代表解决相关问题。经纪人不仅要起到培养演员和歌手的作用，还要培育良好的演出市场，使大家都能正规顺畅地从事文化艺术生产。

### （四）注重举办以"年"为主题的大型文化活动

日本注重举办以"年"为主题的大型文化活动，这是其文化产业的一个显著特点。1998 年在法国举办"日本年"，1999 年在德国举办"日本年"，2001 年在英国举办"日本年"。这些以文化活动为主的大型活动，吸引了许多观众，取得了巨大的经济效益。2012 年，为庆祝中日邦交正常化 40 周年，分别在对象国成功举办了"中国文化年"和"日本文化年"。日本还注重组织参与大型文化活动。2001 年 9 月 1 日至 11 月 11 日举办的横滨美术三年展，有 38 个国家 109 名画家参展，此次活动是由国际交流基金、朝日新闻社、日本放送协会和横滨市共同主办的。对这类大型活动，日本电视、报纸广为报道，观众纷纷前来，获得的社会经济效益十分可观。

### 三、日本文化产业战略的实行措施

文化产业战略的实行措施是达到其战略目标的具体方法和保证。政府为达成此目标，对措施的实行必须从宏观到微观都要全面考量。笔者总结概括相关政策文件及文献，认为日本采取了以下七个方面的措施来保障其战略目标的实现：

**（一）定国策，确定文化产业的发展方向**

从"军事立国"到"经济立国"，最终落脚在"文化立国"，这是日本自明治维新以来立国战略的发展轨迹，其变化的原因与日本的自然地理环境、人文社会环境及当时的内政外交环境有关。

明治维新到第二次世界大战结束，日本狂热迷信军事兴国，军国主义思想蔓延朝野，国家提出"军事立国"战略，后来以可耻的失败告终。第二次世界大战结束到20世纪七八十年代，由于战败，日本失掉了殖民地，失掉了国际地位，没有资源，没有了军事力量，除了经济立国，没有其他的道路，这就是日本的"经济立国"战略实行的原因。日本极力奉行实业救国，并在战后满目疮痍的废墟上，创造了世界经济奇迹。20世纪后期，日本环境与资源越来越成为制约其经济发展的瓶颈，日本必须重新考虑新的增长方式。日本学者日下公人认为日本的产业结构应该以最终需求为目的，而文化产业恰恰是最终需求产业中最重要的组成部分，日本于是开始转向"文化立国"发展战略。该战略认为要创造出新的文化必须以人为本，用人的智慧去发掘资源、开辟市场、创造新的文化领域，从而创造出更多的经济价值。

2002年日本政府确立了"知识产权立国战略"，2003年又制定了"观光立国战略"。这些战略的制定，为文化产业战略指明了方向，为日本进一步制定相关政策、法规奠定了基础。

**（二）立法施政，为文化产业发展提供可靠依据**

2000年前后，《形成高度情报通信网络社会基本法》在日本国会通过。该法律是包括总则、基本方针、战略本部、重点计划的完整大法。其实施的基本原则是：首先开展内容丰富的网络智能，提高网络工作人员的能力，并加强两者之间的密切联系，促进互联网业务的开展。其次是提高公共管理信息的多元化，提高服务质量、效率和透明度，并以此来确保信息的准确、安全。此外要求加强与国外的联系，为国家间的协调做出贡献。

日本国会于 2001 年 11 月 30 日通过了《文化艺术振兴基本法》，并于 12 月 7 日实施。该法规促进文艺工作者自主开展活动，并全面推进振兴文艺的政策实施。2003 年 3 月日本内阁政府依据《形成高度情报通信网络社会基本法》以及 2001 年通过的《文化艺术振兴基本法》，组建"知识财富战略本部"，通过了"知识产业推进计划"。经国会批准，《关于促进创造、保护及应用文化产业的法律案》最终于 2004 年 5 月获得了通过。

这些法律法规的制定实施，为日本文化产业的发展提供了有力依据，规范了具体行为，保护和支持了日本文化产业的发展。

### （三）通过行政指导引领文化产业发展

行政指导是指政府通过行政主管机构提出劝告、建议、要求、警告、指导等行政裁决的行为。它以相关法规法令为依据促使企业实现政府意图。

为了指导文化产业的发展计划，日本政府通常的做法是研究国内外经济技术的特点以及变化规律，根据国内外经济技术的特点，对包括文化产业在内的新型产业实行更多的扶持，其方式包括信贷、财政补贴、税收优惠等，促使其快速地建立和发展。促进发展也是政府对文化产业进行行政指导的最终目的，由此在日本形成了中央政府推动地方政府和民间一起投入的机制。

### （四）政府设置"产学研""产官学"的协作机制

日本政府的文化管理权力在经济产业省和文部省。经济产业省对相关的情报、信息进行调研，提出文化产业政策的课题，并负责有关规划课题的研究。2000 年后，日本的教育部也开始关注文化产业的发展，研究和建立文化产业的年度统计系统。

日本政府在规划文化信息产业运行中，主要采用的是"产学研"协作体制。这种"官民合作研究"机制将有限的技术人员和研究经费集中在一起，促进科技创新、提高科研成果转化率和实现产业化，同时可以节约重要的科研经费和宝贵的时间。

日本在文化产业的发展过程中，成功地利用了"产官学"模式。该模式的特点是企业与政府、科研机构联合，一起协作参与文化产业的发展。这种模式整合了三者的长处，效益较高，如政府能为企业提供政策支持，科研机构能为企业提供信息支持。

（五）政府开始建立完善的配套服务体系

为促进文化产业发展，政府在文化产业的配套服务方面付出了许多努力来建立服务体系。政府对知识产权的保护主要体现在法律法规的制定和执行上。2003年7月"知识财富战略本部"制订了详细的"知识产业推进计划"，强调要保护知识性、创造性的文化产业。为了加强对动漫版权的统筹管理，同时成立了全国性的"动漫产权市场化实行委员会"。

为了支援地区性文化活动，政府积极制订了大量的不同的规划，提高民众文化活动水平，如为民间艺术团体提供资金和活动场地、举办全国性文化节等。

（六）政府组织并实施面向全球的日本文化推广计划

日本政府面向全球的日本文化推广计划主要通过以下几个方面组织并实施：一是通过日本基金会在全球范围内推广日语教学。直接把外国教师请到日本，让他们参加日语免费培训课程。广泛地在其他国家成立日语中心，培训日语老师，传播日本文化。二是充分利用日本国内的各种大型活动，宣传和推广日本文化。这些大型活动包括大型的国际文艺演出、多国文化艺术交流、政府或企业开展的大型展览交流活动等。在这些大型交流平台上，日本广泛宣传其多样化的文化产业，如动漫文化、饮食文化、建筑文化等。

为了加强日本的文化输出，日本政府还采取了一系列有效措施，包括增加国际文化基金数额，在各国设立并大量扩充日本文化研究机构和文化交流设施，给东南亚国家赠送大量书籍，等等。

（七）鼓励和增加日本民众的文化消费

文化消费是推动文化产业发展的力量。为鼓励民众进行文化消费，日本还采用其他很多方法，如：动员明星举办多场大型演出，让音像出版、电影、电视及图书出版联手经营，邀请国外专业演员赴日访问演出，引进国外先进文化设备（东京迪士尼乐园是较典型的代表），鼓励报社经营主要业务的同时举办各种文化活动以提高自身的影响力及读者水平。这些方法大多取得较明显的效果。为了促进文化和教育市场的发展，日本采取了"终身教育"的形式来促使人们关注更多的文化活动，学习更多的文化知识。日本政府建造了各种文化和娱乐中心，举办了各类有趣的讲座，努力扩大企业的市场规模，增加公共支出，同时，加强年轻人之间的交流，提高年轻人对日本文化的兴趣。

# 第二节　日语的跨文化应用

随着我国国际化步伐的不断加快，熟知和理解异国文化、风俗和习惯，并在政治、经济、文化等领域拥有良好的交际能力，越来越成为一种社会需求。如今，高等教育中的学生，特别是外语专业学生的跨文化交际能力培养逐渐受到重视。然而，学生跨文化交际能力的培养并不应当止步于开设某一门课程，抑或做几场讲座，而是要融入学生外语学习的日常教学过程中。

从传统的翻译教学法、间接教学法、听说法、情景教学法到直接教学法，我国日语教育教学的模式一直在不断探索和发展中。这当中要以翻译教学法和直接教学法最为突出。翻译教学法的推进遇到学生读、写能力强而听、说能力弱的瓶颈。直接教学法这种淡化语法，着重培养学生听、说能力的教学方法虽备受瞩目，但也面临诸多亟待改善的问题。倘若将两种教学方法的优势结合，尤其是借鉴直接教学法注重培养学生用日语理解日语、用日本人的思考方式理解和把握语境的能力这一特点，必定会有助于培养学生的跨文化交际能力。

## 一、跨文化交际在当前日语教学过程中的重要性

跨文化交际担负着让世界了解中国，让中国走向世界的文化使命。随着中日两国双边贸易规模不断扩大、人员往来不断加强，具备跨文化交际能力的日语人才越来越受到社会青睐。学生跨文化交际能力的培养成为日语教学的人才培养目标，这也是时代进步的必然需求。

近年来，跨文化交际视野下的外语教学研究受到重视，也取得了丰硕的成果。在日语教学研究领域，学者们不断呼吁应当重视文化与语言的关系。因此，将跨文化交际能力培养与文化和语言的学习结合起来的日语教学值得深入探讨。

## 二、跨文化交际背景下的日语教学方法

日语教学方法主要有翻译教学法与直接教学法，以及将这两种教学法相结合的整合式教学法。

### （一）翻译教学法

翻译教学法也称语法教学法，它是外语或第二语言教学的一种方法，以翻译和语法复习为主要教学活动。在日语教学过程中，翻译教学法主要使用的语言为汉语，教师在教授过程中详细讲解语法、分析句法、翻译文章，注重学生对所传授知识的确切理解。

翻译教学法以语法为教学中心，辅以教材讲解和翻译，偏重背诵、默读以及默写。翻译教学法下，学生的阅读能力、文章的理解能力以及翻译能力较强，而且受益于语法知识的日积月累，遣词造句行文较为规范。但是，由于要求学生背诵偏多，学生在课堂上不停地抄写语法点，课后一味地死记硬背，听、说的能力得不到锻炼，导致积累的语法点缺乏应用。并且，教学方式较为单一，课堂的大部分时间由教师教授语法和翻译教材，与学生互动的时间少，教学授课缺少趣味性，课堂气氛明显沉闷。此外，翻译教学法的教学效果也并不尽如人意。学生虽可以按照语法排列顺序遣词造句，但因为过分注重语法而忽略句子本身的含义，所以造出的句子多数是"中国式"的，不是地道的日语，且造句时思索时间长，做不到"脱口而出"。

### （二）直接教学法

直接教学法，即语言直接教学法，也称"反语法翻译教学""自然教学法"或"现代教学法"，它是在外语教学过程中不运用母语、不用翻译而是直接运用目的语进行会话、交谈、阅读来教授外语的一种教学法。

在日语教学过程中，直接教学法强调全程用日语组织教学，而不运用汉语解释，淡化语法的讲解，注重学生听、说能力的培养，让学生通过模仿来理解语境、用法，并进行记忆，不强调一一对应的翻译性理解。直接教学法选择尝试用日语去解释日语，让学生在日语的语言环境下理解日语的用法，因而掌握的日语较为地道，可以在一定程度上避免中国式日语。同时，课堂教学不过分深究语法，注重学生听、说、读的能力培养，教师与学生互动场景较多，课堂气氛活跃。然而，由于忽略语法讲解和对应的母语翻译，学生对知识点的理解容易出现模棱两可、不扎实、不到位的状况。全程用日语授课，对授课教师的水平和能力要求较高，也需要教师课前充分备课。因为属于启发式教学，所以课堂教学导入困难。教材的难易程度把握不好以及没有配套的教辅资料，都成为直接教学法的限制因素。

### （三）翻译教学法与直接教学法的整合式教学法探讨

翻译教学法的问题主要在于学生知识体系构建不完善，学生的日语学习也只限于从旁观者的角度对日语以及日语现象、日本文化进行考察性的理解，无法置身其中，融入语境中去，缺乏对日语、日本文化及习俗在日语上的影响等的系统性把握。因此，翻译教学法在实际的教学过程中应当着重培养学生的日语思维，让其模仿日本人的思维模式，逐渐摆脱母语所带来的干扰。同时，更多地注重学生的听、说能力培养，增加师生互动环节，以提高学生兴趣和学习日语的积极性。直接教学法面临的主要问题则是，在完全用日语组织课堂教学的过程中，难以确实地把握学生是否理解。同时，部分日语语言、文化的背景知识难以用难度小的日语词汇或句子进行简单的概括、明确的说明，导致课程导入比较困难。因此，教师在直接教学法的实际教学过程中，对于日本文化、语言现象、日本人的思考特性可以适当地用母语进行前期介绍，为学生的日语学习做好前期准备。同时在遇到难点、重点的日语语言现象时，可以适当结合翻译教学法的优势进行弥补。将翻译教学法和直接教学法有机地整合起来，并适当地加入日本文化、日本人思考特性等方面的知识，可以加深学生对日语的理解，提高学生对特定日语语言、语法的应用能力，为其之后的跨文化交际能力的培养打下基础。

## 三、跨文化交际下的日语教学模式

文化与语言密不可分。接下来，笔者将从跨文化交际的视角对"整合式教学法＋日本文化＋日本人思考特性"做详细论述。

### （一）教学过程中日本文化的导入

在高等教育的日语专业培养方案中，会另外开设日本概况、日本商务礼仪、日语语言学、日本文学等课程以辅助日语语言的教学，拓展学生的知识面、拓宽学生的知识结构。因为有这些辅助性课程的设置，所以在纯粹语言学习的课堂上教师容易忽视日本文化的导入，使得学生在语言学习课堂上遇到的困惑，被延续到其他辅助性课堂上去解决，从而造成知识学习的滞后。为了避免此类问题的产生，教师在语言的教学过程中，应适当配合概论等课程，循序渐进地导入日本知识、日本国民性、日本文化等一系列相关知识，不仅可以解决学生语言学习的困惑、改善沉闷的课堂气氛，还有利于培养学生自主学习和研究的能力。

将这些丰富的日本文化知识与日语教学相融合，可以起到丰富课堂教学内容的作用。配合直接教学法中的用日语解释日语、用日语理解日语的教学特点，教师在教学过程中导入日本文化显得极为必要，其意义也是不言而喻的。应该以培养学生的跨文化交际能力为前提，使学生在努力学好语言本身的同时，具备一定的日本文化知识，了解并掌握日语语言背后的日本文化特征，如此，在未来跨文化交际的实际应用时，才能更加得心应手。

**（二）日本人思考特性在教学过程中的导入**

在日语的教学过程中，经常会遇到跨文化的语言现象，教师难以通过语法解释跟学生说明，有时即便是用语法分析，但由于在我们的日常生活中无法一一对应，只能强迫学生死记硬背。久而久之，遇到如此难点，教学则变得缺乏趣味。然而，如果稍对其背后包含的日本人的思考特性加以分析、解释，一方面有助于学生理解，另一方面可以使教学过程变得生动。

学习日语中的被动语态时，如果单纯要求学生记忆这些知识的话，教学过程难免枯燥乏味，无法调动学生的积极性。倘若在导入这一语法点的时候，分析和讲解其背后所包含的日本人的自然观、语言心理、民族文化，会变得有趣些。日本人崇尚神道，神道的一个重要特征便是对自然的敬畏，相传日本有八百万众神，就连普通的一棵树上也住着神。日本又是岛国，灾害频发，置身于自然的绝对强大的威力之下，个人的能力以及主观意愿显得格外弱。因此，体现在日本人的语言以及其思考特性上便是多使用被动语态，即这不是我自身的意愿，而是被告知如此做，被动的表达方式里又包含了尊敬、自发等含义。

所以，通过在教学过程中介绍和导入日本人的思考特性这一知识点，有助于加深学生对语法知识的理解，也可使教学活动变得生动有趣起来，尤其在学生跨文化交际能力培养方面颇有裨益。学生可以用日本人的思考方式去理解日语，并处理与日本人沟通和交往过程中所面临的问题。

主张学生用日语去理解日语、用日本人的思考方式去理解日语现象以及日本文化固然对学生跨文化交际能力的培养有益处，然而在注重这一能力培养的同时，也应当重视学生民族认同感的培养，特别是外语专业学生民族认同感的培养。关于文化差异，在教学过程中也不能过分地夸耀或者贬低某一方，应采取客观、平衡的眼光与论调进行说明，同时应当注意培养学生的民族自豪感和文化认同感。不仅如此，结合日语教学的特点，还应该积极培养学生的国学素养，例如，日语中所用的汉字虽然与现代汉语中的汉字大同小异，可是所包含的意思不一定相同，有可能是古代汉语的用法，也可能是日本人借用汉字来表达其他意思的用法，所以在此过程中只有让学生不断加深自身国学素质和修养，才能更深刻地认识语言背后隐藏的深意。

结合翻译教学法和直接教学法进行整合式教学，并在教学的过程中导入日本文化、日本人的思考特性等知识点，加强学生对日语语言现象背后的文化特性的理解，着重培养学生的跨文化交际能力，其主要的方法有以下几种：

1. 引进日文原版教材，并尝试编写适合中国人的日文版教材。日文原版教材包含日本人的潜在的语言心理和社会价值观，有助于加强学生对其价值观念、日语语言特质的理解。可以适当选用日本中小学国语教材以及日本国内针对留学生学习日语所使用的教材。

2. 丰富学生的课外实践活动。充分利用社团、讲座、论坛、企业实习等多元化形式，加深学生对日本的认识，加深其对日语语言背后的日本文化、日本人的思考特性的理解。同时设定一定情境创建日语语言环境，培养学生的听、说、人际交往能力。积极鼓励学生去日企实习，体验日企文化，提高日语使用频率。

3. 让学生广泛阅读日本文化书籍、观看日本影像资料，深入了解日本的文化构造及日本人的精神世界。通过教师讲解、学生提交读/观后感或者组织讨论的形式，加深学生的理解和认识。

4. 积极鼓励学生选修中国传统文化、汉语语言文学等方面的课程，在专业内部设置中日文化对比性的课程或讲座，让学生充分了解自身文化特点，通过对比抓住不同文化的特质，这样更有助于其跨文化交际能力的养成。

将传统的翻译教学法的优势与直接教学法的优势相结合，并且辅以日本文化、日本人思考特性的内容，无疑对于学生跨文化交际能力的培养是大有裨益的。一方面可以解决学生在跨文化交际过程中所面临的关于文化摩擦、文化冲突的困惑，另一方面给教学增添了趣味性和吸引力。同时，单方面的教学方式，无论是翻译教学法还是直接教学法，均有缺陷，而将二者的优点相结合，在教学过程中恰当把握比例分寸，同时利用语言与文化水乳交融的特性，将日本文化以及日本人的思考特性引入教学，既可以满足跨文化交际人才培养的需要，也是时代的必然要求。

在当前经济全球化和区域经济一体化的进程不断加快的背景下，中日两国之间的交往也随之深入，而在此过程中具备跨文化交际能力的日语人才也越来越成为需要。日语教学法也在实际的教学过程和教学环节中不断改进和完善。培养具备跨文化交际能力的高素质人才既成为摆在每位日语教育者面前的课题，也是其责任。

## 第三节　当代日本文化的发展走向

### 一、经济高速发展、停滞与当代社会日本文化思潮

20 世纪 50 年代日本自主经济起步，经历 20 世纪 60 年代初期反对修改《日美安全保障条约》的群众运动和多年的政治动荡，20 世纪 60 年代中期日本社会进入安定期，开始重点进行经济建设。经过近 20 年经济高速增长期，日本确立了世界经济大国的地位。随着经济的发展，日本社会发生了巨大变化，科学技术日新月异，教育事业迅速普及，高等教育水平大大提高，知识分子队伍日益壮大，对传统文化的回归热情高涨，对外特别是对美国的文化教育的交流规模不断扩大，并且掀起一股留学美国的热潮，海归学子成为各领域建设的一个重要力量，大大地推动了经济的高速增长。这是 20 世纪 80 年代日本社会的基本发展态势。

这时期随着日本经济高速增长，政府摄取儒家"中和"的文化传统，并学习西方发达国家的社会福利制度，着力建立"损有余以奉不足"的国民生活保障机制，即对富人征收重税，保障大众的各种福利，使国民收入和财富差距不大，城乡差距缩小。以白领雇员、高级知识分子和政府公务员为主体构成的"中流阶层"迅速扩大，社会结构发生了重大变化。20 世纪 80 年代初日本政府一份《国民生活舆论调查报告》显示，"中流阶层"占日本总人口的 90％，对自己生活满意的人达 91％。学界出现"中间社会""新中间大众""日本的'新中间阶层'正是经济发展本身孕育出来的"等论点。

日本学者青木保撰写了一篇题为《在"中间社会"中谋求实在性》的文章，认为这一时期日本明显地出现了新型的社会，他称之为"中间社会"，并解释道："近几年，我们把这种新型的现代日本社会叫作'中间社会'。从比较文化的角度来看，在现代世界各国和各种社会中，日本社会在许多问题上显示了它的'中间'性格。比如，社会结构方面，上下等级差别极小，是'中间型'的。'中流'

阶层占据大部分。文化生活是'中流'化。社会体制既不是资本主义，也不是社会主义，而是'中间型'的。经济方面，也处在自由主义和统制主义的'中间'。政治体制方面，不接近美国型的民主主义，也不接近社会主义，也不是西欧型，而是接受天皇制的民主主义型国家，属于'中间'体制。"

对于"中流""中间""一亿皆中流"的概念，日本学界有不同的诠释，并且引起了是否存在一亿中产阶级和是否存在阶级社会问题的议论。有代表性的是东京大学教授村上泰亮的"新中间大众论"和马列主义经济学者岸本重陈教授的"'中流'的幻想论"。村上泰亮教授避开"中流"的概念，从阶层化概念出发，将其定义为：①阶层化概念，决定阶层化的基础是经济阶层化（所得、财产等）、政治阶层化（国家意志决定或他人意志决定的影响力程度）和文化阶层化（学历差异、生活优劣评价）。②中流阶层的角色，具有保守化和明哲保身化的倾向。村上教授的理论以这种"阶层结构化"为中心，以显示日本社会的非结构化。从这里产生的是"中流阶级"的瓦解、"新中间大众"时代的到来和"阶层去结构化"的现象。换句话说，他的论点是，社会内部的不平等失去了阶层结构化的意义，现实社会不再存在意识形态上的阶层或阶级，"新中间大众"登场了。岸本重陈教授则认为，当代社会存在"学历的不公平；无党派阶层大增，有超过半数人不支持任何党派；阶层社会走向多层化"等现象。他以这种方式，批评日本已是没有阶级的"中流社会"或"新中间大众"的社会的观点只是幻想。

在这种"中间社会"里所形成的新的"中流阶层"，享受终身雇佣制和年资制等，职业基本稳定，消费生活趋于平均，教育均等化，似乎基础财力和社会形态也均等化，人们已然不存在意识形态上的阶级观念。人的意识、行为模式类似化，具有阶层的认同感，也不存在"仇富心理"。因而这些"中流阶层"的人，不仅具有追求物质的欲望，而且有追求精神的欲望，也就是实现以自我为中心的欲望，对政治、社会则漠不关心，只顾追求衣食住行的自由，失去了真正意义上的批判精神和能力。

这种"中流意识"出现于上述日本经济生活和社会生活发生重大变化的时期，日本学界有关"中流意识""中间社会"的讨论，不仅是概念上的学术问题，而且是一个现实中的政治问题。比如有人渲染"现实社会存在'中流意识'，不存在意识形态上的阶级划分"等违背社会现实的怪论。一些评论家指出："'中流意识'的蔓延，是政治家的计策，还有大企业家的计策和舆论的计策。"也就是说，政治家、大企业家、舆论有目的地隐去阶级社会存在的现实，依靠"中间阶层"在社会生活中保持所谓的"心理平衡"，打造一个"和谐"的社会。有些政党比如当时新成立的社会民主党就将培养"新中间阶层"定为其建党的宗旨和基本的路线，以"实现全体国民的'中产阶层化'"为奋斗目标。

20 世纪 90 年代初出现的泡沫经济、不景气和金融危机，使日本经济结构和社会文化生活发生了戏剧性的变化。不同阶层之间的经济、教育、社会地位差距拉大，企业取消了终身雇佣制和年资制等报酬体系，工人失业率急剧上升，无就业保障机制，劳动环境恶劣，每周工时超过 80 小时，因过度疲劳死亡者数量日益增多。资本主义的三恶——"萧条、失业、贫困"又凸显出来，社会陷入不安的氛围。多年来形成的"中流社会"的幻想破灭，"中流意识"虽然不是迅速但也慢慢地逐渐消退。

这种社会现象出现之初，日本学者橘木俊诏发表了《日本的贫富差距》，佐藤俊树撰著了《不平等的日本：告别"全民中产"社会》，两人在书中率先介绍了新出现的"等级社会"现象——基础财力、就业报酬、教育资源、生活自由度等各方面的等级差距扩大，存在不平等社会阶层所谓的"格差社会"即"等级差别社会"，或简称"差别社会"，社会结构产生了新变化。佐藤俊树着重分析了"中流社会"或"中流意识"。他认为日本仍然是不平等的社会，有人鼓吹日本是"无阶级的社会"，这是一种神话。他最后喊出"再见，皆中流！"。在社会生活中，"经济差距"在扩大，"中流意识"必然随之崩溃。2005 年《朝日新闻》的舆论调查报告统计显示，认为日本社会仍存在"中流意识"的人，与 20 世纪 80 年代初日本政府的《国民生活舆论调查报告》统计相比，下降了一半，开始出现一个"差距社会"以及相关的"差别意识"，即人们的贫富差距扩大了，贫富差别意识增强了。人们将 2005 年称为"差距元年"，即"等级差别元年"。

在日本文艺创作方面，描写贫困和非正式雇佣等"差别社会"问题的连环漫画、文学作品顿时流行起来。一位作家在谈到描写"差别社会"的文艺作品流行的原因时说，目前社会存在贫富差距的现实很容易被人忽视，但这已成为很严重的问题，作家有责任敏感地在自己的作品中反映出来。不过，这类反映"差别社会"的文艺作品，一般描写主人公身处困境，一味反思、内疚，乃至自责，缺乏批判社会的精神。这样的作品自然满足不了读者的精神追求。所以，20 世纪 20 年代末问世的、通过描写被剥削渔工的日常生活来探求在黑暗现实中取得解放的可能性的小说《蟹工船》，又流行起来。日本多家出版社重新出版这部由无产阶级作家小林多喜二创作的作品，仅新潮社的文库本累计销量就突破 100 万册大关，一直稳居日本畅销书排行榜前列，并一度攀至榜首。另据报道，一家出版社还将《蟹工船》改编为连环漫画，发行也多达 40 余万册。一位日本作家不无感慨地说："现在的新穷人，还不如当年蟹工船的渔工呢！"《读卖新闻》分析，《蟹工船》之所以能热卖，是因为与当今年轻人为过于严酷的劳动环境所困息息相关。尤其在金融危机愈演愈烈之际，人们对身边事物的不确定性表现出极度的不安，像《蟹工船》这样描绘残酷环境中艰苦生存的人的劳工文学也就具有了特殊的号召力。连英国《每日电讯报》也分析指出："这部小说突然畅销的深层原因，在于它唤起了社会底层'新穷人'的共鸣。"

可以认为，当代日本的"差别社会"已经成为新的社会定型，"中流意识"必将走向消亡，随之逐渐产生新的"差别意识""新贫穷意识"，这恐怕是日本当代文化和社会意识演变和发展的态势。

## 二、当代日本文化思想的考察

当代日本经济高速发展，实现了现代化，与世界共存共生，这一成就背后存在多方面的因素，日本国内学者们从各种角度探索，不乏从文化思想的角度，尤其是从以神、儒、佛为中心的传统文化的角度来探索。

在日本经济高速发展的同时，韩国的经济也迅速发展起来。它们的历史文化背景同属儒家文化，因此有不少学者开始探讨经济发展与"儒教文化圈"的关系。1987 年日本文部省资助研究课题"东亚经济社会发展和现代化的比较研究"，主要集中探讨东亚经济发展的内外因素，首先是探讨儒家文化的因素。该课题组负责人中岛岭雄在《为什么提出"儒教文化圈"的理论》一文中指出："以前西欧模式的现代化理论……以罗斯托理论为代表的美国模式现代化理论，以及'从属理论''世界系统论'等，都不能充分说明东亚各国的活力；超越东亚各国的差异，重新对其文化的同一性即'儒教文化圈'的历史意义进行自我确认和限定，已成为十分迫切的课题。'儒教文化圈'的特征是：与儒教伦理相结合的集团主义，保持儒教的伦理行为规范和儒教的实学精神与经验主义……"因此，"应该在新的现代化论的框架中，重新考虑支撑日本人行为模式的儒教因素的有效性"。

　　加藤周一在《儒教的再思考》一文中则有另一种解说:"如何看中国的发展(指当时的 1990 年),论者各有不同的看法,而越南很明显是属于'儒教文化圈',但是至少到今天,很明显地仍未进入经济热的状态。"因此,加藤认为:"第一,除文化传统之外,还因地域不同而存在不同的社会条件。第二,文化传统都是儒教文化,但其内容和社会作用则因不同地域而有所不同。"他据此以儒教的"性本善"和"仁政"观念与日本劳资关系来说明:"儒教文化不直接支撑劳动者的劳动热情,但儒教文化有助于创造和谐的人际关系,以促使劳动者焕发自觉的劳动热情。当然,支撑和谐的人际关系的,不止儒教的文化传统,还有制度上的各种配备。即使不做这方面的讨论,我也认为与'儒教文化'+'勤俭'伦理+'劳动自觉性'不同,'儒教文化'+'性本善'+'自觉的劳动'的思考是具独创性的,而且是有说服力的。"

　　综合上述诸家论点来考察,应该说,日本化的儒家文化所形成的日本人的价值观,对日本经济发展和社会发展起到一定作用。日本化的儒家文化传统的"和"与"忠"从作用于天皇转换到作用于集团、作用于企业或利益共同体。最典型的例子是,从第二次世界大战后经济重建到当代经济大发展,日本国民都表现出协调与合作,保持了社会的长期相对稳定而较少动荡,根据这一文化传统的精神和原则建立起的企业文化,能保持企业内部的较好配合,维持和谐的工作秩序,而较少内耗,这些都是传统文化主体所发挥的作用,它是社会和谐与经济发展的重要文化因素之一。

　　儒家文化虽然起到了一定的作用,但不是全部的唯一的作用。其关键是:首先,日本传统的共同体主义、集团主义文化精神发挥着巨大的作用,国民齐心协力振兴经济。其次,摄取中国儒家"中和"的哲学思想,以人为本建构和谐社会,最大限度地发挥人的主观能动作用,以及建立和谐的人际关系,以此凝聚经济建设的所有力量。再次,日本第二次世界大战后引进美国的现代政治和经济民主主义体系,与古代以来摄取和消化了的儒家伦理哲学思想相结合,是构建社会关系、经济发展、实现现代化不可忽视的因素。

　　具有代表性的关西学派、著名日本文化学者梅原猛,从另一个角度对当代日本文化进行考察。根据梅原猛自述,他在日本经济高速发展期间,就重视在佛教中寻找新文明的创造原理。他先后写下了代表作《日本文化论》和《森林思想——日本文化的原点》等书。《日本文化论》一书在回顾西方推行殖民政策时说:"（西方）征服世界的，至多不过是物质文明，也仅仅是在科学技术方面，那里没有精神原理。也就是说，西方主动抛弃昔日的精神原理，统一了世界。因此，它统一世界的原理，只不过是科学技术的原理。由此，在统一世界的原理中留下很大的空白。这个空白，成为西方文明的一个弱点，其他各种文明自然趁这个空白而得以复苏。这不就是 20 世纪后半叶以后的历史吗？"因此，"今天思考世界各种现象时，展开对西方文明反抗的历史，不就是当今世界的一大动向吗？"于是，他分析了中国文明是以儒教（也包括大乘佛教）为中心思想的文明，而日本文明是以大乘佛教思想为根基的，并且他重点批评了明治以来偏重科学技术方面，而忽视作为日本精神文化遗产的佛教文化的倾向，因而他主张将佛教精神列入情操教育的范畴之内。

梅原猛为什么以大乘佛教思想作为日本文明的根基呢？他在《森林思想——日本文化的原点》一书中分析：一是大乘佛教思想的多神论，容易与土著的神道相融合，产生"神佛融合"的思想，容易在日本本土扎根。他说："今后文明的方向，应当是一神教向多神教发展的方向。各民族要在狭窄的地球共存下去，多神教要比一神教好得多。今后佛教恐怕应当进行自我变革，谋求与其他许多宗教的共存，更加提高战斗力。"二是大乘佛教的"山川草木皆成佛"思想，与今天的环保运动有着一定的联系，它主张不仅人能成佛，而且一切众生，包括动物、植物等都可以成佛。所以他说："如果这种宇宙观能从根本上得到进一步发展，是能够形成作为 21 世纪以后人类规范的宇宙观的。我感到佛教徒今天应对这种破坏自然的文明感到强烈的愤怒，应当站在保护环境运动的前头。"三是大乘佛教"'利己利他'的德"的思想，他说："其现实性就在于'利他'要高于'利己'。在这种情况下，据说菩萨即使杀身也要图求'利他'。重视这种'利他'的德，正是大乘佛教最重视的精神。"他的结论是，对现代文明来说，最重要的是"教人以'利他'的德，使人不要做欲望的人，要作为精神的人而新生"。他认为以上三点，对于拯救当前人类面临的种种危机，"可以起到预防药和治疗药的很大作用"。

从这里出发，梅原猛论述了佛教的生死观、慈悲心和"罪业观"等，强调以尊重生命的思想为中心，思考独创的日本文化论，来建构当代日本精神文明，以推动物质文明的建设。

加藤周一从更广泛的角度，论述传统文化与现代化的关系问题。他在《为什么需要现代化》一文中就提出有关传统文化在实现现代化中的重要作用。他写道："日本现代化只能是采取民主主义原则、技术文明和日本的传统文化结合的形式。"并解释说，技术文明方面，日本与世界大多数国家相比并不"落后"。在民主主义方面，与欧洲相比还很"落后"。第二次世界大战前的日本，是非民主主义的天皇制社会与高度技术文明的结合。第二次世界大战后的日本，用了10年时间，在促使非民主社会实现民主化方面做出了努力，但现在的日本还是处在民主主义过程与高度的技术文明的结合之中，民主主义仍然是不彻底的。比如，中小企业的工人存在明显的贫困，这就是"落后"的表现，是民主化及现代化不彻底的结果。在这里，加藤周一特别强调，仅有技术文明，没有民主主义，实现不了现代化。但仅有技术文明和民主主义，实现的是西方式的现代化。所以加藤周一主张现代化的模式还需要与日本的传统文化相结合，他既承认传统文化中存在与非民主主义相矛盾的一些方面，又说明这两者的矛盾不是存在于所有方面，其结论是：日本现代化需要与"文化传统的觉醒相一致"。用我们的话来说，就是对传统的再创造。采用这样一个"民主主义原则＋技术文明＋日本传统文化"的模式，才能实现具有日本特色的现代化。

加藤周一在《现代日本文明史的位置》一文中还特别指出，在日本现代化过程中，在学界产生一种所谓的"与传统文化的断裂意识"，其背景是：第一，知识阶层的思维是现代化即西方化的。明治以前的文化，是在与西方文化完全不同的独立的文化圈内成熟的。假如明治以后倾向于西方化，那么产生传统文化断裂就是理所当然的。但是，正如上面所指出的，日本大众的意识，过去没有，现在也没有自觉地倾向西方化。因而文化不是断裂的，而是顽强地持续着。第二，知识阶层之所以存在强烈的断裂意识，是因为他们与大众在意识上的联系不多。换言之，对知识阶层来说，真正克服断裂意识，需要摒弃现代化即西方化的观点，同时恢复与大众在意识上的联系。加藤周一对传统文化虽然没有进一步做出具体论述，但他对当代日本文化的考察，对于日本实现现代化，甚至对于非西方国家实现现代化，都具有重大的现实意义。

日本经济高速增长，不仅带来了经济的发达，而且促进了科技的发展，社会经济形态也由工业经济型转向知识经济型，人们的价值观念继第二次世界大战后的大转变，又发生了一次更大的转变，文学观念也进一步更新。尤其是随着知识经济的产生，边缘学科的出现，自然学科和人文社会学科的交叉互动和互相渗透趋势日益明显。文学也不例外,随着边缘学科的出现,文学与其他学科的联系更加密切,文学的表现手段更加多样化。它不仅与其他人文学科、社会学科如哲学、美学、宗教学、伦理学等有着直接的血脉联系,而且与相去甚远的医学、病态心理学和生物学等也有着相互补充的作用。在文学理论方面,医学博士加贺乙彦大胆地将精神医学和病态心理学的原理引进文学创作中,充分利用了两个学科的对应性与互补性。他的《不复返的夏天》以其在战争时期的日常体验,作为"现代性的疯狂"的"现实场",来描绘他这一代人被卷入这场疯狂的战争中去的情景。在加贺的文学概念里,医学上的"疯狂",不仅存在于疯狂的个体之中,而且存在于各种社会体制之中。他像医生医治疯人就要从其身上找出发疯的原因一样,要通过文学发现"疯狂",来探究"病态的现代"深层所潜藏的病根。

可以说,当代日本文化中的各种思潮缤纷多彩,正趋向多样化,日本人不能以过去的单一的文学模式、创作方法,来解决他们各自面临的问题,他们正努力在文学上做出新探索和新选择。

## 三、当代日本文化的发展趋势

日本文化发展对日本整个国家进步与发展起着至关重要的作用,现今已基本得到全球范围内的广泛认可。但目前对日本文化的本质探究并无定论,有部分学者认为日本文化同属华夏文化的分支,同样有相当多的学者认为日本文化是受到我国先进文化的影响而形成的,另外有部分学者认为它是融合欧美文化与自身文化的产物。

### (一)不断融合外来文化良性特质的外向性发展趋势

文化并不是一成不变的,随着时代的变迁、历史的推移,文化的内涵也在不断深化与拓展。相较世界范围内其他国家的文化而言,日本文化具有其显著的动态性特征,其文化的发展与延伸是一个不断融合外来文化良性特质的过程。部分学者将日本文化的发展定位于外向性发展。

日本古代社会处于农业文明的辐射时期,在较长的时间内,其经济、政治及文化发展的各方面均处于比较落后的阶段。日本的地理位置因素锻造了日本人极度敏感的危机意识,同样造就了其应对任何变化的灵活性和适应能力,也因此构建了整个民族的团结意识,另外使其对外来文化有着较强的敏感性。客观地理因素与外来文化影响造就了日本民族十分显著的特点，即为了迅速摆脱危机、挣脱束缚，会将任何可利用的条件加以利用。此类特征同时较鲜明地体现在其文化发展方面。

全面观察日本文化发展史会发现，基本上任何一种对其他国家产生过较深刻影响的文化，在日本文化发展中均有其明显的痕迹。但就影响力而言，日本文化发展的主要影响来自于西方文化及中国文化。早在公元前几个世纪，较大规模的汉人东渡，带去了我国较为先进的农耕文明。发展至公元 7 世纪初，日本已开始大范围引进我国传统文化，包括我国博大精深的儒学，它是推进日本大化改新运动的主要动力，日本广大革新派以我国唐朝时期的基本律令制度作为主要模板，并综合其自身习俗，实现了从经济到政治的全面革新。

发展至 19 世纪中期，西方强国以武力强力敲开了日本封闭式发展的大门，日本文化便渐渐朝西方国家靠拢。源于类似的目的，为发展国家经济与文化，改变相对落后的经济地位，日本在 19 世纪系统地引入西方较为先进的科技与文化，这一时期是日本历史发展阶段中第二次全方位引进外来文化，同样是本国文化与外来文化交融、碰撞的阶段。其文化发展的内容以兰学为主，西方资产阶级的近代科学，对日本生产力的发展及反封建思想的树立产生过重大影响，促使日本打破了原本封建的思想藩篱，突破了封建制度的影响，日本文化发展逐渐转向较为先进的西方文化，脱离了传统的农耕文明，逐渐朝着现代化的工业文明过渡，同时为其明治维新改革奠定了思想文化基础。

在第二次世界大战后，日本战败，受到了以美国为主的战胜国联盟的改造，彻底根除了其军国主义，在政治、经济、文化等方面实施了较为彻底的改造，对日本现代化的发展影响深远。受美国先进企业文化的影响，日本引进了西方现代化的经营管理制度，但此次引进不同于初期原始的全面引进，而是突出先进的文化内涵，吸取先进的管理理念，彻底根除了残留的农业文明，推动了其现代化发展的进程，促使其以先进的文化发展特点踏进世界先进国家的行列。

### （二）"取精华、弃糟粕"的择善文化发展趋势

若将日本文化仅仅当作外来文化的混合物，是较为片面且简单的。纵观世界范围内的其他各国，虽然没有能与日本大规模接受外来文化相媲美的国家，但日本的文化发展不仅仅局限于吸收，而在于有针对性地改造与完善，通过取精华、弃糟粕的择善处理，将外来文化本土化，将其同化为本国文化，进而在其基础上

改造创新，结合本国特点打造出具对照性的文化制度。

　　比如对待我国文化，日本就是采取择善的处理方式。日本虽曾仿照我国传统的政治经济体制构建了中央集权制度，但摒弃了两大落后观念，即封建落后的科举制度与宦官制度。就日本具体国情而言，科举制度及宦官制度与其国情并不相符，因此，日本选择了适当扬弃。同样在吸取我国儒学文化的同时，也并没有照单全收，而是分析其具体国情特点，选择了以忠为主的文化。我国的儒学文化与日本的儒学文化也存在着鲜明的差异，我国的儒学文化强调的是人道主义内涵，而日本的儒学偏重民族主义。相较我国而言，日本儒学文化中有着更多的集体主义内涵，同时对我国儒教文化的内涵进行了延伸，在相当长的时间内，我国的儒教文化较为偏重道德而忽视利益，而日本的儒教文化是以国家的整体利益作为出发点，将道德与利益结合起来，将其整合为发展工商业的有力的文化基础。

　　同时对于我国较为推崇的孟子的主要思想文化，日本同样采取了扬弃处理。孟子民贵君轻的思想与日本的等级制度并不相符，且孟子的观念中弱化管理、休养生息等也与日本传统集权制的发展特点格格不入，如孟子的代表性禅让思想会对日本世袭的君主制度造成严重威胁，是日本君主无法接受的。因此，日本便对孟子思想实施了扫地出门的处理方式。同时在文字书写方面，日本在引进我国汉字文化时，同样采取了择善而取之的方案，在汉字的基础上创造了具备日本文化特点的假名。

　　在日本明治维新初期，虽曾出现笼统西化的文化发展趋势，日本许多政治家对我国传统儒教及佛学等思想进行了全盘否定，但在发展过程中，日本人同样意识到笼统西化也是不可行的，与其民族主义、国粹主义均会产生一定的矛盾，因此明治政府迅速实行了改善策略。在西方文化的引进过程中明确其文化选择，把握引进重点，去粗取精。首先，从其国情出发，引进了推动其快速步入现代化进程的先进科技，在较短的时间内取得了西方大部分发达国家耗费 10 倍时间来取得的成果。其次，在政治、文化、教育制度等较为主观的思想意识方面，日本在引进的同时伴随着对国情的基本考虑，将各国发展经验做对比，择出最佳领域推行计划。总之，在明治维新时期，日本自上而下的改革的主导理念是吸取其他国家各方面的优势，并结合自身发展需要而引进外国的各类技术与文化，是一种有选择性的本土化的文化发展理念。

　　综上所述，通过解析日本文化发展的主要特点，我们可以总结出对日本文化发展的整体看法：首先，日本文化的形成与发展主要受外来文化影响，在先进外来文化的滋养下逐步形成与完善，日本文化发展具有十分鲜明的外向性特点，但同时并非简单化地全盘引进与吸收，而是取精华弃糟粕地进行择善选择，将优秀的外国文化本土化。其次，构建日本文化主体的两种文化为其本国的神道与我国的儒学，两者是构建日本文化本质内涵的主要方面。再次，日本社会发展面临严重危机的时刻，便是其文化变革的主要时期，日本习惯于将引进外来先进文化作为变革的重要指导思想，进而推动其现代化发展的进程，缓解经济发展危机。

　　由此可见，日本文化的发展在日本整个民族文明的发展进程中起着不可替代的作用，其影响力是不可估量、无与伦比的。日本能够跻身于非西化的现代化发达国家之列，日本文化的推动作用居功至伟。总之，日本文化的发展道路给亚洲其他国家带来了较多有益的启示，值得借鉴。

# 参 考 文 献

[1] 本尼迪克特. 菊与刀 [M]. 杭州：杭州人民出版社，1988.

[2] 韩立红. 日本文化概论 [M]. 天津：南开大学出版社，2003.

[3] 野元菊雄. 日本人和日本语 [M]. 盐尻：筑摩书房，1978.

[4] 金田一春彦. 日本语 [M]. 东京：岩波书店，1988.

[5] 方伟琴. 翻译法和直接法的历史回顾和展望 [J]. 苏州教育学院学报，2003 (4)：40-44.

[6] 欧阳智英. 浅议外语教学中的直接教学法 [J]. 考试周刊，2013 (4)：68-69.

[7] 杨言洪. 关于基础外语教学的几点浅识 [A]. 北京：对外经济贸易大学，1992：71-73.

[8] 刘犁. 外语教学的直接教学法 [J]. 人民教育，1963 (1)：33-36.

[9] 新村出. 广辞苑：第六版 [Z]. 东京：岩波书店，2008.

[10] 船曳建夫. 日本人论再考 [M]. 东京：日本放送出版协会，2003.

[11] 谭爽. 日语中常用的"可能"表达方式的研究 [J]. 黑龙江教育学院学报，2009 (1)：187-188.

[12] 佐佐木瑞枝. 外国语日本语 [M]. 东京：讲谈社现代新书，2007.

[13] 杨丹. 文化语言学视域下的日语教学法研究 [J]. 教育理论研究，1986 (6)：209-210.

[14] 王秀文，孙文主. 日本文化与跨文化交际 [M]. 北京：世界知识出版社，2004.

[15] 杨月枝. 日语敬语研究与应用 [M]. 石家庄：河北科学技术出版社，2011.

[16] 王健宜. 文化语言学 [M]. 北京：高等教育出版社，2013.

[17] 陈静. 跨文化视野下日语教学与能力培养策略探讨 [J]. 牡丹江教育学院学报, 2015 (03)：85-86.

[18] 范冬妮. 日语中的外来语及日语语言文化特点分析 [J]. 辽宁师专学报（社会科学版）, 2015 (01)：14-15.

[19] 陈亚军. 浅谈汉语文化对日语教学的影响 [J]. 语文建设, 2015 (18)：15-16.

[20] 陈至燕. 文化视角下日语语言文化特点研究 [J]. 黑龙江教育学院学报, 2017, 36 (06)：119-121.

[21] 张亚敏. 试论汉语对日语语言文化的影响及其对比意义 [J]. 科教导刊（中旬刊）, 2016 (01)：149-150.

[22] 郑伟华, 曹美兰. 文化意识的导入与日语语言交际能力的提高 [J]. 科技创新导报, 2009 (30)：166-168.

[23] 封小芹. 日语教育中的异文化交流 [J]. 兰州教育学院学报, 2011, 27 (05)：76-78.

[24] 黄琴. 日语专业学生跨文化交际能力缺失现状分析及对策研究 [J]. 教育教学论坛, 2011 (35)：86-87.

[25] 王丽娟. 基于日语流行语的日本社会文化心理研究 [J]. 淮北师范大学学报（哲学社会科学版）, 2014, 35 (05)：163-165.

[26] 王良杰, 梁华. 现代汉语中日语借词的分类 [J]. 辽东学院学报（社会科学版）, 2015, 17 (03)：93-98.

[27] 邓圆. 汉语对日语语言文化的影响研究 [J]. 语文建设, 2015 (26)：95-96.

[28] 刘雪玉. 论日语外来语对汉语言的影响 [J]. 鸡西大学学报, 2015, 15 (09)：139-142.

[29] 李霞. 略谈日语中的茶文化和"茶"字的表现 [J]. 福建茶叶, 2016, 38 (06)：331-332.

[30] 高立伟, 徐丹. 日语教学中跨文化教育的应用分析 [J]. 亚太教育, 2016 (23)：186.

[31] 谢亦瑜. 高校日语教学中跨文化交际能力培养策略研究 [J]. 职业技术, 2016, 15 (10)：5-8.

[32] 卢海英. 日本社会文化——日语语言学习的基础 [J]. 佳木斯教育学院

学报，2012（04）：248-249.

[33] 江思遐. 日语外来语浅析 [J]. 湖北社会科学，2012（07）：140-142.

[34] 冷丽敏. 日语学习者多样化背景下的日语教育 [J]. 中国外语，2012，9（05）：83-89.

[35] 潘钧. 日语中"あて字"的定义和性质问题 [J]. 日语学习与研究，2000（04）：7-13.

[36] 魏佳欣. 日语中汉字词汇的发展及其对中日文化交流的影响 [J]. 现代交际，2017（01）：78-79.

[37] 任萍. 高校日语教学中的本土文化失语现象 [J]. 浙江树人大学学报（人文社会科学版），2010，10（03）：80-84.

[38] 张婷. 日语外来语与日语语言文化特点 [J]. 辽宁科技大学学报，2010，33（06）：652-655.

[39] 徐萍飞. 日语中的委婉表达及最新发展 [J]. 外语教学与研究，2002（02）：136-140.

[40] 张彩红. 外来语的历史渊源及对日语及日本文化的影响 [J]. 华北工学院学报（社会科学版），2004（01）：38-40.

[41] 郑伟华，曹美兰. 文化意识的导入与日语语言交际能力的提高 [J]. 科技创新导报，2009（30）：166-168.

[42] 王婷婷. 经济全球化背景下日语复合型人才培养的思考 [J]. 现代教育管理，2012（09）：84-87.

[43] 常志远. 文化导入在高校日语教学中的应用 [J]. 读与写（教育教学刊），2015，12（01）：1-2.

[44] 丁文霞. 文化语境视角下的日语词汇探析 [J]. 教育教学论坛，2015（41）：75-76.

[45] 张英淑. 跨文化教育在日语教学中的应用 [J]. 延边大学学报（社会科学版），2015，48（06）：97-101.

[46] 陈叶斐. 汉日隐性性别词语对比研究 [D]. 华东师范大学，2013.

[47] 黎力. 明治以来的日本汉字问题及其社会文化影响研究 [D]. 南开大学，2013.

[48] 福井启子. 中日言语行为差异与心理交际距离关系研究 [D]. 吉林大学，2010.

［49］佐藤芳之. 日汉同形异义词研究［D］. 北京大学，2010.

［50］王欣. 汉日否定表达对比研究［D］. 吉林大学，2011.

［51］丸山惠子. 中日同形词比较研究［D］. 黑龙江大学，2012.

［52］张婧霞. 日语国际推广的历史与现状研究［D］. 西南大学，2008.

［53］菊地良介. 汉日同形词的偏误分析及对日汉语教学［D］. 内蒙古师范大学，2013.

［54］宋茜. 日语"汉字借形词"的源流与现状研究［D］. 西北师范大学，2013.

［55］邵宇. 中日外来语词汇的比较研究［D］. 对外经济贸易大学，2006.

［56］杜静波. 现代日语语篇研究［D］. 黑龙江大学，2017.